新世紀叢書

當代重要思潮・人文心靈・宗教・社會文化關懷

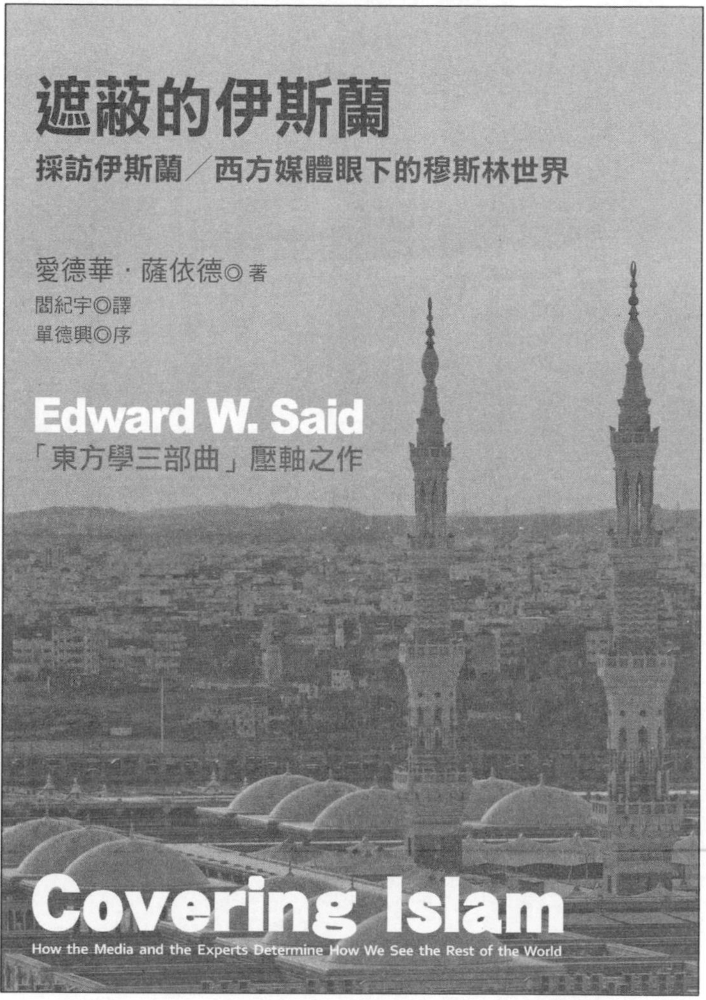

愛德華・薩依德是一位卓越優異、獨具一格的集大成人物，兼具學者、美學家與政治活動者的身分……他在每一個領域中挑戰並刺激我們的思考。

——華盛頓郵報〈書的世界〉
（*Washington Post Book Review*）

每一位新聞媒體的國外特派員與國際新聞編輯，都應該讀一讀《遮蔽的伊斯蘭》……這是一本扛鼎之作。

——法蘭西斯・費茲傑羅（*Frances FitzGerald*）
《湖中之火》（*Fire in the Lake*）一書作者

任何想要知道西方與去殖民化世界間之關係，就不能不讀本書。

——〈紐約時報書評〉
（*New York Times Book Review*）

遮蔽的伊斯蘭

【目錄】本書總頁數共384頁

〈序〉

報導．掩飾．揭露

——東／西二元對立及其不滿*

中央研究院歐美研究所研究員

單德興

今日所謂的「伊斯蘭教」一詞雖然看似一件單純事物，其實卻是虛構加上意識形態標籤，再加上一絲半縷對一個名為伊斯蘭的宗教的指涉。

——薩依德，《採訪伊斯蘭》（*Covering Islam*, 1981, p. x）

批評必須把自身設想成為了提升生命，本質上就反對一切形式的暴政、宰制、虐待；批評的社會目標是為了促進人類自由而產生的非強制性的知識。

——薩依德，《世界．文本．批評家》

（*The World, the Text, and the Critic*, 1983, p. 29）

《採訪伊斯蘭》

手邊有兩本平裝的《採訪伊斯蘭：媒體與專家如何決定我們觀看世界其他地方》（*Covering Islam: How the Media and the Experts Determine How We See the Rest of the World*，編按：本書以「遮蔽的伊斯蘭」名之，理由請見本書摺口說明），一本是一九八一年版，設計得十分素雅，白色封面上是一長縱條有如撕下來的淡灰色告示，告示上有書名和作者姓名，書名的正、副標題之間夾著一張小照片，照片上左方是兩位身穿軍服的中東人，面帶微笑，其中一人還炫耀似地雙手抱持衝鋒槍，右方背對鏡頭的顯然是一位白人男記者，大鬍子的他揹著相機袋，手持相機「瞄準」（aim at）戰士，正要「拍攝／射擊」（shoot）。另一本則是一九九七年的增訂本，封面更爲多采多姿，除了作者和書名之外，也標示了本版經作者增補並撰寫新序，上下方分別以黑、紅爲底色，特別醒目的是中間幾乎佔了一半封面的彩色照片，照片中間是一堵水泥矮牆和鐵柵欄，之後似乎是一座公園，有草地、大樹、步道、遠山，一片自然、靜謐、祥和的景象，左方蹲跪在水泥牆和鐵柵欄之前的卻是一位戴著頭巾、穿著白色中東服飾、雙手持衝鋒槍的男子，正全神注視著青蔥的公園內，右方側對鏡頭的則是一位穿著白襯衫黑西褲的白人男子，同樣蹲著，相機袋置於身旁地上，手持著高性能相機，正聚精會神地對準持槍者，同樣是在「瞄準」，準備「拍攝／射擊」。相隔十六年的兩個版本選擇了類似的「螳螂捕蟬，黃雀在後」的呈現方式，這絕非偶然，而是隱喻了薩依德這本書後設批判的（metacritical）性質。

薩依德爲當今舉世聞名的文學與文化批評家，也是公認的後殖民論述的奠基者之一。他於一九三五年十一月一日出生在耶路撒冷，是家中的長子（也是獨子），父親是當時中東首屈一指的文具商，具有過目不忘的記憶力，個性強悍，教子甚爲嚴苛，母親則深愛文學、音樂、戲劇，對於獨子寵愛與疏離兼而有之。薩依德便是在父母親的嚴格要求與悉心調教下成長，在英國殖民統治及美國勢力擴張期間，就讀於埃及開羅的英國學校和美國學校，因此對於身爲殖民地的子民有著切膚之痛的感受：「殖民主義和帝國主義對我來說並非抽象，而是特殊的經驗和生命的形式，具有幾乎不堪忍受的具體感」（"Interview with *Diacritics*" 36）。他於一九五一年赴美就讀一流中學，先後獲得普林斯頓大學學士（一九五七年），哈佛大學碩士（一九六〇年）、博士（一九六四年），博士論文探討的對象就是同爲流亡者（exile）的波蘭裔英國小說家康拉德（Joseph Conrad）。薩依德自一九六三年起任教於紐約的哥倫比亞大學迄今，講授英美文學與比較文學①。

薩依德多次說過，一九六七年的中東戰爭是他人生的轉捩點：之前，學術與政治分屬兩個截然不同的領域，他則是專注於研究與教學的學院人士；之後，他開始關注學術與政治的相關性，並接連寫出所謂的中東研究三部曲——《東方主義：西方對於東方的觀念》（*Orientalism: Western Conceptions of the Orient*, 1978）、《巴勒斯坦問題》（*The Question of Palestine*, 1979）和《採訪伊斯蘭》（1981）。他在後者的〈緒論〉中開宗明義指出：「這本書是我一系列著作中的第三本，也是最後一本。在這一系列作品中，我試圖處理兩個陣營在現代的關係，一邊是伊斯蘭教、阿拉伯人與東方的世界，另一邊則是西方世界：法國、英國，以及最重要的美國」（p. 99）。他接著針對三本書的性質做了如下的描述：《東方主義》「最全面性」，探討從一七九八年拿破崙率軍入侵埃及，一直到二次世界大戰後美國強權興起，其間「各個階段」的東、西方世界之間的關係，其「背後的主題是知識與權力之間的從屬關係」（p. 99）；《巴勒斯坦問題》採取個案研究的手法，將巴勒斯坦人爭取民族自決的訴求及行動與猶太復國主義及以色列之間的長期抗爭，視爲東、西方世界關係的具體呈現，「試圖更明晰地描述潛藏於西方人看待東方觀點之下的事物」（p. 99）；至於《採訪伊斯蘭》的主題則「切合當前時事：西方世界——尤其是美國——對於伊斯蘭世界的反應」（p. 100），著重西方媒體對於特定事件（如石油危機、伊朗革命、人質危機）的報導，並指出官（國家政策）—產（媒體報導）—學（專家意見）三者之間的共謀關係。

本書出版十六年後，一九九七年薩依德在初次接受筆者訪問時，不但說明這三本書的意義與關聯性，更把它們連接上他一貫重視的再現（representation）、東西對立、文化政治（cultural politics）以及解放（liberation）等議題：

在這三本書中，我集中於再現的問題，以及再現作為研究的對象與政治、經濟機構的研究之間維持著多少自主——而不是完全獨立、不相往來——的關係。對我來說，再現的研究是重大的文化議題，而我在那三本書中所處理的就是再現的力量——以強制和知識力量的方式，決定所謂非歐洲人的命運，因此西方描繪伊斯蘭世界的方式與猶太復國主義者把巴勒斯坦描繪、再現成空白之地的方式有關，根本不把土著放在眼裡。這也和媒體的方式有關，而這是《採訪伊斯蘭》的主題：當代媒體把伊斯蘭世界再現成恐怖、非理性的世界等等。但是，我認為這三本書的作用在於它們能延伸到其他文化脈絡中的再現，以及再現的意義和形塑等問題，也能與杭亭頓（Samuel Huntington）所說的「文明的衝突」當前這個議題相關。我認為那是一個自然發展的過程。因此，我試著做的便是談論這些作品所具有的解放效應，也主張更仔細的分析文化可以使我們超

越「我們」對抗「他們」這種思考模式。（《知》167-68）

對一般讀者而言，《採訪伊斯蘭》這本書既不像薩依德其他學術著作，如《東方主義》或《文化與帝國主義》（*Culture and Imperialism*, 1993）那般淵博與艱深，也不像《巴勒斯坦問題》、《最後的天空之後：巴勒斯坦眾生相》（*After the Last Sky: Palestinian Lives*, 1986）、《流離失所的政治：巴勒斯坦自決的奮鬥，一九六九～一九九四》（*The Politics of Dispossession: The Struggle for Palestinian Self-determination, 1969-1994*, 1994）或《和平及其不滿：中東和平過程中的巴勒斯坦》（*Peace and Its Discontents: Essays on Palestine in the Middle East Peace Process*, 1995）那樣集中於巴勒斯坦的議題。相反地，本書是薩依德所有作品中比較平易近人的一部，探討的是閱聽大眾在日常生活中於平面與立體媒體上所接觸到的訊息，以及背後的生產者與傳播者。世人長期暴露於這種環境下，對於相關的資訊與知識習而不察，視爲當然，而不曾針對這類資訊傳播與知識生產的動機、過程、效應予以應有的反思與批判。反諷的是，西方對於伊斯蘭教的形象以及運用這種形象的方式，「這兩項因素之間的關聯性，最終會使得它們揭露西方與美國與揭露伊斯蘭教的程度不相上下，後者的具體性與趣味還略遜前者一籌」（p. 4）。換言之，在「明眼人」眼裡，雖然再現者（the representer）再現了被再現者（the represented），但再現的內容與方式卻揭露、再現了再現者。

雖然薩依德批判的對象是美國主流媒體，但對於倚賴美國資訊來源甚深的世界其他地區（包括台灣）的媒體和學術界，此書的見解也發人深省。因此，這本書所提供的不只是對探討案例的剖析與批評，更示範了我們在生活中面對資訊、知識、媒體、政府、學界……時應有的警醒惕厲（vigilance）、獨立思考（independent thinking）、批判立場（critical stance）與具體行動。

本書的主標題"Covering Islam"明顯地玩了一個文字遊戲，因爲"covering"一語雙關，有「（正在）採訪、掩飾」之意，而中文的「『採』『訪』」一詞也暗示了具有選擇性，而非全盤實錄——畢竟除了事件本身之外，任何相關的論述不論宣稱是如何的中立、客觀、超然，都必然是部分的／偏頗的（partial）。因此，「採訪」勢必有所遺漏、排除與「掩飾」，重點在於：**「如何」**（how）**與「為何」**（why）**遺漏、排除與掩飾了「什麼」**（what）？此書的副標題更明確指出了探討的是「媒體與專家如何決定我們觀看世界其他地方」，表示其研究對象是西方與其他地方的對立（the West/the rest）這種心態與立場以及所產生的後果。因此，全書是以後設批評的立場，探究西方世界，尤其是美國，有關伊斯蘭的相關報導與評論：**誰在報導？報導的內容為何？報導的方式如何？為何有此報導？為誰報導？其意圖何在？效應如何？**諸如此類的問題。簡言之，本書旨在以另類的觀點，「發現」（discover）並「揭露」（uncover）西方主流媒體所「採訪／報導／掩飾」的伊斯蘭世界。

由此可見，薩依德的討論主要涉及下列議題：東／西二元對立（binary opposition）的見解及其缺憾；知識、權力與再現的關係；媒體的角色；官、產、學三者之間的共生共謀；媒體於再現時如何將原本多元、異質、繁複的伊斯蘭——即使伊朗在革命時期也充滿了異質性——加以扁平化（flatten）、同質化（homogenize）；詮釋、知識與建構（construct）。全書的章節安排也顯示了作者有意由具體的個案出發（如西方主流媒體所呈現的伊朗革命和人質危機），逐漸走向抽象的層次（知識、再現、詮釋、異文化之間對話與了解的可能性……）。下文略加申論。

首先就是根深柢固的東／西二元對立的看法。其實，薩依德的名作《東方主義》便是這方面開疆闢土的經典，造成了學術界的典範轉移（paradigm shift），成爲後殖民論述重要的奠基之作。該書最後一章〔〈當代的東方主義〉（Orientalism Now）〕最後一節〔〈晚近發展面面觀〉（The Latest Phase）〕，討論的就是美國這個新興勢力及其所表現出的東方主義，相較於其他各章節，是最貼近讀者生活經驗的。《採訪伊斯蘭》在理念上承襲前書，探討的對象是日常生活中的平面與立體媒體，採取的策略是具體與抽象、實務與理論兼備，特別是把美國主流媒體透過強有力的網絡所傳送的伊斯蘭形象當成東方主義心態（Orientalist mentality）的具體呈現。這種心態表現在學術上就是像路易士（Bernard Lewis）者流那種「我們／他們」對立的論調：「『他們』注定要陷入激憤與非理性，而『我們』則享受自家的理性與文化優越感；『我們』代表一個眞實的同時也是世俗化的世界，『他們』則在一個幼稚狂想的世界中謾罵吶喊、高談闊論……『我們的』世界是以色列與西方的世界，『他們的』是伊斯蘭與其他地域。『我們』必須抵擋『他們』，靠的不是政策或議題辯論，而是絕對的敵意」（p. 79）。路易士更拈出「文明的衝突」（the clash of civilizations）一詞來描述這種現象。杭亭頓承襲這個觀念，並加以發揮，以「文明的衝突」來「三分天下」：將世界上的主要文明化約爲基督教文明、伊斯蘭文明及儒家／儒教文明——其實，基本上是西方／非西方的二分法——彼此間存在著對立、競爭、衝突的關係②。

美國新聞記者在這種二分法的心態作用下，「局限並化約」了自己的思考（p. 148），再加上語言能力的不足（絕大多數記者不通曉中東語文），背景知識的欠缺，經常的輪調，使得他們與長駐中東的英、法資深記者相形見絀，無法掌握事件的來龍去脈、現象的錯綜複雜。訓練的不足、制度的缺失加上預設的心態，使得美國記者只能複製既有的成見。當他們「將這種〔二分法的〕群體感受轉化爲文字」時，自然顯得膚淺、偏頗，欠缺歷史的縱深和多元的觀照，「只會更加彰顯記者的無能與含糊」（p. 148）。不幸的是，一般閱聽大眾的主要新聞來源正是這些美國的平面與立體媒體記者。

影響所及，美國學術和媒體所呈現的伊斯蘭現象，一言以蔽之，便是淺薄化、單一化、標籤化、污名化、妖魔化。在他們的筆下和口中所呈現的伊斯蘭世界，不是上下十數世紀、縱橫數十國家地區、十億左右人口、涵蓋多種社會、語言、傳統的複雜存在，而被視爲同質化的集體。薩依德曾在一九九六年的一篇訪談中指出：「我主張沒有純粹而簡單的伊斯蘭這回事（there's no such thing as Islam, pure and simple）；有許多的穆斯林和不同種類的對於伊斯蘭的詮釋——這是我的另一本書《採訪伊斯蘭》的主題。總是有一種傾向要把他者加以同質化，轉化爲單一的事物（something monolithic），部分是出於無知，而且是出於恐懼，因爲阿拉伯軍隊曾於十四、十五世紀來到歐洲」（"Edward" 238）。這種明顯的過分簡化、自以爲是，其特色除了強烈的二分之外，還漠視了報導的對象，表現出「種族優越感或冷漠不關心或兩者兼具的模式與價值」、「全然錯誤的訊息、重複、迴避細節」、「缺乏眞誠獨到的見解」（p. 54）。這種現象非但不利於對他者的認知，反而強化了彼此之間已經存在的藩籬，產生「一連串相當重要的後續效應」。薩依德明確地指出了五種效應：「首先是提供了伊斯蘭教的明確形象。其次，伊斯蘭教的意義與訊息被限定與刻板化。第三，創造出一種衝突的政治情勢，讓『我們』（美國／西方」與『伊斯蘭教』勢不兩立。第四，這種簡化的伊斯蘭教形象對於伊斯蘭世界也有明確的影響。第五，媒體呈現的伊斯蘭教與文化界對伊斯蘭教的態度，彰顯的不僅是『伊斯蘭教』，還有文化中的機制，以及資訊、知識與國家政策的政治運作」（p. 54）。

當以刻板化、概括化的方式來看待他者（如阿拉伯人〔或巴勒斯坦人〕＝穆斯林＝基本教義派＝恐怖分子＝威脅＝暴力）、以對立的心態來看待異己甚且採取行動（「口誅筆伐、恐嚇威脅、制裁抵制、孤立隔離，甚至還要施以空襲轟炸」（p.54）），要對方百依百順、任己予取予求，根本是緣木求魚。「只要一點點同理心」，就可以體會「穆斯林的焦慮不安」（p. 63）。在惶惑驚懼的情況下，身爲異己的對方或出於自保，或出於對抗，都必然採取相應的措施。如此一來，雙方的歧見加深，對立加大，更坐實了原先的衝突觀，而和平也就更難實現③。

其次便是學術、媒體與政治，而其中也涉及相當程度的學術與媒體的政治（politics of scholarship and media）。以往學術所標榜的客觀、中立、超然，在後現代的思維中已遭到質疑，而在與地緣政治、經濟利益密切相關的中東研究上，所牽扯到的利害關係更是複雜多樣。過往的東方研究或「東方學」（這是大陸譯者王宇根對 *Orientalism* 書名的中譯），隱藏了其中涉及的各式各樣利益因素，甚至淪爲「侵略性研究」而不自知。事實上，這也是薩依德在《東方主義》中除了揭露由來已久的二元對立之外的另一個重點：

知識與權力的關係。由這一點可以明顯看出薩依德受益於傅柯（Michel Foucault）之處。如果說《東方主義》一書討論西方歷史上有關東方研究的不同類別的文本（如文學、歷史、人類學……）中所顯示的二元對立和其中涉及的知識與權力的關係，那麼《採訪伊斯蘭》一書的重點可說置於學術、媒體、官方三者之間的共謀關係，其中的重點之一就是詮釋、知識與權力的關係，這也是爲什麼最後一章（第三章）直接以「知識與權力」（Knowledge and Power）命名，而最後一節（第二節）又以「知識與詮釋」（Knowledge and Interpretation）命名。

《採訪伊斯蘭》所採取的切入點便是一般閱聽大眾在日常生活中暴露其中的大眾傳播媒體。這也多虧流亡在外的巴勒斯坦裔知識分子薩依德，以其特殊的處境、切身的體會、精闢的見解、流暢的文字，深入剖析被再現者的悲哀。此處使人聯想到《東方主義》扉頁所引述馬克思的話：「他們不能代表／再現自己；他們必須被代表／再現」（They cannot represent themselves; they must be represented）。然而問題在於：若是代表／再現者不但強而有力，而且具有特定的立場、利益，或者心懷誤解、甚至惡意時，被代表／再現者要如何自處及回應？雙方要如何化解這種主／客甚或主／奴的關係，達到平等與互惠？

薩依德「有幸」接受西方的菁英教育（中東的殖民地外國學校教育和美國長春藤盟校教育），對於西方的文學和音樂都有精湛的造詣，加上自己的中東文化背景，更親身體會到不同文化之間的混雜與融匯。就是這種特別遭遇，加上巴勒斯坦人流亡海外的「孤臣孽子」之心，使他遊走／游離於不同文化之間，以流亡者自居，時時省視這種特殊的邊緣位置並善加運用：「大多數人主要知道一個文化、一個環境、一個家，流亡者至少知道兩個；這個多重視野產生一種覺知：覺知同時並存的面向，而這種覺知——借用音樂的術語來說——是**對位的**（*contrapuntal*）。……流亡是過著習以爲常的秩序之外的生活。它是遊牧的、去中心的（decentered）、對位的……」（"Mind" 55）④。此外，他也提到自己的三重身分及彼此之間的相關性：「我是巴勒斯坦的阿拉伯人，也是美國人，這所賦予我的雙重視角即使稱不上詭異，但至少是古怪的。此外，我當然是學院人士。這些身分中沒有一個是隔絕的；每一個身分都影響、作用於其他身分。……因此，我必須協調暗含於我自己生平中的各種張力和矛盾」（*Identity* 12）。因此，我們不但可以說薩依德自己就是混雜的文化的產物，而且也身體力行，促成不同文化的交融與薈萃，這些都具現於他積極引介歐陸理論和中東文學進入美國和英文世界。這更說明了爲什麼他對「非友即敵」、「非白即黑」、「非此即彼」的「文明衝突論」期期不以爲然。

進一步說，薩依德固然在理論上借重傅柯有關知識與權力的洞見（insight），卻也認為後者的理論中有其盲見（blindness）。他不滿於傅柯對已存在的權力採取屈從與接受的態度。在回應筆者的詢問時，他提到：「他去世後我寫了一篇短文〈傅柯與權力的想像〉（Foucault and the Imagination of Power），談論到他有關權力的書中很驚人的模式：權力總是在壓迫、降低抗拒。如果你想要從他的書中獲得一些可能的抗拒模式的觀念，根本就找不到。在我看來，他沈浸於權力的運作，而不夠關切抗拒的過程，部分原因在於他的理論來自對於法國的觀察。他根本不了解殖民地的變動，對於世界其他地方所出現的有異於他所知道的解放模式，他似乎也沒興趣」（〈論〉173-74）。在艾德蒙森詢問他為什麼比傅柯樂觀時，他提到「一個特殊的東西、一個特殊的思想風格，我想就是葛蘭西（Antonio Gramsci）的因素」（《知》194）。綜觀薩依德的著作，我們發現義大利的馬克思主義批評家葛蘭西對他的作用主要在於有關文化霸權（cultural hegemony）和有機的知識分子（organic intellectual）之觀念：相對於墨守陳規、維持現狀的傳統的知識分子（traditional intellectual），有機的知識分子不滿並挑戰現存的文化霸權，致力於與大眾結合，開啓民智，鼓動風潮，促成社會的變遷。

此外，薩依德乞靈於其他非西方的研究者與行動分子（activist），最大的影響之一便是法屬殖民地知識分子法農（Frantz Fanon）。他曾對比傅柯與法農二人，態度上對於身為

「個人的學者—研究者」（the individual scholar-researcher）的傅柯頗有保留，而明顯傾向從事「『集體的』奮鬥」〔"*collective* struggle"（"In" 39）〕的法農，認爲他致力於爲被壓迫的階級尋求解放，不止是談論，「也更能以歷史的、心理的、文化的方式來診斷壓迫的本質，並提出去除壓迫的方式」，而且他一直與新興的階級和運動站在同一陣線（"Overlapping" 53-54）。對於自己的批評志業與法農的關係，薩依德有如下的表白：「法農所稱的由民族意識轉化、轉型爲政治和社會意識（the conversion, the transformation, of national consciousness into political and social consciousness），這種情形尚未發生。那是個未完成的計畫，而我認爲那也是我的工作的起點」（"Criticism" 134）。由此可見，他有意繼續努力促成法農未竟之功。

由上所述可知，薩依德既從傅柯的知識與權力觀得到靈感，復以馬克思主義與後殖民論述的主張加以轉化，濟其不足，「又從自己特殊的背景——與其說是族裔的背景，不如說是非歐洲的背景——抽取模式」（"Criticism" 128），以順應眼前的處境，發揮最大的效應。質言之，他借助葛蘭西對於文化霸權的探討與挑戰以及法農對於殖民主義的剖析與抗拒，發展出自己批判的立場，對反的論述（counter-discourse），對立的知識（"antithetical knowledge"，此詞見於第三章第一節）。他的中東研究三部曲就是這種立場與認知的具體展現。《採訪伊斯蘭》末章對於對立的知識的剖析，更是以前兩章的實例爲基礎，進行理論化的分析，其作用不僅在於有關伊斯蘭的採訪、報導與掩飾，凡是涉及知識、再現、霸權、權力結構等議題，都可能在其中獲得不同程度的啓發。而本書作為現身說法之作，更為將知識轉化為啓蒙及爭取公義之利器作了強有力的示範。

在他的示範之中，很重要的一點就是揭穿傳統的東方研究在心態上的據地為王、夜郎自大，在方法學上的故步自封、自以為是，無視於學術思潮的演進。他曾在〈東方主義的重新省思〉（Orientalism Reconsidered）和《東方主義》增訂版的後記（〈《東方主義》後語〉（*Orientalism*, an Afterword））提到，此書出版後，不同的學門紛紛回應，唯一沒有回應的正是此書所詰問的東方研究的領域⑤。然而，在當今資訊四處流通的時代，即使如此封閉的學術社群，也不可能完全自外於當前的思潮及與時俱進的理論與方法學。薩依德在有關「對立的知識」一節中，指出在東方研究的領域中出現了三種另類的研究方式，不管在視野、觀念和實際成果上都能擺脫以往的窠臼，提供新的可能性（p. 208-211）。以下的說法透露了他的夫子自道：「面對這樣的鴻溝〔同質性的觀念與實際的歷史之間的鴻溝〕，偶然會有個別人物挺身而出，質問切中要害的問題，並期待合情合理的答案」（p. 223）。薩依德的中東研究三部曲確實提出了「切中要害的問題」，也試圖提供「合情合理的答案」，再加上他個人的多重角色，為上述三種另類研究發揮更廣泛的效應，並推上世界的舞台。

至於在媒體方面，以往中東是罕爲人知的神秘領域，自從一九六〇、七〇年代之後，由於戰爭與石油的因素，頓時成爲世人矚目的焦點。然而，一般人所接觸到的，主要是透過美國主流媒體中介的資訊，其中除了先前提到記者的先天與後天的不足之外，還涉及美國的利益。此處薩依德仰賴另一位他所佩服的美國知識分子杭士基（Noam Chomsky）。杭士基身爲語言學界舉足輕重的人物，卻以特立獨行的公民身分，多年來在一篇又一篇的論述中指證美國政府與媒體如何爲了所謂的「國家利益」而建立起共謀關係，藉著「製造同意」（manufacturing consent）來建構共識，這些尤其顯現於美國的外交政策。杭士基對此大加撻伐，不遺餘力。他的方法、作爲及角色給予薩依德不少啓發⑥。因此，本書剖析美國媒體，認爲它們「懷有同樣的中心共識。這種共識……塑造出新聞、決定什麼是新聞以及它如何讓它成爲新聞」（p. 64）。而且，這種新聞和輿論是逐漸形成的，「依據規則、局限於框架、運用傳統做法」（p. 61），然而一旦形成便很難改變，更由於不是強制性的規定，所以不易讓人感覺到它的存在。薩依德直指，這種共識「不是源出於嚴格的法律，不是陰謀，也不是獨裁。它是源出於文化，或者更恰切地說：它就是文化本身」（p. 64）。因此，《採訪伊斯蘭》一書主要是對美國媒體文化的解析。

在這本特別談論媒體的專書中，薩依德以政府、媒體與學界的共謀爲對象，輔以傅柯對於知識與權力的洞見，加上詮釋與認知的效應，針對具體的事例剖析美國媒體有關中東資訊的傳播，以及相關的知識生產與流通（production and circulation of knowledge），一方面進行實例式的詮解與分析，另一方面進行理論的省思與批判的思考，相輔相成，互爲表裡。全書呈現了薩依德對於美國的文化霸權——或者說，美國作爲文化帝國主義（USA as cultural imperialism）——進行實務與理論的解析，以此作爲對於意識形態的批判（critique of ideology），在另一個競逐的場域進行啓蒙與公理正義的抗爭。

至於薩依德所發揮的效應如何？這裡只舉一個例子：儘管有人把他扣上「恐怖教授」（Professor of Terror（Alexander））的帽子，儘管他批評美國媒體，但只要涉及伊斯蘭世界和巴勒斯坦的議題，美國媒體往往會找薩依德發表看法⑦。這一方面是因爲他傑出學者的身分，另一方面是因爲他曾積極介入巴勒斯坦的民族自決運動，擔任過巴解領袖阿拉法特的智囊（後來因理念不合而割袍斷義）。他也一再竭盡自己所能，用政治參與、撰寫政論的「直接的政治」（direct politics），以及著書立說、啓迪觀念的「迂緩的政治」（slow politics），直接、間接地發揮影響力⑧。經過衆人多年的努力，在新千禧年的另一輪以巴衝突中，我們可以看到媒體，尤其是歐洲的媒體，不再完全偏袒以色列，多少擺脫了以往對於巴勒斯坦人的刻板印象（不是石油大亨、戴頭巾的恐怖分子，就是哀戚的難民），而逐漸能以較公允的態度來呈現以巴雙方的觀點。

值得一提的是，本書副標題中的「我們」，原先主要指的是美國的閱聽大眾，但由於美國的強勢文化及媒體，使得此處的「我們」擴及全球所有仰賴美國主流媒體的閱聽人——甚至連新聞焦點的中東人士也透過美國的媒體，一方面了解它們如何呈現自己的國家，也藉此來了解自己國家的情況。薩依德對於人質危機的解讀，多少展現了這一點。然而，對於絕大部分仰賴美國新聞來源的台灣媒體而言，固然在地理上是「立足台灣」，但在宣稱「放眼世界」時卻常常是透過美國的視野與鏡頭。因此，薩依德對於美國媒體的省思和美國文化霸權的批判，可以提供不少反省之處：在媒體傳播上強勢者與弱勢者的關係；這種關係如何決定了我們觀看世界和省視自己的方式；在我們的領域中，是否同樣複製、上演著類似的權力、知識、媒體的共謀現象？薩依德提供了何種的反省與角色？諸如此類的問題。

此處，薩依德對於知識分子的觀察與期許扮演相當重要的角色。在《知識分子論》中，薩依德以流亡者的邊緣位置來描述他心目中的知識分子：反對與當權者掛勾，保持一己的獨立性與批判性，對權勢說眞話。至於面對異文化之間的遭逢時，知識分子的抉擇是：「要讓知性爲權力服務，抑或爲批評、社會、對話與道德感服務。這個抉擇必須是今日詮釋行爲的當務之急，而且必須能引導出決定行動，而非拖延觀望」（p. 226）。在這層意義上，積極介入學術和政治的薩依德，的確發揮了葛蘭西筆下有機的知識分子的角色。他有關知識分子的見解在傅柯和甫過世的法國社會學家布迪厄（Pierre Bourdieu）中也找得到相似的論調。布迪厄在《抗拒的行動》（*Acts of Resistance*）中提到知識分子有以下的特徵：「不屈從於權勢，批判既有的成見，摧毀簡化的是／非的思維方式，尊重問題的複雜性」。最近整理出版的傅柯遺作《直言無諱》〔*Fearless Speech*（*Parrhesia*）〕中，從西方哲學傳統的脈絡出發，探討西方文化中的批判精神，主張這種直言無諱的信念及行爲便是：以坦率來取代文過飾非，以眞實來取代虛僞，以冒險來取代安全，以批評（含自我批評）來取代表面的和諧團結，以責任來取代逃避。這些有關知識分子的見解，完全適用於描述薩依德的觀念與作爲，也值得我們三思，並且置於當前的脈絡中探尋各種實踐的可能性。

前已提及，身爲流亡者、邊緣人的薩依德是混雜的文化的產物，致力於打破二元對立的思維方式，並試圖矯正其所導致的後果。中東研究三部曲正是這種理念下的結果。雖然有些人指稱薩依德的《東方主義》形塑或強化了東／西對立的現象，但薩依德在不同的場合中，尤其是《東方主義》增訂版的〈後記〉，一再強調自己所要挑戰的正是這種對於東西對立之本質化的（essentialized）思考模式，而主張東西其實是建構。這種見地與他出入東西文化之間的經驗關係密切：「……我遊走在東、西帝國分野之間，我進入了西方的生活，但也一直與原先所來的地方保持著一些有機的連結……這樣的經歷是一種超越障礙的過程，而不是構成障礙；我相信《東方主義》這本書可以展現這一點，特別是當我言及人文研究就是一種理想性的追求，一種超越思想的壓制性箝制，並且努力朝向以達成非支配性、非本質主義式的學習類型」（*Orientalism* 336-37; 中譯，504）。深切體驗到文化交融之重要性的薩依德，對於了解異文化的可能性及條件的相關看法顯得彌足珍貴。

討論過學界與媒體有關伊朗和伊斯蘭的呈現後，薩依德特別指出它們的意義不止在於成爲當前國際政治的一環，更在於「涉及其他文化知識的學術追求與詮釋行爲」（p. 176）。因此，他在末章劈頭便問了一個重要的問題：「一個文化的成員是否能夠眞正獲取關於其他文化的知識？」（p. 181）就美國而言，由於產業—官方—學界形成了宰制集團，造成「全面的邊緣化、全面的**知識**不連貫性、大部分關於伊斯蘭教作品的全面性詮釋破產」（p. 201）。面對如此險惡的情況，薩依德在指出缺憾的同時，也爲異文化之間的認識提出了兩項條件，希望能促成相互的了解、甚至尊重。其中之一就是呼籲強勢的一方能擺脫從殖民主義框架下所認知的伊斯蘭，以平等、同理心、非強制性的方式來認知所研究的對象（p. 215）。就薩依德一貫的立場而言，這種爲弱者聲援、呼籲的主張是可以理解的。然而，筆者要進一步指出的是，異文化之間的溝通與了解，強勢者固然要多負些責任，然而在權力天平另一端的弱勢者也得致力於尋求自己在其他方面（如文化、歷史、道德訴求……）可能具有的特點及優勢，以不卑不亢的態度了解對方——不論這種了解「只是」爲了知識之用，還是爲了「百戰不殆」而所需的「知己知彼」（此處所謂的「戰」涵概了不同形式的競爭與奮鬥——包括克服彼此之間溝通與了解的障礙）。薩依德本人身體力行這種方式，深知西方文化價值的他曾多次呼籲巴勒斯坦人以普世的價值觀（如爭取自由、平等、民主、自決）來向西方世界訴求。

薩依德指出的第二項條件則較具知識論、方法論上的意義：有關人文及社會的知識，其實都是詮釋的產物；詮釋並非憑空而生，而是來自特定的時空及歷史情境中的男男女女；任何了解與詮釋都必須以世俗化、歷史化、脈絡化的方式來進行（p. 215-216）。他進一步指出，這些都涉及文本的閱讀與詮釋，而任何讀者與詮釋者也必然早已處於特定的時空位置，具有特定的利益（interest）和形形色色的從屬關係（affiliations），沒有所謂客觀、中立、超然之說。儘管如此，或者該說，就是因爲如此，所以任何讀者與詮釋者更該警覺到自己可能具有的限制與偏見，努力嘗試突破自己的情境和產生文本的情境這兩者可能造成的障礙。此處，薩依德特地引述詮釋學者伽達瑪（Hans-Georg Gadamer）的見解，並主張這種努力的結果可能產生新的、非強制性的知識（p. 216-218）。

在討論到詮釋、了解與知識時，薩依德提到了文學訓練的作用，而這正是身爲文學批評家的他之所長。〈緒論〉中提到：「任何人在談論『伊斯蘭教』時，都必須謹記連初涉文學領域的學子都知道的原則：在寫作或閱讀關於人類實體的文本時，涉及的因素之多，絕非『客觀』之類的標籤所能涵蓋（或保護）」（p. 110）。這些原則所提倡與教導的批判性的閱讀技巧（「運用高明讀者批判性的技巧來釐清合理與不合理、質問適切的問題並要求切題的答案」（p. 111）），不僅適用於文學文本，也可轉用到其他性質的文本，並由此開展出「人文知識」（p. 111）。遺憾的是，以往的中東研究大都集中於伊斯蘭法律與以色列—阿拉伯的衝突，而忽略了文學領域（p. 204），並且對於文本的詮釋欠缺理論性的省思。薩依德的文學訓練正好可以彌補這方面的缺憾。他在訪談中提到，在《巴勒斯坦問題》和《採訪伊斯蘭》這兩本書裡，「運用了一些文學文本、文學技巧和詮釋的事情，這些教給我許多有關觀念的傳遞、形成和建制化的方式」（"Literary" 76）。證諸他個人的行徑，除了精研英國經典小說之外，也爲西方世界引介了許多阿拉伯世界的文學傑作，包括一九八八年諾貝爾文學獎得主馬富茲（Naguib Mahfouz）⑨，更在文學與文化批評及理論的建樹上發揮了很大的作用。換言之，不管是文學本身的感人或者文學研究的理論、方法論的啓示，都讓人以感性和知性的方式「激發對於遙遠、異國但依然屬於人性的事物的覺察」（p. 217），更了解異己——和自己。

與此相對的則是依然以二元對立的心態，面對世界其他地方，無視於歷史與現實的複雜性，以刻板印象的方式來勾勒他者，據以形成政策或對策，並採取具體的行動展現出「武斷自信」、「自欺欺人」（p. 117）。書中特地以駐德黑蘭的美國代辦蘭根（Bruce Laingen）發給當時的國務卿范錫（Cyrus Vance）的一封機密電報爲例，說明這種對立心態的嚴重後果，並語重心長地發出了如下的警語：「如果蘭根的電報仍然不足以證明這種誤現最好永遠揚棄，那麼將來美國人勢必會陷入更多國際紛爭，而且，美國人的無辜會再度受到有百害而無一利的侵犯」（p. 125）。

這段警語寫於一九八一年二月九日，半個多月前（一月二十日）五十二位美國人質在歷經了四百四十四天的扣押之後終於獲釋，新上任的雷根政府與全國民衆歡迎人質歷劫歸來。當時《採訪伊斯蘭》的〈緒論〉已寫出（〈緒論〉撰於一九八〇年十月，全書內文完成之後），這段文字是添加於〈緒論〉之後的〈附筆〉（Postscript），同年該書就出版了。在近似舉國歡騰的情境下，薩依德依然扮演著邊緣者、異議分子的角色，一再指陳東西二元對立心態之缺憾及嚴重後果，底下苦口婆心的諍言是本書初版時最後寫下的文字：「作為支持者的戰鬥口號，『伊斯蘭教』與『西方』（或『美國』）（這種二分法）提供的煽動遠多於洞察……會將分析轉化成簡單的二元對立，將經驗轉化為狂想。與衝突及過度簡化的敵意相較，對人類經驗具體細微處的尊重、從同情看待『他者』而產生的理解、憑藉道德與知性誠實獲得並傳播的知識，應該是較好甚至較容易達成的目標。而且在這樣的過程中，如果我們能清除殘餘的敵意，清除『穆斯林』、『波斯人』、『突厥人』、『阿拉伯人』或『西方人』之類惡意概括的標籤，那麼事情將會變得更為美好」（p. 126）。這段寫於一九八一年的文字，在二十年後二〇〇一年的九一一事件之後讀來，一方面讓我們體認到薩依德對於西方與伊斯蘭的關係，或者擴而言之，自我與他者／異己之關係的看法，確有先見之明，另一方面證諸世局的演變，卻令人不得不感慨於歷史的諷刺：人們無法從歷史中汲取教訓，以致悲劇重演，甚至處境每況愈下。

九一一之後——薩依德論九一一事件

去（二〇〇一）年八月下旬筆者第三度與薩依德見面、訪談，當時以巴衝突不斷升高，以色列連日派兵進入巴勒斯坦人的居住區，雙方迭有傷亡。他對中東局勢的憂心溢於言表，明白表示以巴雙方的關係糟透了，而他對和平的前景極爲悲觀。他還說到，對於沒有國家、流離失所的巴勒斯坦人而言，對抗武器精良、長期受到美國大力支持的以色列，是多麼地不利、無力與無奈。

半個月之後發生了九一一驚爆事件，紐約的世貿中心雙塔毀於一旦，數千人喪生，對於大半生定居紐約的薩依德，震撼當然很大。事件發生之後，新聞媒體拍攝到巴勒斯坦人和若干伊斯蘭國家人民在大庭廣衆下歡欣鼓舞的畫面，使得這位長期以來公認是巴勒斯坦人在美國、甚至在西方世界之代言人的處境更形艱難。在愛國呼聲響徹雲霄之際，美國主流媒體紛紛輸誠，幾乎聽不到另類的聲音。桑塔格（Susan Sontag）的文章出現於德國的《法蘭克福匯報》（*Frankfurt Allgemeine Zeitung*），薩依德有關此事件的第一篇文章刊登於英國的《觀察家周報》（*The Observer*），另有一些文章則在網路流傳，其中包括著名的學者和知識分子的文章。這些文章一面譴責這次恐怖事件，但也從更宏觀的角度對美國提出諍言。

一向批評美國外交政策和大衆媒體不遺餘力的杭士基，撰文指出美國多年來在拉丁美洲、中東、東南亞等地的諸多不當行徑，完全符合美國自己所定義的「國家恐怖主義」（state terrorism），而大財團所擁有的媒體則與政府沆瀣一氣。他在文章中指出，如同以往，這次恐怖事件中的主要受害者都是平民。他擔心死硬的右派會趁機強力打擊其所認定的對手，引發更多類似或更慘烈的攻擊。在他看來，眼前的選擇在於：美國是否有心了解造成這些罪行的原因，努力進入可能的加害者的心靈，避免類似悲劇在世界各地發生⑩。

以研究世界體系（World-System）聞名的社會學家華勒斯坦（Immanuel Wallerstein）在〈二〇〇一年九月十一日——爲什麼？〉（"September 11, 2001—Why?"）一文中指出，戰爭無法說服，只是迫使對方改變行爲。而且，此中情況混淆多變，並非單純的「文明對抗野蠻……至少我們必須知道的是：各方皆認爲自己是文明的，對方是野蠻的」。他認爲，「這是不同的世界願景之間的鬥爭」（a struggle between different visions of the world…）。華勒斯坦在結論時提出警告：對居住在地球上的人類而言，在未來的漫長鬥爭中，二〇〇一年九月十一日相形之下會只是一段「小插曲」。後來美國在阿富汗進行的軍事行動，以及近日（五月下旬）傳聞賓拉登（Osama bin Laden）將發動另一波的恐怖攻擊，果然初步證實了他的預言。

拉岡心理分析學派文化批評家吉傑克（Slavoj Žižek）以〈歡迎來到眞實的沙漠！〉（Welcome to the Desert of the Real!）爲文，指出經過這個事件，證明美國是安全的港口此一想法是虛幻的。來自紛擾不安的斯拉維尼亞（Slovenia）的吉傑克認爲，「過去五個世紀以來『文明的』西方，其相對的繁榮與和平，來自於把暴力和毀滅輸出到『野蠻的』外地」，而九一一事件則是美國本土首次體驗到世界許多地方天天發生的事情。至於對應的態度則有兩種：一是無法接受這種事竟然會在美國此地發生；另一便是接受這個事實，進入「眞實的」世界。他在結論時語重心長地指出，九一一事件的「眞正教訓」在於：「要確保此事不再在『此地』發生，唯一之道就是避免它在『任何其他地方』進行。」換言之，當今世上已沒有任何國家或地區可以自外於其他國家或地區，彼此唇齒相依、休戚與共。

以上的知名學者大抵從個人的學思脈絡出發，薩依德也不例外。〈「伊斯蘭」和「西方」的旗幟不足概括〉（Islam and the West Are Inadequate Banners）刊登於二〇〇一年九月十六日的英國《觀察家周報》，代表了薩依德對於九一一事件的立即反應，而巴勒斯坦的背景使他對此事件的見解更具份量——畢竟許多人（包括賓拉登在內）提到此次事件的主要原因之一，就是伊斯蘭世界深深不滿美國在以巴關係中長期偏袒以色列。

薩依德的文章再度闡揚他多年來在學術論述、政治評論以及訪談中反覆強調的要點，我們考量他的學思脈絡以及數十年的「紐約客」（New Yorker）身分，當更能體會其中的深意。文中提到紐約市民對於此一事件的驚愕、恐懼、憤怒、震撼、悲傷、哀慟，正是他自己的心情寫照。在當時人人皆曰「對抗恐怖主義的戰爭」中，卻無人談及「在哪裡？在哪些戰線？具體目標爲何？」取而代之的是模糊的二分法：「我們」（美國）對抗「他們」（中東和伊斯蘭）。這是薩依德多年來質疑、挑戰的二元對立的思維方式：西方／東方，我們／他們，文明／野蠻，幼稚／成熟，先進／落後……在九一一事件後的一般反應，再次展現了這種粗糙的、本質化的對立模式，所透露出的則是罔顧歷史，忽略現實，未能認知事情的複雜性。因爲「所有的傳統、宗教或國族」都有其複雜性，伊斯蘭與美國都具有諸多不同的面貌，不可能以單一的方式概括。這些都是他在《採訪伊斯蘭》中再三申論的。

筆者特此指出，我們從世界各地對此事件的反應，正可看出其中的複雜及弔詭之處。伊斯蘭世界的許多國家都表示反對恐怖主義，但對於美國所可能採取的軍事行動及後果，卻抱持極爲戒愼的態度，因爲稍一不愼便會淪爲以眼還眼、以暴易暴。伊斯蘭的基本教義派則有意把這場戰爭導向保衛伊斯蘭的「聖戰」，以反美爲主要訴求。美國官方的態度顯得搖擺不定：一方面陷入二元對立的思維，採取「非友即敵」的態度，要世界各國選邊，準備從事一場「文明對抗野蠻」的戰爭，甚至一度用上具有強烈宗教色彩的「十字軍東征」（Crusade）、「無限正義」（Infinite Justice）⑪等字眼；另一方面在國際上與伊斯蘭國家積極磋商，在國內與伊斯蘭宗教領袖表現出團結合作的態度，極力避免造成宗教、族裔的對立。美國的歐洲盟邦固然支持打擊恐怖主義的行動，但對於用武的時機、範圍則甚表審慎。其他各國也呼籲美國小心行事，切莫傷及更多無辜。

這次事件提供了絕佳的機會來檢驗薩依德和杭亭頓的見解。薩依德反本質論（anti-essentialism）、反對「對立的象徵」（Manichaean symbols）的看法，正好與杭亭頓的看法相反。薩依德在十月二十二日發表於美國《國家周刊》（*The Nation*）的〈無知的衝突〉（The Clash of Ignorance）一文中，指名道姓批判杭亭頓的「文明衝突論」。一九九三年夏天杭亭頓在《外交事務》（*Foreign Affairs*）這份國際著名的期刊上發表這種論調時，後面有個問號，多少還表示存疑，但後來出書時，問號不見了，表示他是肯定文明衝突的存在。至於其中的簡化與誤現，可由那本書的封面看出：以十字架代表西方基督教文明，星月代表伊斯蘭教文明，太極圖代表儒家／儒教文明。杭亭頓的基本信念是：不同的文明之間不僅彼此差異，而且彼此對立；不僅彼此對立，而且彼此競爭；不僅彼此競爭，更是彼此衝突。既然是以衝突的心態來看待文明之間的關係，自然也就忽視了彼此間的互動互補、相輔相成。而出身中東，並習得西方文化與藝術精髓的薩依德，則力主以混雜的（hybridized）、融通的方式來看待不同的文化。身爲「前冷戰戰士」（p. 52）、「意識形態空想家」〔"ideologist"（"Clash" 12）〕的杭亭頓，既然以這種很本質化、對立的方式來看待文明之間的關係，當然就要確保「我們」的利益，極力主張維繫「美國」在國際政治中的既得利益和領先地位，不容其他國家、勢力挑戰、染指或僭越。在這種心態及世界觀之下，「衝突進一步在『我們』與『他們』之間畫分出討論範圍，使眞正的討論、分析與交流如同緣木求魚。……戰爭似乎是再順理成章不過的結果，杭亭頓宿命論式的文明衝突論因此特具吸引力」（p. 93）。

站在西方（主要是美國）立場的杭亭頓，一切以國家利益爲優先考量。這種衝突觀可證諸這次事件中雙方的激進派所採取的手段，然而更是有識之士（包括小布希總統在較平和、理性的時刻）所試圖避免的，否則教宗不會在九一一後的第一時間走訪伊斯蘭國家，小布希總統不會與多位伊斯蘭的政治及宗教領袖會面，美國著名的歷史學家小史勒辛格（Arthur M. Schlesinger, Jr.）不會批評文明衝突論的謬誤[12]。因此，杭亭頓「三分天下」之見的極端化約、對立是顯而易見的，作爲提醒留意文化之間的歧異、歧見或許有其作用，但在面對實際問題時，卻很可能因爲強調甚至強化彼此之間的歧異、對立、衝突，而使得情況更趨惡化[13]。

在這兩篇文章中，薩依德重申中東研究三部曲中一再申論的見解，主張任何的標籤化、概括化、「政治和宗教的抽象化以及化約的迷思」（religious and political abstractions and reductive myths）都背離了歷史與理性，而這些誤現與恐懼或仇恨結合時，更會產生不良後果。在他看來，在如此關鍵性的時刻，更不能逞一時之快或一時之憤／恨，因爲盲目的愛國主義而失去了理智的判斷，反而更須以批判的態度、知識的責任（intellectual responsibility）、世俗的意識（secular consciousness）加以省思，並採取適當的作爲。這些又涉及薩依德在多處著作中屢屢關注的知識分子的角色、特立獨行的重要、對權勢說眞話、非宗教性的思維方式。薩依德語重心長地指出，「任何信念、神明與抽象理念都不能爲濫殺無辜辯護。尤其是當一小撮人主導此類行動，他們自認代表某種信念，其實根本不然。」這種說法既適用於中東，也適用於美國；既適用於伊斯蘭教的基本教義派，也適用於猶太教和基督教的基本教義派。

在薩依德看來，美國欠缺的是「理性了解情勢」，未能認清美國在世界所扮演的角色，尤其是多年來的外交政策，以致「對伊斯蘭與阿拉伯世界的大多數人來說，美國官方與傲慢強權是同義詞，這個強權假仁假義，不僅大力支持以色列，而且也是許多壓迫人民的阿拉伯政權的幫兇」，卻不願與「眞正受苦受難的人民」對話——這些人民包括了巴勒斯坦人和阿拉伯威權體制（許多是美國的盟邦）統治下的人民。因此，伊斯蘭和阿拉伯世界的反美其來有自。而晚近巴勒斯坦人的自殺爆炸事件和以色列的強力攻擊，使世人對於以巴的和解與中東的和平更覺得希望渺茫。

冰凍三尺實非一日之寒，此時所需的正是薩依德在九一一事件之後再次強力呼籲的：充分的歷史意識〔認知「不義與壓迫相依相成的歷史」（interdependent histories of injustice and oppression）〕，遠大的胸襟與願景〔尋求「共同的解放與彼此的啓蒙」（common emancipation and mutual enlightenment）〕，重新省思「西方」與「伊斯蘭」這類標籤及旗幟之不足，摒除妖魔化對方（demonization of the Other）的手段……這些見解不但在《東方主義》及《採訪伊斯蘭》中早有精闢的發揮，在國際現勢中更具有迫在眉睫的重大意義：避免「宗教或道德的基本教義派……殺人與被殺的意願」。而這一切都須「耐心與教育」。

總之，巴勒斯坦裔美國公共知識分子薩依德，在面對發生於自己定居數十載的紐約這樁美國歷史上的空前慘劇時，再度以流亡者的雙重視野指出「西方／伊斯蘭」二元對立思維的危險，主張以世俗與批判的意識面對宗教的狂熱和宗教式的道德使命感，以歷史化的方式來理解當前的事件，反對本質化、抽象化、概括化、對立化、妖魔化。至於此次不幸事件能否成爲重新省思人類處境的重大契機，從中汲取教訓，以免淪入愈演愈烈、永無止境的對立與衝突，則有待觀察。

雖然在台灣的弱勢論述與後殖民論述的研究者很少不受薩依德的影響，但台灣對於薩依德的引介卻爲時甚晚，有很長一段時間「只聞樓梯響，不見人下來」，一直到一九九七年底才有第一本專書《知識分子論》的中譯出版，以後相繼有《東方主義》（一九九九年九月）、《鄉關何處》（二〇〇〇年十月）、《文化與帝國主義》（二〇〇一年一月）問世，接連獲得國內各大書獎，銷售情況也迭創佳績，可謂「叫好又叫座」⑭。《採訪伊斯蘭》一書中譯的出版，至少有下列幾層意義：使中文讀者進一步了解薩依德的中東研究三部曲；因為內容是有關新聞媒體，可以讓讀者省思日常生活中暴露其中的情況及因應之道；由於他的深入分析，使我們更留意媒體、學術、官方三者之間的關係；因為討論的內容是國人甚為陌生的伊斯蘭，可以提供我們有別於透過媒體（主要是美國媒體）傳送的伊斯蘭形象或刻板印象；尤其在九一一事件和隨後激烈的以巴衝突以及媒體的報導，此書適時地提供了另類的看法。

至於本中譯的特色則有二，一在於譯者，一在於附錄。譯者本身在報社從事外電編譯，對於新聞的生產、傳送、迻譯、再傳遞，有更深切的體會。其次，當九一一事件發生時，刊登於中文報章的薩依德兩篇文章都出自他的譯筆，可謂追隨了事件的進展，並參與了相關新聞及評論的傳播。兩篇附錄的文章雖然距離本書初版有二十年之久，然而不僅可以見出薩依德一貫的主張，更由於晚近的時事及新聞報導，印證了他的先見之明（悲觀地說，世界近二十年來在觀念及作為上沒有長進）。因此，當出版社要附錄該二文時，筆者很樂於代為接洽薩依德，薩依德回的電子郵件很簡短，全文如下：「當然你們能刊登這兩篇文章。當前的確是我們悲慘的時刻（指的是在以色列揮軍入侵下巴勒斯坦人的處境」」。可惜的是，對於後來我邀他為中文版略撰數語的請求，沒有回應。《採訪伊斯蘭》中譯的問世雖然比原書初版晚了二十一年，但藉由薩依德對於驚駭世人的九一一事件的評論，使人對他的見解之歷久彌新有著更深切的體會，並希望藉由本書的出版，進一步「揭露」新聞「採訪」中的「報導／掩飾」。

二〇〇二年五月二十八日
台北南港

注釋

＊本文之撰寫承蒙呂潔樺小姐協助蒐集資料，李有成先生、何文敬先生、紀元文先生過目，陳雪美小姐潤飾，特此致謝。

①有關薩依德的前傳，詳見《鄉關何處：薩依德回憶錄》（*Out of Place: A Memoir*）。有關其他的生平和學術簡介以及對於知識分子的見解，可參閱筆者中譯的《知識分子論》（*Representations of the Intellectual*）之〈緒論〉及為彭淮棟中譯的《鄉關何處》所撰寫的導讀〈流亡・回憶・再現——薩依德書寫薩依德〉。若想了解薩依德自一九六六年以來十餘本專書的大要，可參閱筆者的

〈薩依德專書書目提要〉（《知》213-21）。對於薩依德的訪談錄感興趣的讀者，可參閱薇絲娲娜珊（Gauri Viswanathan）編輯的《權力・政治・文化：薩依德訪談錄》（*Power, Politics, and Culture: Interviews with Edward W. Said*, 2001），此書精選了自一九七六年至二〇〇〇年二十九篇薩依德的英文訪談錄，也可參閱筆者為薩依德所作的三篇中文訪談錄。

②下文討論薩依德對於九一一事件的回應時，會再談到這個議題。

③入圍二〇〇二年奧斯卡最佳紀錄片的「美麗天堂」（*Promises*），透過以巴雙方七個小孩子的連絡、交往，讓世人更了解以巴雙方錯綜複雜的歷史和現實處境。導演之一的葛柏格（B. Z. Goldberg）是猶太裔美國人。或許必須等到雙方交往的孩子們長大後，建立起眞正的了解與情誼，和平（「美麗天堂」）的契機才比較可能出現。英文片名正代表了這種期盼。

④他的回憶錄原名為"Out of Place"，直譯便是「格格不入」。在被筆者問到若是出版續集會取什麼名字時，他答道：「題目會類似『賓至如歸卻未必眞正如此』（in place without really）」（單，〈權〉60）。這些命名充分反映了他的心態。

⑤薩依德對於東方學的觀察，可參閱本書第一章第一節（p. 21-35）；他對於東方學專家的批評，他們「獨特的無知與自滿」（p. 187），尤見於第三章第一節。

⑥在薩依德眼中，杭士基是美國碩果僅存的知識分子（單，〈印〉379）。薩依德曾對比杭士基和傅柯，認為杭士基的立場更持久、堅定、可敬（"Literary" 77）。

⑦本書的〈新版緒論〉中提到，一九九五年美國奧克拉荷馬市爆炸案發生時，媒體猜測是穆斯林發動攻擊，薩依德一個下午就接到二十五通來自媒體的電話（p.54）。另一位後殖民論述大師巴巴（Homi Bhabha）在接受廖炳惠訪問時，對於薩依德也有如下的說法：「他曾爲巴勒斯坦的權益力爭，卻遭到詆毀……他在美國已變得非常不受歡迎；然而，他有影響力卻是另外一回事」（廖199）。

⑧有關「直接的政治」與「迂緩的政治」的說法，參閱單，〈論〉179。

⑨在這方面，雖然薩依德自言相當保守，但對於文學經典和新作則採兼容並蓄的態度：「我認爲這種情形不是『非此即彼』（either/or），而是『既此且彼』（and/and）」（單，〈論〉176）。他對於文化也抱持相同的看法。此外，他對於歷史的複雜性也有充分的認知，主張「歷史不能如此〔以二分法的方式〕簡化，而且歷史會在一塊又一塊疆域之間相互滲透，跨越原本會將我們分裂爲敵對陣營的邊界」（"Clash" 12）。相同的論點詳見《文化與帝國主義》（*Culture and Imperialism*）第一章〈重疊的疆域，交織的歷史〉（Overlapping Territories, Intertwined Histories）。

⑩有關杭士基的看法，可參閱〈論轟炸〉（On the Bombings）一文及後來出版的專書 *9-11*（此書有丁連財之中譯）。

⑪此一軍事行動代號，儼然自認是眞理、正義的化身，僭越了伊斯蘭教義中只有眞主才擁有的權威，充分表現了對於異文化的遲鈍（cultural insensitivity），後來察覺不妥，改名爲「恆久自由」（Enduring Freedom）。

⑫值得玩味的是，小史勒辛格在一九九一年出版的《美國的失合：對於一個多元文化社會的反思》（*The Disuniting of America: Reflections on a Multicultural Society*）一書中，擔憂美國境內多元文化的發展會影響對西方文明的認知及對美國的認同，此刻卻抨擊明顯二元對立的文明衝突論。此書有馬曉宏的中譯，但譯名《美國的分裂：種族衝突的危機》（台北：正中書局，一九九四年）頗有誇張之嫌。

⑬尤其在九一一事件之後，這種二分法的「陳腐標幟……誤導並迷惑人心，而人心正力圖從混亂的現實中理清頭緒，避免輕率的歸納與論斷」（"Clash" 12）。

⑭《知識分子論》獲《中國時報》一九九七年度開卷十大好書，《聯合報》讀書人一九九七年度最佳書獎（文學類），二〇〇一年五月翻譯工作坊推薦之特別好譯書；《東方主義》獲《聯合報》讀書人一九九九年度最佳書獎（非文學類），《中國時報》開卷版一週好書榜，二〇〇一年五月翻譯工作坊推薦之特別好譯書；《鄉關何處》獲《聯合報》讀書人二〇〇〇年度十大好書（非文學類），《中央日報》出版與閱讀版二〇〇〇年度十大好書榜（翻譯類），《明日報》閱讀版二〇〇〇年度「十大翻譯書獎」、「最佳翻譯獎」（譯者爲彭淮棟），二〇〇一年五月翻譯工作坊推薦之特別好譯書；《文化與帝國主義》獲《聯合報》讀書人二〇〇一年度最佳書獎（文學類）。在台灣的出版界，不管就創作或翻譯而言，單一作者如此密集得獎的情況甚爲罕見。

引用資料

中文

艾德蒙森（Mark Edmundson）〈擴展人文主義：薩依德訪談錄〉（Expanding Humanism: An Interview by Mark Edmundson with Edward Said）。《知識分子論》。單德興中譯。台北：麥田，一九九七年。頁一八五—二一二。

杭士基《9-11》　丁連財中譯。台北：大塊，二〇〇一年。

單德興〈論知識分子：薩依德訪談錄〉。《知識分子論》。單德興中譯。台北：麥田，一九九七年。頁一六一—八四。

——〈緒論〉。《知識分子論》。台北：麥田，一九九七年。頁九—二三。

——〈流亡・回憶・再現——薩依德書寫薩依德〉。《鄉關何處：薩依德回憶錄》。台北：立緒，二〇〇〇年。頁九—三〇。

——〈印度之旅及其他〉。《對話與交流：當代中外作家、批評家訪談錄》。台北：麥田，二〇〇一年。頁三七五—八五。

——〈權力・政治・文化：三訪薩依德〉。《當代》一七四期（二〇〇二年二月），頁四六—六七。

廖炳惠　〈後殖民批評與知識分子：訪談巴巴〉。林志瑋中譯。《中外文學》三〇卷十二期（二〇〇二年五月），頁一九六—二〇七。

薩依德　《知識分子論》。單德興中譯。台北：麥田，一九九七年。

——《東方主義》。王志弘等中譯。台北：立緒，一九九九年。

——《東方學》。王宇根中譯。北京：三聯，一九九九年。

——《鄉關何處：薩依德回憶錄》。彭淮棟中譯。台北：立緒，二〇〇〇年。

英文

Alexander, Edward. "Professor of Terror." *Commentary* 88.2 (August 1989) : 49-50.

Bourdieu, Pierre. *Acts of Resistance: Against the Tyranny of the Market*. Trans. Richard Nice. New York: The New Pr., 1998.

Chomsky, Noam. "On the Bombings." 25 Sept. 2001 <http://www.zmag.org/chomnote.htm>.

Foucault, Michel. *Fearless Speech*. Ed. Joseph Pearson. Los Angeles: Semiotext (e) , 2001.

Goldberg, B. Z., Justine Shapiro, and Carlos Bolado, dir. *Promises*. Cowboy Booking International, 2002.

Said, Edward W. *After the Last Sky: Palestinian Lives*. 1986. Text by Edward W. Said. Photographs by Jean Mohr. New York: Vintage, 1993.

—— "The Clash of Ignorance." *The Nation*. 22 Oct. 2001. 11-13.

—— *Covering Islam: How the Media and the Experts Determine How We See the Rest of the World*. 1981. Rev. ed. New York: Vintage, 1997.

—— "Criticism and the Art of Politics." *Power, Politics, and Culture: Interviews with Edward W. Said*. Ed. and Intro. by Gauri Viswanathan. New York: Pantheon, 2001. 118-63.

—— *Culture and Imperialism*. New York: Alfred A. Knopf, 1993.

—— "Edward Said: Between Two Cultures." *Power, Politics, and Culture: Interviews with Edward W. Said*. Ed. and Intro. by Gauri Viswanathan. New York: Pantheon, 2001. 233-47.

—— Email to the Author. 23 April 2002.

—— "Expanding Humanism: An Interview by Mark Edmundson with Edward Said." *Wild Orchids and Trotsky: Messages from American Universities*. Ed. Mark Edmundson. New York: Penguin, 1993. 103-23.

—— *Identity, Authority and Freedom: The Potentate and the Traveller*. Cape Town: University of Cape Town, 1991.

—— "In the Shadow of the West." *Power, Politics, and Culture: Interviews with Edward W. Said*. Ed. and Intro. by Gauri Viswanathan. New York: Pantheon, 2001. 39-52.

—— "Interview with *Diacritics*." *Diacritics* 6.3 (Fall 1976) : 30-47.

—— "Islam and the West Are Inadequate Banners." *The Observer*. 16 Sept., 2001.

—— "Literary Theory at the Crossroads of Public Life." *Power, Politics, and Culture: Interviews with Edward W. Said*. Ed. and Intro. by Gauri Viswanathan. New York: Pantheon, 2001. 69-93.

—— "The Mind of Winter: Reflections on Life in Exile." *Harper's Magazine* 269 (Sept. 1984): 49-55.

—— *Orientalism: Western Conceptions of the Orient*. 1978. New York: Vintage, 1979.

—— *Out of Place: A Memoir*. New York: Alfred A. Knopf, 1999.

—— "Overlapping Territories: The World, the Text, and the Critic." *Power, Politics, and Culture: Interviews with Edward W. Said*. Ed. and Intro. by Gauri Viswanathan. New York: Pantheon, 2001. 53-68.

—— *The Politics of Dispossession: The Struggle for Palestinian Self-determination*,

1969-1994. New York: Pantheon, 1994.

—— *Power, Politics, and Culture: Interviews with Edward W. Said*. Ed. and Intro. by Gauri Viswanathan. New York: Pantheon, 2001.

—— *The Question of Palestine*. 1979. New York: Vintage, 1992.

—— *Representations of the Intellectual: The 1993 Reith Lectures*. New York: Pantheon, 1994.

—— *The World, the Text, and the Critic*. Cambridge, Mass.: Harvard UP, 1983.

Schlesinger, M. Arthur, Jr. *The Disuniting of America: Reflections on a Multicultural Society*. 1991. Rev. and enl. ed. New York: Norton, 1998.

Wallerstein, Immanuel. "September 11, 2001—Why?" 25 Sept. 2001 <http://fbc.binghamton.edu/72en.htm>.

Žižek, Slavoj. "Welcome to the Desert of the Real!" 25 Sept. 2001 <http://www.nettime.org/nettime.w3archive/200109/msg00146.html>.

新版緒論
Introduction to the Vintage Edition

《遮蔽的伊斯蘭》一書出版十五年來，美國與其他西方世界的媒體一直強烈關注穆斯林與伊斯蘭教，而且大多帶有高度誇張的刻板印象與來勢洶洶的敵意，程度之嚴重更甚於這本書中的描述。事實上，伊斯蘭教在劫機與恐怖事件中的角色，伊朗之類的穆斯林國家對「我們」與我們生活方式的威脅，以及對於炸毀建築、破壞民航機、毒害水源等陰謀的揣測，都在西方人的意識中水漲船高。一群鑽研伊斯蘭世界的「專家」平步青雲，危機一發生就在新聞節目或談話性節目中大放厥辭，發表一堆關於伊斯蘭世界的公式化觀念。同時，典型東方學專家（Orientalist）對於穆斯林民族——通常非白種人——的理念，儘管先前已受到批判，如今卻奇特地捲土重來。這些理念近來聲勢驚人；然而在今日，對於所有其他文化團體的種族或宗教形象扭曲，都不能像扭曲伊斯蘭教形象這樣肆無忌憚地進行。對伊斯蘭教心懷惡意的概括化，是西方世界中唯一能被接受的污衊外國文化行動；描述穆斯林整體心靈、性格、宗教或文化的方式，都不能運用在關於非洲人、猶太人、其他東方民族或亞洲人的主流論述中。

當然，過去十五年來，穆斯林與伊斯蘭國家的確做出許多挑釁，屢屢闖下大禍，例如伊朗、蘇丹、伊拉克、索馬利亞、阿富汗與利比亞等國。看看下列撮其大要的罪狀：一九八三年在黎巴嫩，二百四十名美軍陸戰隊被一枚據稱是穆斯林團體安置的炸彈炸死；貝魯特的美國大使館也遭到穆斯林自殺炸彈客的攻擊，死傷慘重。在一九八〇年代，有多名美國人被黎巴嫩的什葉派（Shi'a）穆斯林綁架並長期拘禁。一九八五年六月十四日到三十日間連續發生數起劫機案——最惡劣的一樁就是環球航空（TWA）班機在貝魯特被劫持——都有穆斯林團體聲稱作案。約莫同一時間，法國也發生數起爆炸案。一九八八年泛美航空（Pan Am）第一〇九號班機在蘇格蘭的洛克比（Lockerbie）上空爆炸，也是伊斯蘭教恐怖分子所爲。伊朗被指稱是多個地區叛亂組織的支持者與同情者，因而名聲大噪，這些地區包括黎巴嫩、約旦、蘇丹、巴勒斯坦、埃及與沙烏地阿拉伯等等。阿富汗在蘇聯撤軍之後，似乎已陷入敵對伊斯蘭教黨派與部族混戰的局面，許多穆斯林叛亂團體——特別是「神學士」（Taliban）——當年曾接受美國當局軍火、訓練與經費的支援，現在正橫行阿富汗（編注：神學士政權現已垮台）。曾接受美國訓練的游擊隊員還現身在別的地區，例如歐瑪爾・阿布戴爾・拉曼教長（Sheikh Omar Abdel Rahman），他因爲策劃一九九三年紐約市世界貿易中心大樓爆炸案而遭定罪；其他人則在埃及與沙烏地阿拉伯煽風點火，兩個國家都是美國在中東地區的重要盟邦。伊朗宗教領袖何梅尼（Aya-toallah Ruhollah Khomeini）一九八九年二月十四日下令追殺英國作家薩爾曼・魯西迪（Salman Rushdie）的「教令」（fatwa），以及伴隨而來的數百萬美金懸賞，似乎更坐實了伊斯蘭教邪惡的本質、對現代化與自由價值的頑抗，以及跨越重洋、深入西方世界核心進行挑戰、煽動與威脅的能耐。

一九八三年之後，新聞中隨處可見穆斯林宣示他們對伊斯蘭教的信仰。阿爾及利亞的穆斯林贏得地方選舉，但是掌權之路被一場軍事政變扼殺。阿爾及利亞至今仍深陷於殘酷的內戰中，民兵與軍隊混戰不休，數以千計的知識分子、新聞記者、藝術家與作家死於非命。蘇丹現在是由一個好戰的伊斯蘭政黨統治，其領袖哈珊・圖拉比（Hassan al-Turabi）經常被描述爲精明而邪惡，是披著伊斯蘭教外衣的催眠大師斯文加利（Svengali）與異端宗教家薩伏那洛拉（Savonarola）的綜合體。〔譯注：斯文加利爲英國小說家喬治・杜・莫利爾（George du Maurier）一八九四年所著小說《崔爾碧》（*Trilby*）中的音樂家，能以催眠術控制女主角崔爾碧，令其唯命是從。吉羅那摩・薩伏那洛拉（Girolamo Savonarola）是十五世紀末義大利宗教與政治改革家，後被逐出天主教會，火刑處死。〕數十名無辜的歐洲與以色列遊客被埃及的伊斯蘭殺手殺害，埃及的「穆斯林兄弟會」（Muslim Brotherhood）與「伊斯蘭促進會」（Jama'at Islamiya）過去十年來實力大幅增長，兩者競相表現其兇暴與絕不妥協的態度。巴勒斯坦人民從一九八七年十二月開始，在約旦河西岸與迦薩走廊（Gaza）以色列占領區發動「起義抗暴」（intifada），這段期間以色列曾扶植「哈瑪斯」（Hamas）與「伊斯蘭聖戰」（Islamic Jihad）兩個團體，以削弱巴勒斯坦解放組織（PLO）的勢力，結果他們卻化身爲最可怕且媒體報導最廣的伊斯蘭極端主義範例，屢屢犯下自殺炸彈攻擊、炸毀民用巴士、殺害以色列平民等重大罪行。同樣可怕的是常被美國媒體指稱爲恐怖組織的「眞主黨」（Hizbollah），眞主黨在黎巴嫩南部所謂的「安全區」（safety zone）反抗以色列的非法占領，他們自認爲、同時也被當地民衆認定爲抗敵鬥士。

一九九六年三月，美國總統柯林頓（Bill Clinton）、以色列總理裴瑞斯（Shimon Peres）、埃及總統穆巴拉克（Hosni Mubarak）與巴勒斯坦自治政府主席阿拉法特（Yasir Arafat）等領袖齊聚埃及的謝赫港（Sharm el-Sheikh）舉行國際會議，討論所謂的「恐怖主義」，其近在眼前的例子就是三起對以色列平民發動的自殺攻擊。裴瑞斯在一場向全世界轉播的演講中，堂而皇之地宣稱：伊斯蘭教與伊朗的伊斯蘭共和國要爲恐怖主義負責；而這場會議本身顯然也有此種意涵。美國與西方世界媒體對伊斯蘭教的反感極深，以致於一九九五年四月十九日奧克拉荷馬市爆炸案發生時，媒體紛紛敲響警鐘，說這是穆斯林再度發動攻擊。我還記得（至今餘憾未平）那天下午我接了二十五通電話，來自報紙、各大電視網與幾名反應機靈的記者，他們一致認定：既然我是來自中東地區，著述又多半與中東有關，因此我對此事一定有獨到的見解與資訊。阿拉伯人、穆斯林與恐怖主義之間全屬捏造的關聯性，讓我產生前所未有的強烈感受。儘管我不以為然，但是我心中被引發的涉案罪惡感，完全就是外界認定我應該要有的反應。簡而言之，媒體對於我和伊斯蘭教的攻擊——或者說是攻擊我與伊斯蘭教的關聯——正是原因所在。〔譯注：奧克拉荷馬市聯邦大樓爆炸案主嫌提摩西・麥克維（Timothy McVeigh）為美國白人，全案與伊斯蘭教毫無關聯。〕

巴爾幹半島波士尼亞（Bosnia）穆斯林的情形也正是如此，他們淪為塞爾維亞同胞種族大屠殺行動的祭品。但是大衛・瑞孚（David Rieff）與其他人都曾指出，直到最令人髮指的暴行發生之前，歐洲強權與美國對波士尼亞穆斯林幾乎是不聞不問。聯合國對波士尼亞展開的大規模人道救援行動是一項創新之舉，因為世界其他地區的穆斯林都被視為侵略者，必須加以口誅筆伐、恐嚇威脅、制裁抵制、孤立隔離，甚至還要施以空襲轟炸。想一想俄羅斯當局對車臣（Chechnya）穆斯林的血腥鎮壓。再看看利比亞與伊拉克，美國於一九八六年四月十五日至二十一日之間，在晚間媒體黃金時段轟炸利比亞；美國在一九九一年對伊拉克發動全面戰爭（譯注：指波斯灣戰爭），之後又於一九九三年與一九九六年兩度空襲伊拉克（美國有線電視新聞網（CNN）報導了大部分戰事）。儘管有無數無辜平民慘遭池魚之殃，西方世界人們仍認爲這些攻擊行動理直氣壯。一九九二年美國以人道爲名干預信奉伊斯蘭教的索馬利亞時，幾乎也沒有人持異議，但這項行動就像一九八二年的黎巴嫩事件（譯注：指以色列入侵黎巴嫩）一樣，最後在混亂中結束。伊拉克、利比亞、車臣與波士尼亞事件的情況都不一樣，然而在全世界穆斯林眼中，這些事件的共同點是：西方的「基督教」強權與民族動員起來，持續對伊斯蘭教發動戰爭。因此對立分歧日益深化，各文化之間的對話機會也被耽誤。許多穆斯林認爲，如果波士尼亞、巴勒斯坦與車臣的受害者不是穆斯林，如果「恐怖主義」沒有被咬定是源出於「伊斯蘭教」，那麼西方國家會更積極幫助這些受害者。畢竟，以色列雖然早已占領併呑阿拉伯穆斯林的疆域，但是卻從未受到懲罰。爲什麼只有伊斯蘭國家與人民才會被刻意挑出來，承受蔑視羞辱與強烈敵意？對大部分美國人而言，伊斯蘭教就是麻煩的化身。

因此情勢相當複雜。整個伊斯蘭世界再度民心激憤，鎖定西方與以色列爲攻擊目標，有組織或無組織的恐怖活動屢見不鮮。包括根深柢固的伊斯蘭國家在內，如沙烏地阿拉伯、埃及、伊拉克、蘇丹與阿爾及利亞，伊斯蘭世界的普遍情況是生產力與人民福祉每下愈況，予人落後殘酷的印象，相關現象如新聞檢查制度、民主政治不彰、獨裁盛行等，在在令人氣沮；還有強力壓制人民的威權國家，其中某些國家進行並鼓勵恐怖活動、酷刑與閹割生殖器官。另一方面，（對我而言）部分人士一廂情願地幻想：今日穆斯林世界層出不窮的問題都可以在七世紀的麥加（譯注：指穆罕默德創立伊斯蘭教時期）找到解決之道，連要否定這種乏善可陳的想法都會被視為徹底的偽善。

但我真正憂心的是，使用「伊斯蘭教」這個標籤的行為本身，無論其用意是要解釋抑或不分青紅皂白地譴責「伊斯蘭教」，到最後都會變成一種攻擊行為，然後在那些自命為穆斯林與西方的代言人之間激起更強烈的敵意。「伊斯蘭教」只能界定伊斯蘭世界眞實狀況的一小部分，這個世界涵蓋了十億人口以及數十個國家、社會、傳統、語言，當然也涵蓋了無數各式各樣的經驗。要將這些事物一律追溯到某個名為「伊斯蘭」的宗教，根本是大錯特錯，無論美國、英國與以色列那些好辯的東方學專家如何大放厥辭，堅稱伊斯蘭教從上到下徹底規範伊斯蘭教社會、所謂的「伊斯蘭國度」（*dar al-Islam*）是單一且緊密結合的個體、伊斯蘭世界是政教合一。本書的主旨就是要指出，這類論點大部分都是無法接受的、最不負責任的以偏概全，而且絕不會運用在世界其他宗教、文化或族群團體上。針對西方社會，任何嚴謹的研究對於其社會結構、歷史、文化形成都具備複雜的理論、琳瑯滿目的分析與細密的研究語言；我們期望，西方世界對伊斯蘭社會的研究與討論也能夠達到同樣的水準。

我們發覺，最常發表誇大言論的人士並非學者，而是新聞記者，這些言論又被媒體立刻接收並進一步繪聲繪影。新聞記者的工作籠罩在一個刁鑽滑溜的觀念之下，也就是他們經常提及的「**基本教義派**」（fundamentalism），雖然這個字眼與基督教、猶太教與印度教有密切而經常被略而不提的關係，但它與伊斯蘭教特別是如影隨形。伊斯蘭教與基本教義派之間人爲創造的關聯性，使一般讀者將伊斯蘭教與基本教義派混爲一談。先是有一種傾向，要將伊斯蘭教的信仰、創建者與人民簡化爲幾項規則、刻板印象與概括化，然後對所有與伊斯蘭教相關的負面事實——暴力、原始、復古、威脅——的渲染強化就永無止境。這些作爲都不曾對「基本教義派」一詞進行認眞的探究，不曾去精確地界定「激進主義」（radicalism）或「極端主義」（extremism），也沒有對相關現象的背景提出說明（例如說淸楚到底有多少穆斯林屬於基本教義派，是百分之五、百分之十、百分之五十抑或全部）。

「美國藝術與科學學院」（American Academy of Arts and Sciences）旗下一個團體，從一九九一年以來持續發表關於「基本教義派」的研究，至今已累積成五卷巨册。我懷疑的是，這項計畫雖然也涉及基督教與猶太教，但卻是從一開始就衝著伊斯蘭教而來。多位知名學者參與其事，兩位總編輯馬丁・馬提（Martin E. Marty）與史考特・艾波比（R. Scott

Appleby）負責擘畫。最後出爐的結果是一冊一冊的報告，一般而言很有興味，然而根據伊恩・路斯提克（Ian Lustick）頗具洞見的評論，這一系列研究報告並沒有對「基本教義派」一詞提出可行的定義。相反地，路斯提克進一步指出：研究報告的編者與撰稿者「到最後似乎在拚命暗示我們，根本不應該定義『基本教義派』一詞。」①因此，如果連這方面的專家都無法界定何謂「基本教義派」，那也難怪一大群對所有穆斯林事物深懷敵意的議論者對這個字眼更是含糊其辭，然而他們還是成功地激發出讀者的戒愼恐懼。

一個典型的例子就是前白宮國家安全會議（National Security Council）成員彼得・羅德曼（Peter Rodman）一九九二年五月十一日在《國家評論》（*National Review*）上的一篇文章。「現在西方發現自己受到外在一股好戰、復古力量的挑戰，驅動這股力量的是對**所有**西方政治思潮的痛恨，而且要回歸對基督教世界的古老怨憎。」這是羅德曼這篇文章的大前提。注意其中沒有修飾語（qualifier），而且任意運用涵蓋一切、無法證實的概括性說法，例如「回歸對基督教世界的古老怨憎」。「基督教世界」（Christendom）雖然不如平淡的「基督教體系」（Christianity）一詞眞實，但是感覺上更爲巨大，更令人印象深刻。羅德曼繼續大發議論：「大部分伊斯蘭世界都因爲社會分歧而四分五裂，因爲物質層面不如西方而深感挫折，對西方文化的影響咬牙切齒，並被心中的憎恨驅動（路易士稱之爲『激憤的政治』（politics of rage）〕。伊斯蘭世界強烈的反西方心態，恐怕不止是一種策略。」伯納德・路易士（Bernard Lewis）在這類話語中的角色，我稍後另行探討。羅德曼指稱伊斯蘭世界自卑、憎恨且激憤，但卻沒有提出證據：他只要下斷語就夠了，因爲由東方主義思潮與媒體刻板印象所再現或誤現的「伊斯蘭教」，可以在充分論證或條件限定付之闕如的情況下遭到控訴與定罪，就像羅德曼討論「西方」世界甚或「基督教世界」的慣用伎倆。我們要質問的是：全世界十億穆斯林，是不是每一個人都感受到激憤與自卑？是不是印尼、巴基斯坦或埃及的每一位公民都憎恨「西方」的影響？人們要如何才能夠找到這些基本問題的答案？還是我們不能像探索其他文化或宗教一樣探索「伊斯蘭教」，因爲它獨樹一幟，超乎「正常的」人類經驗，也不是人們能夠談論的一種宗教；關於「伊斯蘭教」的一切都猶如一個精神變態的病患。

或者看看強烈反穆斯林的丹尼爾・派普斯（Daniel Pipes），他最主要的特色是：身爲一名東方學專家，他「知道」伊斯蘭教極爲駭人的本質。派普斯在一九九五年秋季號《國家利益》（*The National Interest*）發表的一篇「思考」之作中，進行了一些省思。這篇文章的標題看似平平無奇：「溫和派並不存在：對付伊斯蘭教基本教義派」（There are No Moderates: Dealing with Fundamentalist Islam）。派普斯沒有界定何謂激進的伊斯蘭教派，且文章標題會讓我們認定激進與非激進的伊斯蘭教派並無差別。他這篇文章對伊斯蘭激進教派的本質大加撻伐，毫不遲疑地告訴我們其本質「在精神上更接近於其他類似的運動（共產主義、法西斯主義）而非傳統宗教。」後來他繼續引申這種類比：「雖然伊斯蘭教基本教義派在細節上與其他烏托邦意識形態有所差異，但是其見解與野心仍極爲近似。就像共產主義與法西斯主義，它提供了一種前衛的意識形態，一套改進人類、創造新社會的完整計畫，意圖完全掌控這個新社會，其成員隨時準備甚至熱切盼望要拋頭顱灑熱血。」派普斯嘲弄那些認爲伊斯蘭教政治勢力已經消聲匿跡的專家，他對此不以爲然，並以反論證的方式指出：伊斯蘭教政治勢力正如日中天。殘暴、非理性、難以安撫、絕不妥協，派普斯所指稱的伊斯蘭教「基本教義派」正在威脅全世界，特別是威脅「我們」。然而根據美國國務院的統計數字，以全世界恐怖活動的發生頻率而言，起源於中東地區的恐怖活動只位居**第六**。

簡言之，基本教義派等同於伊斯蘭教，等同於我們必須立即起而對抗的一切事物，就像我們在冷戰時期對抗共產主義一樣。派普斯還說，對抗伊斯蘭教的戰役更爲艱鉅、影響深遠而且危機四伏。發表這類論調的派普斯或羅德曼都不是局外人，也不是來自狂熱的邊緣團體；他們的作品完全居於社會主流，並意圖得到決策階層的正視，而這並非不切實際的期望。他們的觀點影響之廣，由《美國新聞與世界報導》（*US News and World Report*）一九八七年六月六日一篇文章可見一斑，文章中說：「明目張膽、不折不扣的基本教義派在伊斯蘭世界各處風起雲湧，顯然令西方猝不及防，尤其是當伊斯蘭宗教狂熱與政治目標連成一氣、造成暴力事件時。目前還沒有多少證據足資證明大部分基本教義派服膺何梅尼宣示的革命目標，不過他的訊息似乎正四處散播。不久之後的一九八七年十月十六日，同一份雜誌上的一篇文章寫道：「烈士情結——伊朗伊斯蘭教什葉派不可或缺的一部分——如今也在伊斯蘭教主要教派遜尼派（Sunni）的青年中浮現。」人們在討論伊斯蘭教時，居然可以不顧理性感知的規範。例如，遜尼派青年多達數億人，分布地區從摩洛哥到烏茲別克，沒有人想探究這些青年「日益感染烈士精神」的說法有幾分可以驗證，或者就算可以驗證，證據本身的效力又如何？

也難怪一九九六年一月二十一日週日版《紐約時報》〈每週評論〉（Week in Review）的頭條標題是：「赤禍已熄，伊斯蘭代興」（The Red Menace is Gone. But Here's Islam.）。標題之下是伊蓮・修莉諾（Elaine Sciolino）的一篇長文，文章架構雖然依循平衡報導的原則，但內容要透顯的是她指稱的：「今日學術圈中最熱烈、激烈的爭議，與舊日對共產黨威脅的組織性與嚴重性的爭議相映成趣。」修莉諾的文章除了標題煽動之外，也慫恿讀者認定伊斯蘭教所謂的「綠禍」（譯注：綠色爲伊斯蘭教具代表性的顏色）危及西方利益，因爲其中引用多位抱持這類觀點人士的說法（包括北約祕書長威利・克雷斯（Willy Claes）、美國國會衆議院議長金瑞契（Newt Gingrich）、路易士、裴瑞斯，以及四處發表意見但恐怕不太夠格的作家史蒂芬・艾默生（Steven Emerson）〕，此外還列舉多名與美國關係匪淺的國家領袖，如巴基斯坦總理班娜姬・布托（Benazir Bhutto）、穆巴拉克、土耳其總理坦蘇・希樂（Tansu Ciller），他們都支持這種全球性陰謀─威脅的論點。在修莉諾文章中唱反調的只有喬治城大學教授約翰・艾斯波西托（John Esposito），他通情達理、議論中肯的著作《伊斯蘭威脅：迷思抑或眞實？》（*The Islamic Threat: Myth or Reality?*），步步爲營地戳穿伊斯蘭威脅論。很明顯的是，今日的氣氛傾向於認定——甚至可以說是需要——伊斯蘭教成爲一種威脅；雖然這種觀念以偏概全，無法驗證其本質，而且唯恐天下不亂。

因此，伊斯蘭教在許多決策圈與媒體界成爲討論的中心議題。這類討論大部分都忽略了一項事實：今日主要的伊斯蘭教團體都是美國的盟國與附庸，或是隸屬於美國勢力範圍；在沙烏地阿拉伯、印尼、馬來西亞、巴基斯坦、埃及、摩洛哥、約旦與土耳其這些國家，好戰穆斯林團體的崛起，部分原因就是美國公開支持其國內政權。這些少數政府通常形同孤立，人民離心離德，不得不接受美國的保護與影響，而出發點是基於美國而非穆斯林的利益。夙負盛名且頗具影響力的政策研擬機構「外交關係協會」（The Council on Foreign Relations），近來成立了一個穆斯林政治報告與研究小組，廣泛收納關於伊斯蘭教的評論，其中一部分裨益良多且資料豐富。但是在該協會季刊《外交事務》（*Foreign Affairs*）之類的刊物中，相關的論辯經常是觀點南轅北轍、各自表述。例如一九九三年《外交事務》春季號，對於這樣一個問題：「伊斯蘭教是不是一種威脅？」（Is Islam a Threat?）茱蒂絲・密勒（Judith Miller）持肯定答案，而李昂・哈達爾（Leon Hadar）則否。只要一點點同理心，就不難想像一個穆斯林的焦慮不安，因爲一直有人堅定聲稱——儘管是以論辯的形式呈現——她或他的信仰、文化與同胞是一種威脅，而且她或他注定會與恐怖主義、暴力以及「基本教義派」扯上關係。

這種持續不斷的形象塑造，又受到親以色列新聞記者報導與書籍的推波助瀾，這些報導與書籍的用心是要讓更多美國人與歐洲人將以色列視爲伊斯蘭教暴行的受害者。遠從一九四八年以來，在圍繞整個中東問題的訊息戰中，歷屆以色列政府都利用受害者的形象來進行宣傳。雖然我在別的地方已經討論過這個問題，不過我還是要強調，這類針對伊斯蘭教以及阿拉伯人的蓋棺論定是別有用心的，試圖掩飾「伊斯蘭教」主要對手美國與以色列的實際作爲。這兩個國家曾聯手轟炸或入侵幾個伊斯蘭國家（埃及、約旦、叙利亞、利比亞、索馬利亞、伊拉克）。以色列曾在四個國家（譯注：指埃及、約旦、叙利亞、黎巴嫩）占領阿拉伯穆斯林的領土，美國方面則在聯合國公開支持以色列的軍事占領行爲。因此，對絕大多數穆斯林與阿拉伯人而言，以色列是個傲慢的區域核子強權，對鄰國鄙夷不屑，隨意進行轟炸、殺戮（受害人數遠超過穆斯林殺害的以色列人）、剝奪財產與強制遷徙，其中尤以巴勒斯坦人民受害最烈。以色列無視於國際法與聯合國數十項決議案，併吞東耶路撒冷與戈蘭高地（Golan Heights），從一九八二年開始占領黎巴嫩，施行將巴勒斯坦人視爲次等人類的政策——實際上是當成被隔離的種族，並影響、操縱美國的中東政策，使得四百萬以色列人的利益完全凌駕於兩億阿拉伯穆斯林之上。是這些因素，而非路易士的含糊論點，使得穆斯林對西方的「現代化」感到激憤，引發阿拉伯穆斯林對以色列與美國等強權可以理解的怨恨，這些強權自稱是自由民主國家，但卻運用自相矛盾的利己與殘酷做法來對付弱勢民族。一九九一年美國領導一群盟國攻打伊拉克時，宣稱必須反擊侵略與占領。如果伊拉克不是穆斯林國家，又侵占另一個蘊藏豐富石油、而且受到美國保護的穆斯林國家（譯注：指科威特），那麼美國與盟國根本不會出兵干預。正如同以色列侵占約旦河西岸與戈蘭高地、併吞東耶路撒冷、建立屯墾區等作爲，在美國看來都沒有必要干預。

我不是說穆斯林並未藉伊斯蘭教之名攻擊傷害以色列人與西方人。我要說的是，人們經由媒體所得知的伊斯蘭教，不是挑釁便是侵犯，這些媒體還將原因歸咎於「伊斯蘭教」的本質，抹殺忽略了各地區的具體情況。換言之，遮蔽的伊斯蘭教成爲一種單向片面的行爲，對「我們」的**所作所為**視而不見，反而強調穆斯林與阿拉伯人有嚴重缺陷的本質。

接下來我要引述的不是那些邊緣、狂熱或無足輕重的作家對於中東與伊斯蘭教的報導，而是知名而且位居主流的新聞報導，諸如《新共和》（*The New Republic*）、《大西洋》（*The Atlantic*）這兩份刊物的老闆分別是馬丁・裴瑞茲（Martin Peretz）與莫頓・祖克曼（Morton Zuckerman），兩人都大力支持以色列，因此也對伊斯蘭教懷有偏見。裴瑞茲更是特殊個案，美國媒體界沒有人像他這樣，長期（至少二十年）宣揚他對特定文化與民族——伊斯蘭教與阿拉伯人——的種族仇恨與鄙視。當然，裴瑞茲的惡意有一部分來自於他不惜一切代價爲以色列辯護的堅定信念，但是他多年來的言論有一大部分遠超出理性辯護，他在專欄中表現的純粹、非理性且粗鄙的醜化抹黑，實在是無與倫比。

在裴瑞茲心目中，伊斯蘭教等同於阿拉伯，他可以交互攻擊兩者。以下是他在一九八四年五月七日發表的文章，描寫他觀賞的一齣戲劇：

……在阿拉伯圍攻耶路撒冷期間，一名來訪的德國商人、移民美國的猶太人和阿拉伯巴勒斯坦人躲到一處防空洞避難。如果說戲中德國人與猶太人之間逐漸浮現的同理心令人有點驚奇，那麼我們文化使我們對戲中阿拉伯人產生的廣泛偏見就不足為奇。這是一個瘋狂的阿拉伯人，而且是以他所屬文化的特有方式表現瘋狂。他陶醉在語言之中，無法分辨狂想與現實，痛恨妥協，總是怨天尤人，最後將他的痛苦挫折發洩為一種漫無目的、短暫滿足的殘暴行為。這是一齣政治戲，其中的悲觀與真實性令人動容。我們曾在的黎波里（Tripoli，譯註：利比亞首都）與大馬士革看到這齣戲中的阿拉伯人，近幾週來這種阿拉伯人也劫持了一部開往迦薩走廊的巴士，並在耶路撒冷街頭持槍掃射無辜民眾。當然，在舞台上他是個虛構人物，然而在真實世界中，他那些所謂的「溫和派」弟兄才是想像的虛構。

這類文章在裴瑞茲的《新共和》週刊中層出不窮，要說明的是，這是一分夙負盛名的自由派刊物，在華盛頓與紐約有許多深具影響力的讀者。裴瑞茲在一九九一年六月二十四日的文章中告訴我們，以色列是「一個已成形之民族的政治表現，就如同波蘭、日本或英國。」而且其政治身分確立無疑（不像印第安人或巴勒斯坦人），然後裴瑞茲又在一九九三年九月六日的文章中進一步申述這個論點：「對阿拉伯人而言，猶太人永遠是僭位者與闖入者。在我們這個時代，仇外心態並非阿拉伯人的專利，但是當國家將政治與身分認同合而為一時，面對西方與以色列時深感自卑的阿拉伯穆斯林會特別仇外，他們只想到自己的世界。」

裴瑞茲編織出異常嚴重的醜化抹黑，目的是要抹殺歷史眞實：巴勒斯坦原本是由另一個民族定居並建立的國家，主要來自歐洲的猶太人到達巴勒斯坦之後，摧毀當地人民的社會、剝奪他們的財產，並趕走三分之二人口；此外，以色列數十年來一直軍事占領巴勒斯坦（以及黎巴嫩、敘利亞）的領土，單方面併呑東耶路撒冷，全世界沒有任何一個國家認可這些行爲。以色列還賦予自身權利，可以對幾個阿拉伯國家發動「先發制人」（pre-emptive）的戰爭。裴瑞茲無法處理這些事實，只能辯稱以色列地位至上，所以有權如此做；因此他轉移目標，以理論解釋穆斯林與阿拉伯人的濫施暴力以及文化自卑感。在一九九六年八月十三日《新共和》雜誌的文章中，裴瑞茲首先爲以色列總理班傑明・納坦雅胡（Benjamin Netanyahu）明目張膽的武力政策辯護，然後指出，以色列總是得與阿拉伯國家打交道，這些國家並沒有「科學與工業快速發展所需的文化特質。唉，這些社會連一塊磚頭都做不出來，遑論電腦微晶片。」裴瑞茲繼續發揮這個觀點（很類似他對非洲裔美國人的觀感：他們在歷史上注定要屈居劣勢），做出結論：「這種日益擴大的差距將會導致對以色列深沉而且恐怕是難以控制的憎恨。雖然未必會引發傳統意義的戰爭，但卻會讓過去幾年以色列的經歷——恐怖與持續的暴動——更頻繁地出現。」

裴瑞茲慣於運用全面且非理性的概括，來攻擊那些侵犯他最鍾愛國家——以色列——的伊斯蘭教與阿拉伯人，表現較溫和的類似習性在報導性或娛樂性的書籍、文章、電視和電影中也是屢見不鮮。這類文章在密爾頓・維歐斯特（Milton Viorst）一九九四年《沙堡：追尋現代世界的阿拉伯人》（*Sandcastles: The Arabs in Search of the Modern World*）一書中蒐羅了許多。維歐斯特對中東事務著述甚豐，作品多見於《紐約客》（*New Yorker*）雜誌，他是一位敏銳的觀察者，但面對伊斯蘭教仍不免受限於許多未經檢驗的預設前提，並且毫無自覺、毫不懷疑地表達出來。各界對維歐斯特這本書的評論也幾乎不曾批評這些可疑的預設前提，一個例外是穆罕默德・阿里・哈里迪（Muhammad Ali Khalidi），他在《巴勒斯坦研究學報》（*Journal of Palestine Studies*）一九九六年冬季號的一篇文章中匯集了一些這類預設前提，讀之令人怵目驚心。哈里迪引述維歐斯特的話：「傳統伊斯蘭教城市對外觀的美感並不在意。直到現在，阿拉伯人似乎對自己的街道視而不見，到處丟垃圾。有些觀察者認爲，對公共空間的漠不關心是因爲伊斯蘭文化執著於個人隱私，社交生活只在家庭中進行。」不止如此，維歐斯特繼續寫道：「伊斯蘭教……成功地粉碎了人的推理能力，這是基督教做不到的……阿拉伯人很注重他們文化中固有的保守或者宿命論傾向，他們無法安然面對知性的挑戰。」哈里迪一針見血地提醒維歐斯特，穆斯林融匯了希臘哲學，後來傳給歐洲；穆斯林是邏輯與天文學的先驅，將醫學確立爲一門科學，並且發明了代數。

維歐斯特並沒有被這些事實阻撓（也許他根本一無所知），他信心滿滿地說道：「伊斯蘭教對創造性思考的敵意日趨明顯」，並宣稱：「包括阿拉伯人與土耳其人在內的穆斯林已經體認到，以各種知識判準來看，他們的文明趕不上西方世界。」因爲，「阿拉伯文明幾乎沒有感染到西方對現代世界最大的貢獻：知識的精確嚴密。」

我認爲這些論點最病態的地方在於，它們都是發自——以相當具防衛性甚至仇外心態的方式——那些自以爲是的發言人，像維歐斯特、裴瑞茲等人，不勝枚舉；他們攻擊伊斯蘭教就是要發洩這種不可理喻的敵意。當今許多對伊斯蘭教的再現都經過刻意設計，彰顯其相較於西方的低劣之處，這樣的伊斯蘭教要拚命反對、爭鬥、憎恨並且被激怒。更有甚者，重要的評論性雜誌如《紐約客》、《紐約書評》（*New York Review of Books*）、《大西洋月刊》（*Atlantic Monthly*）從來不刊載譯自穆斯林與阿拉伯作家的評論（甚至文學性作品），一味倚賴維歐斯特之流的專家來詮釋伊斯蘭教政治與文化現象，而他們所依據的並非事實，而是上述那些未經驗證的預設前提。對於這些作品的評論也很少現身在文化主流中，挑戰其霸權。

關於媒體、政論雜誌與學術界談論伊斯蘭教時的陳腔濫調所造成的損害，查克瑞・卡拉貝爾（Zachary Karabell）在《世界政策期刊》（*World Policy Journal*）一九九五年夏季號的文章是近來少見的重要評估。他首先闡明一個前提：冷戰結束之後，所謂的伊斯蘭教

「基本教義派」就被過度強調。他正確地指出，公眾媒體充斥著伊斯蘭教的負面形象。「問一問美國的大學生——無論是菁英學府抑或其他學校——遇到穆斯林這個字眼時會有何聯想，回答總是千篇一律：穆斯林是揮舞槍枝、留鬍鬚、狂熱的恐怖分子，一心要摧毀其頭號敵人——美國。」卡拉貝爾提到美國廣播公司（ABC）電視網聲譽卓著的新聞節目「20/20」曾經「播出幾部討論伊斯蘭教的專輯，將其視爲一個發動聖戰並反覆灌輸眞主戰士的宗教。而公共電視台（PBS）的『第一線』（*Frontline*）節目也贊助一項針對穆斯林恐怖分子全球活動情形的調查。」其實卡拉貝爾還可以提到艾默生一九九四年爲公共電視台製作的記錄片「美國聖戰錄」（*Jihad in America*），這部片子的風格冷嘲熱諷，刻意要利用這股恐懼。卡拉貝爾也可以談談一窩蜂出版的《神聖之怒》（*Sacred Rage*）、《以神之名》（*In the Name of God*）之類標題十分煽動的著作，這些作品讓伊斯蘭教與危險的反理性主義（irrationalism）之間的關聯更爲牢不可破、天經地義。卡拉貝爾說：「同樣的情形也發生在平面媒體上，關於中東的報導總是伴隨著清眞寺或者大批祈禱的群衆。」

正如同我先前所言，這些現象比起十五年前《遮蔽的伊斯蘭》初版中描述的情況更爲嚴重。舉例而言，當今出現新一波大製作的電影（卡拉貝爾提醒我們，其中一部「魔鬼大帝——眞實謊言」（*True Lies*）「惡棍是典型的阿拉伯恐怖分子，眼神閃爍不定，一心只想殺害美國佬。」」主要目的首先是將穆斯林妖魔化且非人化，然後襯托出一個大無畏的西方——通常是美國——英雄將他們殺得一乾二淨。一九八五年的「三角洲部隊」（*Delta Force*）首開此風，但眞正發揚光大是「印第安那瓊斯」（Indiana Jones）系列電影以及無數電視劇集，其中的穆斯林一律再現爲邪惡、殘暴而且最重要的是——活該千刀萬剮。過去好萊塢習慣以異國情調處理東方世界，現在不同的是，浪漫與魅力已完全被摒除在影片之外。所謂的「忍者」（ninja）電影也有同樣的變化，片中的白種（有時甚至是黑人）美國人與無數頭戴黑面罩的東方人對打，最後罪有應得的東方人全部被擺平。

除了表現出敵意與過度簡化的結合之外，這些「誤現」（misrepresentation）還嚴重誇大膨脹了穆斯林世界之中穆斯林極端主義的力量。卡拉貝爾以輕描淡寫反諷的手法帶出一個重點，他說：「中東地區現代化與世俗化的動力，還遠遠未到山窮水盡的地步。」一在發表於一九九三年、隔年收錄於《剝奪的政治》（*The Politics of Dispossession*）的一篇文章中，我試圖說明，儘管煽情作家與無知美國媒體胡亂誇大——其觀點大多來自反伊斯蘭教的野心評論家，這些人爲自家的煽動伎倆找到新的發揮領域——凝聚阿拉伯穆斯林社會的力量並非基本教義派，而是世俗化。人們至少可以認定，在伊斯蘭主義者（Islamists）與絕大多數穆斯林的拉鋸戰中，前者已經落居下風。法國政治學家奧利維．

羅伊（Olivier Roy）在一九九四年一本卓越的著作中，稱這種現象是「**伊斯蘭教政治力量的失敗**」（The Failure of Political Islam），這句話也是那本書的標題。其他學者，像艾斯波西托在《伊斯蘭教威脅：迷思抑或眞實？》一書中以另一種方式來申論，他強調的是穆斯林社會的多樣性、複雜的表現、迥異的傳統與歷史經驗，而不是一般認定的群衆團結一致以及反西方心態。

然而像這樣條理分明、研究紮實的另類觀點一直是鳳毛麟角。將伊斯蘭教再現爲冥頑不靈、怒氣沖天、深具威脅及散播陰謀的市場遠遠更爲龐大，用處更多，而且更能夠刺激人心，無論其目的是娛樂還是煽動對抗新的外國惡魔的熱情。每當一本與衆不同的著作——例如理查・布列特（Richard Bulliet）一九九四年的《伊斯蘭教：邊緣之見》（*Islam: The View from the Edge*）——出現，就有更多誤現伊斯蘭教的書籍與文章發表，像大衛・普萊斯—瓊斯（David Pryce-Jones）一九九一年的《封閉迴路》（*The Closed Circle*）；查爾斯・克羅薩瑪（Charles Krauthammer）一九九〇年二月十六日在《華盛頓郵報》上大放其所謂「全球起義抗暴」（the global intifada）之厥辭；羅森陶（A. M. Rosenthal）在《紐約時報》發表的多篇文章〔例如他一九九六年九月二十七日發表的〈西方的沒落〉（The Decline of the West）〕中都將伊斯蘭教、恐怖主義、巴勒斯坦人混爲一談。這些作品被當成資料翔實的分析與報導，刊登在美國聲譽卓著的媒體上。主流媒體的日常讀者幾乎不可能看到像伊鳳・雅慈碧克・哈黛德（Yvonne Yazbeck Haddad）析理細密的〈伊斯蘭主義者眼中的美國近東政策〉（Islamist Perceptions of US Policy in the Near East），這篇文章刊登在一分默默無聞的學術刊物《中東與美國》（*The Middle East and the United States*），主編是大衛・雷許（David W. Lesch）。哈黛德女士與羅森陶、克羅薩瑪不同，她仔細區分出五類伊斯蘭主義者（她用這個詞彙取代煽動性的「激進派」或「基本教義派」）。更有裨益的是，她全面臚列出眞正刺激穆斯林、惡化伊斯蘭教與西方關係的事物。其中包括以色列歷任總理的言論，例如大衛・本古里昂（David Ben-Gurion）的「除了伊斯蘭教，我們什麼都不怕。」伊札克・拉賓（Yitzhak Rabin）的「伊斯蘭教是我們唯一的敵人。」裴瑞斯的「除非伊斯蘭教放下刀劍，否則我們不會安心。」此外還有一長串西方打壓伊斯蘭世界的行動，其中最重要的就是以色列與美國之間深厚甚至具侵略性的關係。

對於哈黛德論文這類作品，重點並不在於作者是否完全正確，也不在於讀者應否全盤接納或反對其觀點，而是這些作者化身爲眞正的對話者，具有眞正的論辯與興趣，在現今媒體關於伊斯蘭教不思改進、但卻占盡優勢的報導中，這些正是付諸闕如的特質。當然，沒有人會期望記者或媒體名人花費許多時間做學術工作、博覽群書、尋找另類觀點，或者不要預先認定伊斯蘭教既冥頑不靈又滿懷敵意，然後以此心態自我充實。但是爲什麼要用那些盲從、不加批判的觀點來宣揚一成不變、簡化事實的議論？爲什麼要迫不及待地接受由政府製造、恣意塑造伊斯蘭教形象的官方說辭?我指的是隨意將「伊斯蘭教」貼上「恐怖主義」的標籤,並且將以色列對伊斯蘭教「威脅」的觀點提昇到構成美國政策的層次。

答案在於:將伊斯蘭教當成基督教西方競爭對手的古老觀念,至今依然盛行。例如抨擊日本(Japan-bashing)行爲之所以存在,正是由於日本被視爲意圖抗拒歐美的經濟霸權。在最後一個超級強權——美國,現今有一股日漸高漲的趨勢,將全世界看做是單一國家的「統治地區」(imperium)。其他龐大文化集團似乎都已經接受美國的角色,只剩下伊斯蘭世界內部仍然有堅決反抗的強烈跡象。因此我們看到攻擊伊斯蘭文化與宗教的風潮方興未艾,發動攻擊的個人與團體,其利益與一種觀念結合,認定西方(以美國馬首是瞻)是啓蒙現代化的典範。然而,這種對「西方」的描述絕不準確,將西方主宰合理化的觀念事實上是對西方**強權**不加批判的偶像化。

在壓制伊斯蘭教的文化戰爭中,最凶悍的攻擊者是英國老牌東方學專家伯納德・路易士,他現在是美國公民,已從普林斯頓大學教授任上退休。路易士的文章定期發表於《紐約書評》、《評論》(*Commentary*)、《大西洋月刊》與《外交事務》。他的論點數十年如一日,甚至變得更加尖刻、簡化,而且逐漸滲入其他野心記者與政治學家的「思考」(think)文章與專著的話語之中。路易士的觀念完全傳承自十九世紀英國與法國東方學派，將伊斯蘭教視爲基督教與自由價值的威脅；爲何這類觀念至今仍盛行不衰，原因很容易解釋。路易士所有作品的重點，都是要將整個伊斯蘭教描繪成全然**外在於**這個「我們」居住的已知、熟悉及可接受的世界，而且當代伊斯蘭教傳承了歐洲的反猶太主義（anti-Semitism），運用在他指稱的反現代化戰爭中。我在《東方主義》（*Orientalism*）一書中指出，路易士使用的方法是心懷鬼胎的觀察、詞源學（etymology）的刻意誤用，對一整群相關民族申述堂而皇之的文化論點；同樣該指責的是，他完全不能承認伊斯蘭民族有權行使自身的文化、政治與歷史。路易士處心積慮想顯示，由於這些民族不是西方人（他對這個觀念的掌握極爲牽強薄弱），因此注定不長進。

以路易士論"watan"這個阿拉伯字的一篇文章爲例，"watan"意思是「家園」或「國家」。路易士以歪曲解釋企圖將這個字眞實的領土、關係的意涵剝奪殆盡。他沒有掌握任何上下文證據就指稱，"watan"這個字並沒有「祖國」（patria）或「故鄉」（patrie）或「父親」（patris）的意義，不能與這些字一視同仁，因爲"watan"對伊斯蘭教而言只是居住的地方，沒有特殊意義。這篇文章收錄在路易士一九九三年的論文集《伊斯蘭教與西方》（*Islam and the West*），和文集中其他作品一樣，其寫作目的首先是要展現路易士的博學，然後以西方「優越的」（superior）權威身分來呈現穆斯林自身都不知如何表達的**真實**感受。然而，這篇文章在在顯示出對於阿拉伯穆斯林生活實況的極度無知，對這些穆斯林而言，"watan"當然與「祖國」有實存的關聯。路易士只不過在中世紀阿拉伯文學中找到兩三個例子來支撐他似是而非的觀點，完全忽略了十八世紀迄今的文學作品以及普遍的日常用法，"watan"的確是被眞實的〔real，與文本的（textual）相對〕阿拉伯人用來指涉家園、歸屬與忠誠。既然阿拉伯語對路易士而言只是一種文本的語言，與口語以及日常對話無關，因此他似乎完全沒有注意到「bilad」（國家）與「ard」（土地）等含有特定居住地區與眷戀之情的相關字彙。

路易士的特殊方法，乃立基於嚴重反人性的拘泥字面解釋之上，他以此來裁定穆斯林的感受、存在與渴望。他說伊斯蘭教「不止是一套信仰與崇拜、一種生活方式……它更是生活的**全體**。」這類說法不僅顯示出偏見，還有對於人類生活實際運作方式的可笑誤解。路易士的方法暗示，所有穆斯林——十億之衆——都讀過、理解並完全接受他所說主宰「民法、刑法以及我們所謂的憲法」的一套「法規」，而穆斯林日常生活中所有重要活動都得盲目依循這些法規。如果「荒謬無稽」（preposterous）這個字只能用在一個地方，那就非此處莫屬。路易士完全不能體認穆斯林——更別說是全體人類——生活的多樣性，因爲他無法進入這種異國的、迥然不同且另成一格的生活。

這種情形在〈伊斯蘭教的重返〉（The Return of Islam）一文中最爲明顯，這篇文章首先刊登在極右派猶太雜誌《評論》中，後來收入《伊斯蘭教與西方》。路易士儘管擺出學術研究的姿態，其實是運用虛假的文獻學（philology）來指稱，他與其同路人所敵視的大部分當代阿拉伯世界主要政治現象，都是企圖要回歸於七世紀的伊斯蘭教。別具卓見的學者阿薩德・阿布・哈里爾（As'ad Abu Khalil）在一九九五年冬季號的《巴勒斯坦研究學報》中指出：「雖然他（路易士）有權利相信『現代西方心靈』與穆斯林心靈有根本的——甚至是先天的——差異，而路易士多年來也都沒有改變觀點（因此他會引述中世紀穆斯林教法學家的說法來詮釋當前的事態），他對當前事件的分析頂多只能形容爲不了解狀況。」這段評語切中要害，路易士展現在讀者面前的東方學專家論述過程，正是意圖要解釋當今的「穆斯林心靈」到底在想什麼。這種做法自然排除了歷史變化、人性作用，以及並不是七世紀以後所有穆斯林都有同樣想法的可能性；同時也使他無法具體討論今日的情形。然而路易士一心只想說服讀者：穆斯林一直對伊斯蘭教的一切堅守不變，這種套套邏輯（tautology）根本違反了人類的理解。

路易士最惡劣的一面，表現在一篇標題本身就來勢洶洶的〈穆斯林激憤的根源〉（The Roots of Muslim Rage），刊登於一九九〇年九月號的《大西洋》。當期雜誌封面的設計者完全掌握了路易士的論點：一個眼冒怒火、戴著頭巾，顯然是伊斯蘭教人士的頭像，直瞪著讀者，瞳孔映照出美國國旗，表情充滿憎恨與激憤。對於路易士在這篇影響深遠文章中的陳述，無論稱之爲學術研究抑或詮釋，都不夠格。〈穆斯林激憤的根源〉

是一篇粗糙的辯論文章，缺乏歷史眞實、理性論證與人性智慧，企圖將穆斯林塑造爲可怕的集體化個人，其原始的平靜與不受質疑的規則遭到外界擾亂。例如：

……最後的一根稻草就是對他（一般認定的穆斯林）在自己家中威權的挑戰，挑戰來自於獲得解放的女性、反抗的兒童。斯可忍、孰不可忍；對於這些顛覆他的權勢、瓦解他的社會、最後侵犯到他家庭聖地的異國、異教及無法理解的力量，爆發激憤勢所難免。這股激憤也自然會以千年來的大敵為目標，並從古老的信仰與忠誠尋求力量。

後來路易士又自我矛盾，說穆斯林一度曾歡迎接納西方，「以仰慕與模仿」來回應。但他又說，「當更深沉的熱情被挑起」，這種回應就消失在純粹的憎恨與激憤中，似乎所有不恰當的憤恨爆發都要歸咎於這些內在情緒。路易士在文章的末尾更有驚人之筆，宣稱「我們」正在討論一種現象、一種對現代化本身最純粹、最不可理喻的憤怒：

現在情勢應該相當清楚，我們現今面臨的情緒和風潮遠遠超越議題與政策的層次，也超越追求實現議題政策的各國政府。這不折不扣就是文明的衝突——

一種可能是非理性、但確實有其歷史根源的反應，針對的是我們的「猶太—基督」文明遺產、世俗化現況，以及兩者在全世界的擴張。有一點至關緊要，在遭遇對手時，我們這一方絕不能被激起同樣有歷史根源、同樣非理性的反應。

換言之，穆斯林今日的反應方式，在歷史上甚或先天上即已注定，非如此不可；他們反應的對象並非政策或行動，或其他同樣平淡無奇的事務。他們戰鬥時憑藉的是一股對世俗化現況的非理性憎恨，路易士更宣稱這世俗化現況是「我們的」，而且只屬於我們。

這些說法的傲慢自大令人驚異，不僅指稱穆斯林和「我們」各自閉關自守，路易士全然否定雙方數世紀以來的相互仿效與交流；而且指稱「他們」注定要陷入激憤與非理性之中，而「我們」則享受自家的理性與文化優越感。我們代表一個眞實的同時也是世俗化的世界，他們則在一個幼稚狂想的世界中謾罵吶喊、高談闊論。最後一點，「我們的」世界是以色列與西方的世界，他們的是伊斯蘭教與其他地域。「我們」必須抵擋他們，靠的不是政策或議題辯論，而是絕對的敵意。無怪乎薩謬爾・杭亭頓（Samuel P. Huntington）論文明衝突的文章會從路易士的作品借用其標題與主題。

以敵意、非理性來形容這類觀念，並不是誇大其辭，尤其是這類觀念在某些新聞記者的作品中已經被奉為典範，例如《紐約時報》記者密勒一九九六年出版的《上帝有九十九個名字：一位記者的戰火中東記行》（*God Has Ninety-Nine Names: A Reporter's Journey Through a Militant Middle East*），就可以當作一本教科書，綜覽媒體關於伊斯蘭教報導的各種缺失與扭曲。從她在衆多談話性節目與中東問題研討會中的言論可知，密勒大力鼓吹「伊斯蘭威脅」（The Islamic Threat），一九九三年她在一場由《外交事務》舉辦的研討會發表論文時，就提出這個說法。密勒的獨特使命是要凸顯一個有千年歷史的觀念：好戰的伊斯蘭教是西方的一大威脅；這也正是杭亭頓文明衝突論的核心觀念。因此，在蘇聯解體導致的知識界真空之中，搜索新異國仇敵的工作就鎖定了伊斯蘭教，如同八世紀歐洲基督教徒展開的搜索；對今日的西方（路易士與杭亭頓用這個含糊的字眼來指稱「我們的」文明，有別於「他們的」文明）而言，伊斯蘭教在實質上的迫近與難以弭平的挑戰，一如八世紀時那樣陰險、強烈。密勒並沒有提及，今日大部分伊斯蘭國家都是一窮二白、苦於暴政、軍事與科學上遙遙落後，除了對自家人民之外，很難對別人形成威脅。她也沒有注意到，最強盛的伊斯蘭國家——沙烏地阿拉伯、埃及、約旦、巴基斯坦——完全是在美國的勢力範圍之內。密勒、杭亭頓、馬丁・克拉瑪（Martin Kramer）、派普斯、巴瑞・魯賓（Barry Rubin），再加上一大群以色列學者，對於這些所謂的「專家」而言，最重要的是要確保「威脅」昭昭在人耳目，儘量譴責伊斯蘭教的恐怖、專制與暴戾，並且保住自身收入豐厚的顧問工作、經常上電視亮相的機會，還有出版著作的合約。對於基本上冷漠而且資訊不足的美國閱聽者，伊斯蘭教的威脅被塑造成異常可怕，所撐持的觀念（與反猶太狂熱形成有趣的對比）認定每一件爆炸案背後都有一樁影響全球的陰謀。

伊斯蘭教政治力量試圖藉由伊斯蘭政黨掌握政權時，一般而言表現欠佳。伊朗可能是例外，然而，實際上已是伊斯蘭國家的蘇丹、伊斯蘭教團體與殘暴軍方爭鬥不休的阿爾及利亞，以及動蕩不安且極度反動的阿富汗，這些國家的作爲都只是讓自身更加窮困、在世界舞台上更加邊緣化而已。西方關於伊斯蘭威脅的話語背後，潛藏著某種程度的眞實，也就是說，穆斯林對伊斯蘭教的崇信也增強了對整個中東地區「美利堅—以色列強權和平」（pax Americana-Israelica）的反抗（以艾瑞克・霍布斯邦（Eric Hobsbawm）所說的原始的、前工業化的反叛方式）。但是，無論眞主黨抑或哈瑪斯，其實都不會對那股推動「只要和平」（nothing-but-peace）的強大力量造成重大障礙。我要指出，今日大部分阿拉伯穆斯林都是垂頭喪氣、受盡羞辱、被不確定感與無能粗暴的獨裁政權麻痺，沒有能力支持任何伊斯蘭教對抗西方的大規模行動。此外，他們的菁英多半與政權站在同一陣線，支持像埃及自一九四六年以來實施戒嚴之類逾越法律的種種措施，來對付極端分子。因此爲什麼關於伊斯蘭教的大部分討論還要強調警戒與恐懼？當然，的確是有自殺炸彈攻擊與嚴重的恐怖活動，不過這些事件的唯一成果，不正是讓以色列、美國以及他們在穆斯林世界扶植的政權，更加強化其掌控？

我認爲答案是，像密勒著作之類的書籍最病態的地方在於，它們是一種新增添的武器，被運用來屈服、鎮壓、強迫並擊退阿拉伯人或穆斯林對美國—以色列主宰的任何反抗。更有甚者，反伊斯蘭教運動將一種做法暗中合法化：一廂情願地堅持將伊斯蘭主義（Islamism）——無論它有多可悲——與一個戰略地位重要、石油產量豐富的地域掛鈎；因此，反伊斯蘭教運動實際上讓伊斯蘭教、阿拉伯人與西方或以色列之間平等對話的機會煙消雲散。基於對現代化「憤憤不平」（enraged）爲理由，將一個文化整體妖魔化、非人化，其實就是將穆斯林轉變成有待矯治、懲罰的目標。在這裡我不希望被誤解：爲反動的政治目的而操縱伊斯蘭教，或者操縱基督教與猶太教，一概是罪大惡極，都必須反對抵制；不僅在沙烏地阿拉伯、約旦河西岸、迦薩走廊、巴基斯坦、蘇丹、阿爾及利亞與突尼西亞是如此，在以色列、黎巴嫩右派基督徒（密勒對他們表現出不應有的同情）以及任何顯露出神權政治跡象的地區也都是如此。而且我完全不認爲所有阿拉伯穆斯林國家的痛苦都要歸咎於猶太復國主義（Zionism）與帝國主義。但這絕對不是爲美國、以色列及其御用知識分子開脫，說他們並沒有扮演戰鬥性甚至煽動性的角色，將抽象化的「伊斯蘭教」污名化，還送上各種謾罵侮蔑，目的是要刻意激起美國人與歐洲人對伊斯蘭教的憤怒與恐懼，同時對他們諄諄告誡：以色列是個世俗化的自由民主國家。密勒在她著作的結尾處表示，以色列的右翼猶太教派是「另一本書的主題」，其實那才應該是她這本書的重要部分，只不過她刻意忽略，以便全力聲討「伊斯蘭教」。

如果密勒寫的是別的宗教或世界其他地區，她會被認定爲根本不夠資格。密勒對我們耳提面命，說她以專業身分涉足中東事務已有二十五年歷史，但是她卻對阿拉伯語或波斯語一竅不通；她承認自己無論到哪裡都需要帶著翻譯，而且無法掌握這名翻譯的精確度與可信度。如果一名俄羅斯、法國、德國、拉丁美洲，甚至中國與日本的記者或專家無法通曉該國語言，那麼他根本不會被當成一回事；然而「伊斯蘭教」的研究者似乎完全不需要語言的知識，因爲他面對的是一種心理變態，根本不是「眞正的」文化或宗教。

密勒的無知影響了她在附注中引述的大部分資料，原因也許是她只能引用她知道會派上用場的英文資料，也許是她只引用與自身觀點一致的權威。因此爲數衆多的穆斯林、阿拉伯裔與東方學專家之外的學者，密勒都無緣接觸，而她的讀者也有同樣缺憾。每當她要向讀者炫耀，故意賣弄一兩句阿拉伯話時，十之八九會弄巧成拙。密勒說的都是一些相當普通、並不深奧的語句，而她的錯誤也絕不止是翻譯的錯誤，這一點她在書的開端就已經爲自己費力辯解一番。這些錯誤都相當明顯，這名犯錯的外國人對於她的主題既不關心也不尊重，儘管她靠著這個主題來糊口已經二十五年，但卻一直懶得用心學習。在該書二一一頁，密勒引述埃及前總統沙達特（Anwar Sadat）形容利比亞強人穆阿瑪・格達費（Muammar Qaddafi）的話："al walid majnoon"，並譯成「那個瘋狂的孩子」，其實這句話原文是"el walad el magnoon"，意思是以誇大戲謔的口氣來說：「這孩子瘋了」。埃及著名女演員"Shadia"在書中誤植爲"Sha'adia"，顯示密勒連阿拉伯文字母之間的差別都分不清楚。她習慣將英文的複數形式套用在阿拉伯字彙上，例如 thobe/thobes 或 hanif/hanifs，（譯注：thobe 爲阿拉伯人所穿的長袍，hanif 意爲一神教信仰），還在書中第三一五頁大言不慚地說：「一首美麗的阿拉伯文詩作……和大部分阿拉伯詩歌一樣，一經翻譯便大爲失色。」

如果密勒根本無能了解阿拉伯伊斯蘭生活的細節，那麼她的政治與歷史資訊又如何呢？她書中十章（分別處理埃及、沙烏地阿拉伯和蘇丹等國家）的每一章都以一則小故事爲開端，然後直接以簡略、只具大學生水平的方式介紹當地歷史。這些歷史湊合了數家未必可靠的權威之言，原本是要展現作者掌握素材的能力，然而卻暴露了可悲的偏見以及分析理解能力的欠缺。例如沙烏地阿拉伯這一章，她在附注中告訴我們，對於先知穆罕默德的資料，她「最偏愛」法國東方學專家馬辛・羅丁森（Maxime Rodinson）的作品。羅丁森是堅定的馬克思主義學者，他的先知傳記結合了反神權政治的反諷與浩瀚博學，令人動容。但是從書中四至五頁對穆罕默德生平與理念的簡略介紹看來，對於這個被羅丁森形容爲結合了查理曼（Charlemagne）大帝與耶穌基督的人物，密勒卻認爲他在本質上有一點可笑甚至可鄙；儘管羅丁森知道自己的形容是什麼意思，但密勒告訴我們（毫不相干地）她並不相信。在她眼中，穆罕默德是一個反猶太宗教的催生者，而這種宗教充斥著暴力與偏執狂。她完全沒有引用穆斯林關於穆罕默德的記載，反而一面倒地倚賴西方世界東方學專家孤陋的揭密之作。試想一下，要是有一本關於耶穌或摩西的書籍在美國或歐洲出版，其中卻沒有引用任何猶太教或基督教的權威著作時，會得到何種反應。「征服麥加之後，據說穆罕默德只殺掉十個冒犯他與伊斯蘭教的人。」密勒以拙劣的諷刺語調說道。她說明自己關注穆罕默德的原因，提醒我們穆罕默德創立了一個宗教與一個國家（這不是什麼創見），但是她接著直接從第七世紀跳躍到約莫現今的時期，就好像那些時代久遠的國家創建者是最能夠解釋當前歷史的資料來源。這非常近似路易士的伎倆。

我們絕對不能忘記一點，密勒基本上是個立場鮮明、懷有政治意圖的記者，既不是學者也並非專家，甚至連一個條理清晰的作家都算不上。她書中大部分的內容並非由論證與概念架構而成，而是一場又一場冗長的訪談，對象是許多可悲可憐、不值得信賴、只圖私利的穆斯林以及臨時應景的批評者。我們讀過她的小故事之後，就會立刻飄浮進入最乏味、最凌亂的漫談閒聊；其中凸顯的並不是她對該地區有何獨到見解，而是她泛濫的朋友同事名單（Rolodex）。底下是一個典型的極爲空洞概括化的句子：「對於國家混亂的歷史心懷戒懼（順帶一提，世界上哪個國家不是如此？）的敘利亞人，非常憂心地發現有可能回歸到無政府狀態或另一場漫長的血腥權力鬥爭（在後第二次世界大戰、後殖民時期的國家中，只有敘利亞才是如此嗎？還是亞洲、非洲及拉丁美洲其他一百個類似敘利亞的國家也會如此？）甚至看到伊斯蘭好戰派系在這個最世俗化國家（她憑什麼標準如此斷定？）的勝利。」更別提她筆下可憎的措詞用語以及嘮叨不休的術語。你讀到的絕不是一個概念，而是一套陳腔濫調，混合著無法驗證的斷論，宣稱是代表敘利亞人的「想法」，但其實都是密勒自己的心思。

密勒以「我的朋友」這個片語來粉飾她單薄的描述，好讓讀者相信她眞的認識這些人，因此也知道自己在說些什麼。她似乎相信這些「朋友」會向她吐露私密的事情，而且也只有她才挖得出這樣的心事。不過這種伎倆卻造成嚴重扭曲，以冗長離題的形式，意圖呈現某種伊斯蘭心態，其實卻忽略或模糊了更爲——或者至少是同樣——重要的題材，例如各國的政治、世俗機構的運作、伊斯蘭主義者與民族主義者之間激烈的知識分子論戰。密勒似乎從未聽聞過穆罕默德・阿爾孔（Mohammed Arkoun）、穆罕默德・賈布里（Mohammed el-Jabri）、喬治・塔拉畢西（George Tarabishi）、阿多尼斯（Adonis）、哈珊・

哈納菲（Hasan Hanafi）或是希夏姆・傑特（Hisham Djait），而整個伊斯蘭世界都在熱烈爭論這些人的觀點。

這種知識和分析上的驚人缺陷，在論以色列的這一章分外明顯（其實連標題也下錯了，這一章的重點是巴勒斯坦），她全然忽略了巴勒斯坦「起義抗暴」造成的變化，還有以色列三十年長期占領的細微影響。密勒也沒有傳達出巴勒斯坦尋常百姓生活中，對於奧斯陸協定與阿拉法特獨裁統治的深惡痛絕。密勒為美國政策搖旗吶喊，因此她自然比任何人更專注於哈瑪斯；她顯然也無法將多年來以色列粗暴治理的領土上的惡劣情況與哈瑪斯連繫起來。例如，她沒有提到，唯一一所不是由巴勒斯坦人出資建立的巴勒斯坦大學，是迦薩走廊的伊斯蘭（哈瑪斯）大學，這所學校是在巴勒斯坦人「起義抗暴」期間，由以色列出資成立，目的是要削弱巴勒斯坦解放組織。密勒記載了穆罕默德對猶太人的迫害，但是卻一字不提以色列對付「非猶太人」（non-Jews）的信念、聲明與法律，通常是由猶太拉比〔編注：拉比（rabbi）指猶太教中負責執行教規、律法並主持宗教儀式的神職人員〕批准的驅逐、殺戮、摧毀住家、沒收土地和直接併吞；以及最值得信賴的迦薩走廊事務權威莎拉・洛伊（Sara Roy）指稱的：全面抑制經濟發展。密勒書中是妝點了一些這類事實，然而對於這類事實做為伊斯蘭主義者激情的源頭，她完全未賦予應有的重要性與影響力。

密勒另外一個不自覺的習慣就是，對讀者說明書中每個人的宗教信仰，說某某人是基督教徒、遜尼派穆斯林、什葉派穆斯林等等。她雖然這麼關心人生的宗教層面，但還是會搞錯，鬧出大笑話。她稱希夏姆·夏拉比（Hisham Sharabi）是「朋友」，但誤以爲他是基督徒，其實他是遜尼派穆斯林；巴德·哈吉（Badr el Haj）被她描述成穆斯林，其實他是馬龍派（Maronite）基督徒。如果不是因爲她拚命想凸顯自己交遊廣闊、與許多人交情匪淺，這些小錯誤還不會顯得那麼嚴重。不過最值得注意的是她極端惡劣的信念，她從來不說明自己的宗教背景與政治傾向。密勒自己也說這本書的主題充滿了宗教與意識形態的熱情，我覺得很奇怪，她居然會認定自己的宗教信仰（我想不會是伊斯蘭教或印度教）與此書無關。人們會懷疑，那些讓她挖掘資訊的人之中，有多少人知道自己到底是在與**誰**說話？又有多少人知道她在書中會如何描寫他們？

但是密勒對於自己面對當權人士與特定事件的反應，倒是坦率得令人難堪。她說當她聽到約旦國王胡笙被診斷罹患癌症時「深感悲傷」，她似乎毫不在意胡笙治理的是一個特務國家，許多受害者受過酷刑、陷入冤獄或遭到殺害。她看到黎巴嫩一所基督教堂遭褻瀆時，眼眶中「滿溢著憤怒的淚水」，然而她根本不提以色列境內所發生的穆斯林墓園遭褻瀆的類似事件，或是敘利亞、黎巴嫩和巴勒斯坦數百個被摧毀的村落。密勒眞正的輕蔑鄙視出現在底下引述的段落中，她設想一名敘利亞中產階級婦女的心思與願望，這名婦女的女兒不久之前變成伊斯蘭主義者，並且誤將密勒請到家中作客：

> 她永遠無法擁有一切敘利亞中產階級婦女渴望擁有的事物：沒有為女兒準備的盛大婚宴、傳統白色禮服與鑲鑽頭飾；沒有放在咖啡桌與壁爐上的銀色相框照片，照片中的快樂佳偶分別穿著燕尾服與新娘禮服；沒有肚皮舞孃在舞台上扭動，香檳觥籌交錯直到黎明。也許娜汀（Nardine）朋友的兒女也會排斥他們，暗地裡鄙視他們，因為他們為了討好阿塞德（Assad）殘酷而卑鄙的政權而不惜妥協。如果連大馬士革中產階級柱石家庭的女兒都必須向伊斯蘭教的力量屈服，那麼還有誰能夠倖免？

關於密勒的書最有趣的問題在於她的寫作動機。當然不會是出於情感因素，因爲她在書中坦白表示她害怕並討厭黎巴嫩、憎恨敘利亞、嘲笑利比亞、瞧不起蘇丹、爲埃及感覺遺憾與略微的擔心，並且厭惡沙烏地阿拉伯。她懶得去學阿拉伯語，死心蹋地要擔憂伊斯蘭教好戰組織的威脅；而我大膽猜測，這些組織的人數在超過十億人口的伊斯蘭世界中，還占不到百分之五。她舉雙手贊成強硬鎮壓伊斯蘭主義者（但是反對使用刑求及其他「非法手段」鎮壓：她似乎沒有覺察到自己立場矛盾）；對於像埃及、約旦、敘利亞和沙烏地阿拉伯這些美國支持的國家民主與法治蕩然，只要被打壓者是伊斯蘭主義者，她就完全不會覺得良心不安。書中描述了一個場景，密勒親身參與以色列警察在監獄中審訊一名穆斯林恐怖分子疑犯的過程，對於以色列警方大規模使用酷刑與其他不當手段（臥底暗殺、午夜逮捕和摧毀住家），密勒禮貌地視而不見，照樣訊問戴著手銬的男子問題。

密勒身為記者最嚴重且一以貫之的缺陷，在於她對所有事物的連結、分析，都必須符合伊斯蘭世界具有好戰、仇恨本質的這個大前提。對於一般認為阿拉伯伊斯蘭世界情勢特別惡劣的觀點，我沒有多大的異議，而且過去三十年來也為文說明過。但是密勒對於美國與以色列在這種情勢中扮演的角色，完全沒有做精確的呈現；而且也幾乎不提美國反阿拉伯、反伊斯蘭的堅定政策（只有她輕描淡寫阿富汗的部分例外）。以黎巴嫩為例，密勒提到一九八二年黎巴嫩總統巴夏・賈梅耶（Bashir Gemayel）遇刺事件，讓讀者以為賈梅耶是在大選中大獲全勝。她沒有提到一個事實：賈梅耶上台時以色列正駐軍西貝魯特，當時是薩布拉（Sabra）與夏提拉（Shatila）難民營大屠殺的前夕。而且根據以色列方面如烏瑞・盧布蘭尼（Uri Lubrani）等消息來源指出，賈梅耶多年來一直與以色列情報組織「莫薩德」（Mosad）合作。賈梅耶是一個殺手與自命不凡的惡棍，而且黎巴嫩現任政權充斥著被控涉及難民營大屠殺的艾利・霍貝卡（Elie Hobeika）這類人物，這些事實也被忽略。密勒在引述阿拉伯人反猶太的事例時，也應該注意到以色列內部有一類種族話語是衝著阿拉伯人與穆斯林而來。至於以色列攻擊平民的戰爭——經年累月、從不間斷、規模龐大的軍事行動，對付戰俘與難民營居民；摧毀村莊；轟炸醫院與學校；故意製造成千上萬的難民——這些事實全都掩埋（恐怕根本不曾出現）在滔滔不絕的閒言閒語之下。追根究柢，密勒的問題在於：她蔑視連最輕浮的解構主義者（deconstructionist）都會注意到的事實。她偏愛絮絮叨叨的談論，將穆斯林化爲以色列恐怖行動與美國對其支持的罪有應得受害者，這充分顯示出她是當今主流媒體中東報導的最典型範例。

讀者從密勒的書中無法得知，伊斯蘭教內部對於如何詮釋並再現中東與伊斯蘭教，其實有著激烈的衝突；而且從她對材料的選擇來看，密勒門戶之見甚深；她敵視阿拉伯民族主義，在書中多次將之宣判死刑；她支持問題叢生的美國政策；她也是巴勒斯坦民族主義的死對頭，這種民族主義並不符合奧斯陸協定中，建立類似南非班圖族自治區（Bantustans）構想所預定並按部就班規畫的、淨化過並且無害的民族主義版本。總之，密勒是個膚淺且成見甚深的記者，她的大部頭作品厚達五百餘頁，就其內容而言實在是大而無當；雖然對於媒體普遍採取的不假思索、未經驗證的假設而言，這本書倒是一部完美的手冊。

這些假設對於日常報導的影響，塞吉・席默曼（Serge Schmemann）與羅伯特・費斯克

（Robert Fisk）的一場廣播論戰做了最鮮明的呈現。席默曼是《紐約時報》駐耶路撒冷辦事處主任，費斯克則是倫敦《獨立報》（*Independent*）駐黎巴嫩記者。兩人隔著國界遙遙相對，都報導了一九九六年四月以色列入侵黎巴嫩的事件，但是他們的報導與廣播辯論（一九九六年五月五日和平電台（Pacifica Radio），「民主趁現在」（Democracy Now））卻是南轅北轍的兩種新聞工作。美國的記者依循（也許是不自覺地）密勒那一派的準則。首先要說明，以色列從一九八二年開始占領黎巴嫩南部地帶，稱之為「安全區」，還在占領區組織並維持一支黎巴嫩傭兵部隊；對於以色列占領以及「黎南軍」（South Lebanese Army）的反抗來自眞主黨，其存在的理由一直就是以色列的占領（譯注：以色列已於二〇〇〇年撤出黎南）。這些游擊隊員在黎南盤據並作戰，因此就大多數人的標準而言，他們基本上應視為在本國被非法軍事占領地區作戰的游擊隊組織。其次要說明的是，美國新聞界特別強調眞主黨的宗教取向；而且由於眞主黨對抗以色列，因此認定它是一個恐怖組織。

一九九六年四月一日，《紐約時報》報導以色列炮擊黎南，炸死兩名平民。這篇不具名的報導說：「好戰的眞主黨揚言報復」，然後繼續寫道：「過去一個月來，游擊隊在黎南以色列占領區殺害了六名以色列士兵，邊界雙方緊張局勢步步升高。」一般而言，游擊隊當然有權攻擊占領軍的官兵，但這篇報導卻以提及「好戰的」伊斯蘭組織的字眼抹殺了這個原則，並在讀者心中喚起基本教義派、伊斯蘭威脅等等聯想。到了四月十日〔《紐約時報》駐以色列特約記者喬爾・格林堡（Joel Greenberg）的報導〕，「由伊朗什葉派政府所支持」這樣的句子進入文章之中，並從此見諸《紐約時報》的每一篇報導，直到兩個星期後入侵結束。似乎只要是關涉到以色列，《紐約時報》就要提醒自己：以色列的敵人是好戰的穆斯林（很快就會變成「恐怖分子」），而不是抵抗占領軍的游擊隊。在四月十二日的報導中，席默曼形容真主黨是「好戰的什葉派穆斯林組織，受到伊朗支持」，意思似乎是：大家小心，瘋狂的穆斯林又來了，殺害猶太人就像家常便飯。談及「克雅特席莫那（Qiryat Shemona）地區驚慌失措的以色列居民」之類的文句也出現在同一篇文章中；雖然當時以色列正在轟炸貝魯特，城中也有許多驚慌失措的居民，但這篇報導卻不聞不問。

同一天《紐約時報》的社論顯然是讓意識形態壓倒了事實，社論標題「以色列對恐怖事件的因應之道」（Israeli's Answer to Terror），並聲稱：「以色列對黎巴嫩恐怖分子目標的空襲是理直氣壯、節制有度的……昨天對黎巴嫩的空襲以及一星期來邊界雙方毫無意義的傷亡，責任完全要歸咎於真主黨的恐怖分子，還有貝魯特與大馬士革當局。在這方面，裴瑞斯總理只是在行使以色列自衛的權利。」與這些言論同時進行的是，以色列軍方強迫黎南約二十萬名居民遷徙，從空中、陸地及海上轟炸這個地區，而且——必須再次提醒——繼續軍事占領，戰爭法允許居民在這種情形下反抗。局面之所以會逆轉，原因首先是其中涉及以色列，其次則是因爲「伊斯蘭教」會構成「威脅」。四月十八日，以色列炮轟卡納（Qana）一處聯合國據點，死亡人數超過一百人，當地是一個標示清楚的黎巴嫩平民難民收容所。《紐約時報》四月二十一日報導雖然指出，美國與裴瑞斯總理都對罹難者表達遺憾，不過仍然責備眞主黨要爲「破壞一九九三年不得挑釁的協議」負責。更有甚者，在整個以色列入侵黎巴嫩期間，《紐約時報》沒有刊出任何一篇社論或讀者投書，傳達異於以色列或美國政府的觀點。最糟的是，敘利亞與伊朗的問題比不幸的黎巴嫩人或眞主黨更重要，就好像在黎南發生的事並不止是占領以及對占領等反抗，而是某種更爲堂皇宏大的事件。這又是伊斯蘭教對抗西方的歷史重演。

費斯克指出相關報導的扭曲變形，他全神貫注於確實發生的**事實**，而不是以色列或美國官員期望世人相信的事實。費斯克尊重游擊隊有權反抗占領軍的原則，沒有屈服於誘惑，將黎南之戰視爲西方與伊朗支持的穆斯林恐怖分子之間的戰役。因此他在卡納事件的報導中令人信服地點出，以色列自一九九三年以來秉持一項刻意爲之的政策，先後挑起二十椿事件來引出眞主黨，然後以強大軍力進行「報復」，從而對黎巴嫩與敘利亞施加壓力。費斯克也是這樣告訴席默曼，後者對於信守《紐約時報》社論立場的忠誠——甚至小心翼翼——與前者的獨立精神形成強烈對比。廣播節目訪談人對席默曼說：

「你寫道以色列在黎巴嫩進行精確而且是選擇性的軍事活動，你報導『以色列軍官堅稱他們的炮兵並不知道卡納有難民』時不加任何批判，你刻意要傳達一種印象：以色列並沒有鎖定平民做爲目標，這與費斯克的報導相去甚遠。」

這時費斯克提出三份證據，反駁以色列方面無意傷害難民的說法。這些證據也是四月十九日與二十二日《獨立報》中他對屠殺事件報導的基礎。先前的四月十五日，費斯克從黎南發稿，他在這篇主新聞中舉例說明以色列的企圖：「這不止是一場軍事行動，而是企圖要毀滅一個國家。」費斯克擺出來的證據是：㈠卡納攻擊事件之前十九個小時，聯合國就通知以軍指揮部，每一處聯合國據點都有收容平民。㈡轟炸發生時，一架以軍無人偵察機在當地上空盤旋。㈢以方號稱擁有最精確先進的科技，爲何在聯合國駐黎南納庫拉（Naqura）辦公室「懇求停止炮轟」之後，炮轟仍持續很長一段時間。席默曼回答說，他「無法理解以色列要刻意傷害平民」，他顯然是眞的相信自身的觀點，同時也反映出美國媒體的普遍觀點：穆斯林恐怖分子完全有能力刻意對無辜者施暴，但是和我們同一陣線的以色列可不會這麼做。費斯克同意席默曼的說法，後者是在以色列而非黎南進行報導，對象是以色列當地事態發展，而他也儘量避免在報導中表現個人主觀意見；席默曼說：「記者和專欄作家的工作是有差別的。」看來的確是很公正，然而對於記者抱持的心態，以及連繫事件與聲明的方式，問題仍舊存在。對費斯克而言，他報導的重要依據是以色列外長伊胡德・巴瑞克（Ehud Barak）一九九六年一月三日的聲明，當時他談到，如果要進一步攻擊真主黨，那麼「一旦以色列發動軍事攻勢，目標將指向黎巴嫩，遭殃的也將會是黎巴嫩人民。」

總之，只要先認定真主黨主要是一個由恐怖分子組成的好戰什葉派團體，受到伊朗支持，那麼其他一整套對於伊斯蘭教不必明言的觀點，都會一一登場亮相，諸如伊斯蘭教激烈反抗現代化、沈溺於無目的之暴力等等。這些觀點並坐實了以色列入侵黎巴嫩時期處心積慮營造的觀點（密勒在CNN的報導以及《紐約時報》社論都一再強調：真主黨是個恐怖組織），指稱黎巴嫩的游擊隊是罪有應得。密勒甚至一度指稱游擊隊並非來自黎南，而是來自貝卡（Bekaa）山谷（「我知道，因爲我去過那裡。」），並且冷血殘酷地將婦孺推上火線，以便證明以軍濫殺無辜。亞歷山大・柯克本（Alexander Cockburn）一九九六年五月二十日發表於《國家》（*The Nation*）雜誌的專欄文章〈以色列閃電戰〉（Israel's Blitzkrieg），對於黎巴嫩危機期間的媒體報導有更深入的分析。

這類觀點剝奪掉任何存在的或歷史的情境，將伊斯蘭教視爲驅策人民侵犯以色列的暴力且非理性的宗教，使得新聞無法報導眞實事件，無法呈現更人性化、更能夠理解的事件背景。既然游擊隊被指控爲「伊朗支持的什葉派好戰分子」，反抗行動遂同時被非人化與非法化。席默曼在四月二十八日的專欄中，說以色列入侵黎巴嫩行動的最後階段是「中東地區令人困惑的殘局」，他找不到合理解釋，只能表示：「因爲這是中東——有一長串事件報導都是以這句話當作警句，試圖解釋根本違反一般邏輯的情勢。如果這種說法的高明之處還需要舉例，上個星期的事件就說明了一切。」

現今對伊斯蘭教形象的誤現與扭曲，既不代表了解事實的眞誠期望，也不代表有心聆聽觀察眞實狀況的意願。媒體對西方新聞閱聽者傳達的伊斯蘭教形象與傳達的過程，絕對談不上是天眞或者務實的報導，而是使敵意與無知更爲根深柢固，諾姆・杭士基（Noam Chomsky）的一系列著作〔特別是與愛德華・赫曼（Edward S. Herman）合著的《製造同意》（*Manufacturing Consent*）、《恐怖主義的文化》（*The Culture of Terrorism*）、《嚇阻民主》（*Deterring Democracy*）〕已經深入分析箇中原因。我在這篇緒論開端就說過，如今的情形遠比一九八〇年《遮蔽的伊斯蘭》出版時更爲嚴重，但是無論我們認定這種情形的背後動機是什麼，事實就是，在大衆媒體掌控的公衆領域中，對話與交流的進展極爲有限，這些對話與交流發生於學術辯論、藝術創作，以及尋常百姓的來往，他們作生意、進行各種互動，而且經常相互交談（talk to）而不是各說各話（talk at）。嘩衆取寵、粗糙的仇外心理以及麻木不仁的好戰心態今日正風行一時，結果是雙方各自畫出一條想像的界線來區隔「我們」與「他們」，這絲毫不能啓迪人心。我希望像本書這樣有限的努力，能夠正本清源，指出問題所在，以及如何在日後的自覺探索過程中，紓解如此龐大深重的負面效應。

對於本書新版的修訂與資料更新工作，老友努巴・霍孚塞平（Noubar Hovsepian）對我助益甚多。瑪利歐・奧提茲・羅伯斯（Mario Ortiz Robles）與安德魯・路賓（Andrew Rubin）對於參考書目尤其用心。柴尼布・伊斯特拉巴迪（Zaineb Istrabadi）的協助也相當重要。雪莉・溫格（Shelley Wanger）則發揮優異的編輯技巧，我受益良多。

薩依德

一九九六年十月三十一日　紐約

注釋

① Lustick, "Fundamentalism, Politicised Religion and Pietism," *MESA Bulletin* 30 1996, p. 26.

緒論

Introduction

這本書是我一系列著作中的第三本，也是最後一本。在這一系列作品中，我試圖處理兩個陣營在現代的關係，一邊是伊斯蘭教、阿拉伯人與東方的世界，另一邊則是西方世界：法國、英國，以及最重要的美國。《東方主義》是其中最全面性的一本，它探索這種關係的各個階段，從拿破崙入侵埃及年代開始，歷經殖民全盛時期，以及十九世紀現代東方學在歐洲崛起，直到第二次世界大戰之後，英法兩國在東方的帝國霸權終結，美國強權代之而興。《東方主義》的背後主題是知識與權力之間的從屬關係（affiliation）①。第二本《巴勒斯坦問題》（*The Question of Palestine*）是一部個案史，呈現了阿拉伯裔、大部分爲穆斯林的巴勒斯坦當地人民，與猶太復國主義（後來是以色列）之間的抗爭；後者掌握巴勒斯坦「東方」實體的出發點與方法大致上都是西方式的。與《東方主義》相較，我的巴勒斯坦研究試圖更明晰地描述潛藏於西方人看待東方觀點之下的事物——

在這個案例中，就是巴勒斯坦爭取民族自決的全民抗爭②。

在《遮蔽的伊斯蘭》一書中，我的主題切合當前時事：西方世界——尤其是美國——對於伊斯蘭世界的反應；這個世界從七〇年代早期開始就被視爲關係重大，但麻煩不斷，問題叢生，令人嫌惡。這種觀感有衆多成因，其中之一就是令人苦不堪言的能源短缺，而問題焦點落在阿拉伯與波斯灣的石油、石油輸出國家組織（OPEC），以及通貨膨脹與油價飆漲造成西方社會的動蕩不安。此外，伊朗革命與人質危機也形成所謂「伊斯蘭教的重返」（the return of Islam）的怵目驚心例證。最後一點，極端民族主義在伊斯蘭世界捲土重來，還不幸地帶來了超級強權的緊張對峙。前者的事例是兩伊戰爭；蘇聯入侵阿富汗以及美國計畫在波斯灣地區派駐「快速部署部隊」（Rapid Deployment Forces）則爲後者做了充分說明。

只要讀者一路讀來，就會對「遮蔽的伊斯蘭」（covering Islam）的一語雙關了然於心（譯注："cover"兼具「報導」與「遮蔽」之意），儘管如此，還是有必要先做一番解釋。我在本書以及《東方主義》要表達的重點之一是，今日所謂的「伊斯蘭教」一詞雖然看似一件單純事物，其實卻是虛構加上意識形態標籤（ideological label），再加上一絲半縷對一個名爲「伊斯蘭」的宗教的指涉。西方用法中的「伊斯蘭教」與伊斯蘭世界中千變萬化的生活之間，缺乏有意義的直接對應；後者涵蓋八億以上人民，大部分盤據在亞、非兩洲的數百萬平方哩疆域，擁有數十個社會、國家、歷史、地理與文化。另一方面，「伊斯蘭教」在今日西方意謂著格外令人苦惱的新聞訊息，我會在本書中討論其原因。過去幾年以來，尤其自從伊朗事件強烈吸引歐美人士關注之後，媒體開始大幅遮蔽的伊斯蘭教：對它加以描繪、定性、分析並提供速成資訊，最後，媒體終於使得伊斯蘭教「為人所知」（known）。

然而正如我所暗示的，這類報導——以及學院伊斯蘭教專家、談論「危機新月」（crescent of crisis）（譯注：「新月」指從波斯灣延伸至土耳其的中東地區）的地緣政治策士、哀嘆「西方的沒落」（the decline of the West）的文化思想家，這些人士的作品——汗牛充棟，誤導人心，讓新聞閱聽者誤以為自己了解伊斯蘭，然而卻沒有同時暗示告知他們，其實這類充滿活力的報導，有一大部分是根據非常不客觀的素材。例子屢見不鮮，「伊斯蘭教」不僅可以容許高度的曖昧含混，還能用來表達無限制的種族優越感、文化甚至種族仇恨、深沉弔詭且毫無緣由的敵意。這些情形都發生在原本應該是公正、平衡、負責的伊斯蘭教報導之中。基督教與猶太教——兩者都經歷過相當昌盛的復興（revivals，或者「重返」（returns））——都沒有遭受如此情緒化的對待方式。此外還有一個未受質疑的假定：人們憑藉著一小撮以偏蓋全、反覆徵引的陳腔濫調，就可以毫無限制地描述伊斯蘭教。而且總有一種心態認爲，人們談論的「伊斯蘭教」是一個眞實且穩定的實體，正好就坐落在「我們的」石油蘊藏地區。

隨著這類報導而來的是大費周章的「遮蔽」（covering up）。當《紐約時報》想解釋伊朗爲何會如此強烈反抗伊拉克入侵時，它訴諸一個公式：「什葉派信徒期待成爲烈士。」表面上看來，這類說法有一定的說服力，但我認爲事實上它是用來掩飾記者不了解的衆多事物。語言不通只是更爲嚴重無知的一部分，記者經常會被派遣到一個陌生的國家，沒有任何準備或經驗，只因爲她或他靈活機敏，能快速進入狀況，或者正好人在頭條新聞發生地區鄰近，才會被趕鴨子上架。因此記者不會試圖深入了解這個陌生國家，他只想便宜行事，通常是拿陳腔濫調或零零星星的新聞知識來充數，反正本國的讀者也不太會去質疑他的報導。伊朗人質危機事發伊始，德黑蘭聚集了將近三百名記者，卻沒有一個能講波斯語，無怪乎所有發自伊朗的報導內容都千篇一律、乏善可陳。在此同時，伊朗其他的事件與政治進展，只要是不能簡單地定位成「伊斯蘭心態」（the Islamic mentality）或「反美主義」（anti-Americanism）的例子，也就無人聞問。

報導與**遮蔽**伊斯蘭教的活動已形同病症，而且幾乎完全不顧它們所代表的困境：了解並生活在一個世界中的一般性問題，已經變得過於複雜多變，無法再套用簡單而速成的概括。伊斯蘭教既是典型案例，而且——因爲其歷史在西方源遠流長、定位明確——也是一個特殊案例。我這麼說的意思是，就像許多後殖民時代的事物，伊斯蘭教既不隸屬於歐洲，也不像日本屬於工業先進國家，它被認定是落居「開發展望」（development perspectives）的範圍之內，換言之，伊斯蘭社會至少還需要三十年的「**現代化**」。現代化的意識形態衍生出一種觀察方式，認爲伊斯蘭教的最高成就表現爲伊朗國王（shah）的形象；他在被奉爲「現代化」統治者的極盛時期以及政權崩潰時刻，都曾深受中世紀宗教狂熱之害〔譯注：伊朗在一九七九年爆發革命，巴勒維國王（Mohammed Reza Shah Pahlevi）被迫下台並流亡國外〕。

另一方面，「伊斯蘭教」向來也代表一股對西方的特殊威脅，原因我在《東方主義》中討論過，本書會再加以檢視。沒有任何一種宗教或文化群體會像伊斯蘭教一樣，被斬釘截鐵地認定將對西方文明造成威脅。對於大而化之的東方學專家談論「宿命論的」（fatalistic）穆斯林的陳腔濫調，當今穆斯林世界的動蕩不安（其社會、經濟和歷史因素更甚於一概而論的伊斯蘭教因素）當然已揭露其局限性，但卻**沒有**衍生出任何事物來取而代之，只有一種對往日的鄉愁，當時歐洲軍隊統治了幾乎整個穆斯林世界，從印度次大陸直到北非。最近一系列著作、新聞報導與公眾人物的成功，正是這種現象的一部分，他們主張重新占領波斯灣地區，並以伊斯蘭的野蠻落後做爲其論點依據。同樣值得注意的是，現在有一類「專家」正在美國聲譽鵲起，例如紐西蘭裔的凱利（J. B. Kelly），他原本是威斯康辛大學的帝國史教授，一度擔任阿布達比邦（Abu Dhabi）柴伊德邦長（Sheikh Zayid，譯注：亦爲阿拉伯聯合大公國總統）的顧問③，如今則大力批評穆斯林與西方溫和派人士，指稱後者被阿拉伯石油國家收買，並與他們畫清界線。關於凱利作品的評論雖偶見批判，但卻從未觸及其結論中明目張膽的復古心態（atavism），這段結論表現出帝國征服的純粹欲望，以及毫不掩飾的種族傾向，值得在此引述：

> 我們無法預知，西歐還有多少時間去維持或恢復它在蘇伊士運河以東地區的戰略遺產。在「不列顛強權和平」（pax Britannica）時期，也就是從十九世紀中葉直到本世紀中葉，東方海域與西印度洋沿岸風平浪靜；當地至今仍時有曇花一現的平靜，是舊日帝國秩序的遺風。如果過去四、五百年的歷史能鑑往知來，那就是脆弱的和平無法長治久安。亞洲大部分地區正快速退回到專制獨裁，非洲大部分地區則是重返野蠻落後——簡言之，就是回到瓦斯科・達・伽馬（Vasco da Gama）首次繞過好望角，為葡萄牙東方霸權奠基之前的狀況……阿曼（Oman）仍然是掌握波斯灣與其海道的鎖鑰，正如同亞丁（Aden）是控制紅海通行的的鎖鑰。西方強權已經丟失了一把鎖鑰，但另一把仍然唾手可得。但是他

們有沒有過去葡萄牙殖民地總督（captains-general）的膽識去攫取這把鎖鑰，仍然有待觀察④。

凱利暗示十五與十六世紀的葡萄牙殖民主義是當代西方政客最合宜的指南，雖然這種想法可能會令部分讀者覺得怪異，不過最能夠代表當今思潮氛圍的是凱利對歷史的簡化。他說殖民主義帶來了平靜，就好像數百萬人民的被征服不過是一首田園牧歌，被殖民的時期是這些人民最美好的歲月；他們遭凌辱的情感、遭扭曲的歷史與悲慘的命運都無關痛癢，只要「我們」能夠繼續獲取對「我們」有用的事物——珍貴的資源、地理與政治的戰略要地，以及取之不盡的廉價當地勞力。非洲與亞洲國家在數世紀殖民統治後的獨立，被蔑視為回歸野蠻落後或專制獨裁。根據凱利的看法，在他描述的舊帝國秩序解體之後，唯一的可行之道就是重新發動侵略。他慫恿西方名正言順地去攫取「我們的東西」，背後潛藏著一股對亞洲——凱利期盼由「我們」來統治——當地伊斯蘭文化的極度鄙夷。

凱利文章中的反動邏輯讓他深獲美國右翼知識界——從威廉・巴克里二世（William F. Buckley Jr.，譯注：美國保守派政論家）到《新共和》雜誌——的讚譽，我們姑且大發慈悲，暫且放過這個問題。凱利勾勒的前景更有趣的一點是：在面對雜亂、細微問題時，一體通用的解決方案非常容易受青睞，凌駕其他所有選擇，尤其是在建議對「伊斯蘭教」採取強硬手段時。沒有人會去討論葉門、土耳其、紅海彼岸的蘇丹、茅利塔尼亞、摩洛哥甚至埃及內部的狀況。媒體沉默，他們正忙著報導人質危機；學院沉默，他們正忙著爲石油業與政府獻策，預言波斯灣的大勢所趨；政府沉默，他們搜集資訊時是唯「我們的」朋友（例如伊朗國王與沙達特）馬首是瞻。「伊斯蘭教」掌握西方石油來源，如此而已，其他都無足輕重，無須在意。

就目前伊斯蘭教學術研究的情形而言，並沒有多少可以修正矯治之處。在某些方面，這個領域處於整體文化的邊緣，但在別的方面，它又很容易被政府與企業界招納。大體而言，這種情形使得學術界對伊斯蘭教的報導無法言人之所不能言，帶我們深入伊斯蘭社會表象。而且還有許多方法學與知識性的問題有待解決：所謂的「伊斯蘭行爲」（Islamic behavior）存在嗎？在不同的伊斯蘭社會中，生活層面的伊斯蘭教與教義層面的伊斯蘭教，兩者之間有何關聯？做爲一個觀念，「伊斯蘭教」對於了解摩洛哥**與**沙烏地阿拉伯**與**敘利亞**與**印尼有何助益？如同近來許多學者指出的，資本主義與社會主義、好戰精神與宿命論、普世教會主義（ecumenism）與排外主義（exclusivism），都可以同時在伊斯蘭教義中找到根源；如果我們明白了這種情形，就會察覺到學院對伊斯蘭教的描述（媒體又會再誇大嘲弄一番）與伊斯蘭世界的特定眞實之間，有著霄壤之別。

不過各界倒是有一種共識，要讓「伊斯蘭教」充當代罪羔羊，用來歸罪我們對於世界新的政治、社會、經濟模式的不滿。對右派而言，伊斯蘭教代表野蠻落後，對左派而言，代表中世紀的神權政治，對中間派而言，代表一種惹人嫌忌的異國事物。然而所有陣營一致同意，伊斯蘭世界雖然諱莫如深，但其中必然沒有多少可取之處。伊斯蘭教的主要價值在於它反共產主義，但這一點頗具諷刺意味，因爲在伊斯蘭世界中，「反共」與壓迫人民的親美政權幾乎是同義詞；巴基斯坦的齊亞・哈克（Zia al-Haq，譯注：巴基斯坦前總統、軍事獨裁者）正是最典型的範例。

本書絕不是要爲伊斯蘭教辯護——這個計畫並不可行，而且對我的目的也無助益——而是要描述「伊斯蘭教」一詞在西方世界與許多伊斯蘭社會中的運用，雖然我對後者的著墨較少。因此，批判西方世界濫用伊斯蘭教，絕對不需要以容許伊斯蘭社會中的同樣現象爲先決條件。事實上，在許多——太多了——伊斯蘭社會中，威權壓迫、剝奪人民自由、不具代表性且通常由少數人把持的政府，都假藉伊斯蘭教之名來指鹿爲馬、混淆視聽；就這方面而言，伊斯蘭教教義本身是無辜的，正如同其他偉大的普世宗教。在許多例子中，對於伊斯蘭教的濫用正好與中央集權國家的濫用權力相互呼應。

但是我仍然相信，就算我們避免將伊斯蘭世界的一切弊病歸咎於西方，對於西方對伊斯蘭教的陳述與各個穆斯林社會的回應，我們還是必須體察兩者之間的關聯。在伊斯蘭世界許多地方，西方——或爲往日的殖民強權，或爲今日的貿易夥伴——都是非常重要的對話者，有鑑於此，兩者之間的辯證交鋒創造出一種湯瑪斯・法蘭克（Thomas Franck）與愛德華・韋斯班德（Edward Weisband）所謂的「言辭政治」（word politics）⑤，這即是本書要分析、闡釋的目的。西方與伊斯蘭教的你來我往、挑戰與回應、特定論述空間的開放與關閉：這些因素組成了「言辭政治」，雙方並藉之來設定情境、爲行動找理由、排除選擇方案、逼迫對方改弦易轍。因此，當伊朗人民占領了德黑蘭的美國大使館（譯注：一九七九年十一月四日），他們反彈的不止是遜王巴勒維獲准進入美國，還有超級強權美國長年來羞辱他們的歷史：美國過去的行動對他們「說」（spoke）的是持續干預他們的生活，身爲穆斯林的他們感覺自己是被囚禁在自己的國家中，因此他們要囚禁美國人作爲人質，而且是在美國的領土——德黑蘭大使館——上進行。儘管行動本身彰顯了重點，然而卻是以言辭以及言辭預示的權力運作充當開路先鋒，並且在很大的程度上，使得行動能夠實現。

我認爲這種模式非常重要，因爲它凸顯出語言與政治現實之間密切的從屬關係，至少就伊斯蘭教的相關討論而言是如此。大部分學院派的伊斯蘭教專家最難承認的一點就是：他們身爲學者的言行，其實是植根於一種深沉而且在某些方面令人厭惡的政治環境。當代西方伊斯蘭教研究的每一個面向，都充斥著政治重要性，但是承認這項事實的作家——專家或一般作家——少之又少。儘管所有社會——伊斯蘭抑或西方——都會對異國、陌生、不同的社會產生源遠流長的政治、道德與宗教憂慮，但是照理說，討論其他社會的學術話語應該有本質上的客觀性。例如，傳統上歐洲的東方學專家總是與殖民官員有直接關聯：我們近來才逐漸了解，學術研究與直接軍事殖民征服之間緊密合作的程度（例如，備受敬重的荷蘭東方學專家斯努克・赫格隆傑（C. Snouck Hurgronje）就利用穆斯林對他的信任，在蘇門答臘島上策畫並執行荷蘭對亞齊族（Atjehnese）的殘酷戰爭⑥），既發人深省，又令人氣沮。然而相關書籍與文章仍舊源源不絕而來，宣揚西方學術研究的非政治性、東方學專家的研究成果，以及所謂「客觀」專業的價值。在此同時，幾乎每一個「伊斯蘭教」專家都曾擔任政府、企業、媒體的顧問甚至所屬人員。我要強調的是，這種合作關係必須承認並被納入考量，原因不僅關乎道德，更關乎知識。

我們認爲，討論伊斯蘭教的話語必然會受到其周遭政治、經濟與知識情境的感染，甚至完全變質，這在東方與西方都是如此。從許多顯而易見的原因看來，指稱**所有**討論伊斯蘭教的話語都與某種權威或權力有利益關聯，並非誇大其詞。另一方面，我並無意藉此斷定所有關於伊斯蘭教的研究或作品都一文不值；正好相反，我認爲這些研究作品通常頗有用處，可以當成指標來充分揭示它所效勞的利益。在與人類社會相關的事務中，我無法斷言是否有所謂的「絕對眞實」（absolute truth）或者「完全眞實的知識」（perfectly true knowledge），這類事物也許只存在於抽象世界中——這個命題倒是於我心有戚戚焉——但是在當今現實世界中，「伊斯蘭教」這類事物的眞實性，與呈現這些事物的人息息相關。必須聲明的是，這種立場並不排除知識的等級之分（好、壞、中等），也不會排除精確說明事物的可能性。這種立場只是要求，任何人在談論「伊斯蘭教」時，都必須謹記連初涉文學領域的學子都知道的原則：在寫作或閱讀關於人類實體的文本時，涉及的因素之多，絕非「客觀」之類的標籤所能涵蓋（或保護）。

這也是爲什麼我要仔細辨明產生言論的情境，爲什麼標明社會中與「伊斯蘭教」利益相關的團體似乎相當重要。就一般意義的西方世界以及特別就美國而言，「伊斯蘭教」顯然承受諸多力量的匯聚，力量一方面來自西方世界組成團體（學院、企業、媒體和政府），一方面來自對於其創造的正統觀念的順從接納。結果就是對「伊斯蘭教」的大幅簡化，以便實現各種操縱目標，諸如挑起一場新的冷戰、煽動種族仇恨、爲策畫中的侵略動員民衆、持續污衊穆斯林與阿拉伯人等等⑦。一個有趣的現象是，當穆斯林國家捐款贊助美國大學的阿拉伯或伊斯蘭研究時，自由派人士就會大聲疾呼，譴責外國勢力干預美國大學；但如果捐款贊助者是日本或者德國，風平浪靜、寂然無聲。至於企業界壓力對大學造成的影響，通常也會被認定是有益而無害⑧。

爲了避免被視作奧斯卡・王爾德（Oscar Wilde）定義下憤世嫉俗者（cynic）的翻版——知道每件事物的價格，但完全不了解其價值——我應該表明我依然認同下列諸點：有憑有據的專家意見是不可或缺的；美國身爲超級強權，對外在世界的立場與政策，都讓其他較小的強權望塵莫及；現今陰霾密布的景況仍然很有希望撥雲見日。儘管如此，我不像衆多專家、決策者與一般知識分子，我對「伊斯蘭教」這類觀念沒有那麼堅定的信念；相反地，我常認爲，對於了解人民與社會背後的動力，「伊斯蘭教」觀念帶來的阻力反而多於助益。我眞正相信的是一種批判意識確實存在，而且公民有能力也有意願運用這種批判意識，凌駕超越專家與其「公認觀念」（idées reçues）代表的特殊利益集團。只要能運用高明讀者批判性的技巧來釐清合理與不合理、質問適切的問題並要求切題的答案，任何人都可以了解「伊斯蘭教」或者伊斯蘭世界，了解生活在其中的男男女女與文化，訴說其語言，呼吸其空氣，創造其歷史與社會。人文知識從此處開展，人們也從此處開始承擔由人文知識衍生的群體責任。我寫作此書正是要推動這個目標。

第一章與第二章的部分文章曾刊登在《國家》與《哥倫比亞新聞評論》（*Columbia Journalism Review*）。我要特別感謝羅伯特・曼諾夫（Robert Manoff），他擔任《哥倫比亞新聞評論》主編的時間雖然太過短暫，然而卻使它成爲一份興味盎然的期刊。

在爲本書各章節蒐集素材時，道格拉斯・鮑德溫（Douglas Baldwin）與菲利普・席海德（Philip Shehadé）對我助益良多。保羅・黎派瑞（Paul Lipari）以其平素的文字技巧與效率謄定文稿。此外還要感激亞伯特・薩依德（Albert Said）的慷慨協助。

我要特別感謝親愛的戰友伊克巴・阿合馬（Eqbal Ahmad），他百科全書般的知識與持續不斷的關切，在我們困惑探索的時刻是一大支柱。詹姆士・培克（James Peck）讀過較早期的文稿，給我許多精湛細緻的修訂意見，當然本書仍不可免的錯誤絕對不必由他來負責，我很樂意在此肯定他不可或缺的協助。「萬神殿圖書公司」（Pantheon Books）的珍妮・莫頓（Jeanne Morton）以她的巧思與警覺爲文稿進行文字編輯，我要致上最高謝意。此外我也要謝謝安德瑞・席孚林（André Schiffrin）。

這本書獻給愛妻瑪莉安・薩依德（Mariam Said），在寫作此書期間，是她維繫了作者的生命。對於她的愛、她的陪伴以及她蓬勃的生命，我衷心感激。

薩依德

一九八〇年十月　紐約

附筆

一九八一年一月二十日，五十二位美國人在德黑蘭美國大使館被拘禁四百四十四天之後，終於離開了伊朗。幾天之後，他們返抵國門，受到舉國歡欣鼓舞的迎接。所謂的「人質歸來」成爲長達一週的媒體盛事。隨著「歸來者」被轉送至阿爾及利亞、德國、美國的西點（West Point）、華盛頓，最後回到他們各自的故鄉，電視花了許多時間做擾人而傷感的實況轉播。大部分報紙與全國性週刊都爲人質歸來發行特刊，內容從深入分析伊朗與美國之最後協議的商定過程以及協議內容，到頌揚美國人的英勇與伊朗人的野蠻，不一而足。散見其間的是人質受難的個人故事，通常會被積極的記者和一群無所不在的心理醫師加油添醋，他們急切地想詮釋人質**真正**經歷的過程。對於那種超乎象徵伊朗俘虜黃絲帶的層次，對過去與未來的嚴肅討論，新政府（譯注：指一九八一年上任的雷根政府）也爲之訂出基調、設定界線。對於過去的分析集中於美國是否應該與伊朗達成（或者是否要履行）協議。一九八一年一月三十一日，《新共和》雜誌一如預期地先對「贖金」（ransom）問題以及向恐怖分子讓步的前任卡特政府展開攻擊，然後譴責其處理伊朗方面要求的整個「法律上具爭議性的方案」（legally controvertible proposition）以及使用阿爾及利亞做爲中繼站，因爲阿爾及利亞「向來包庇恐怖分子，並爲他們帶來的贖金進行洗錢」。對於未來的討論限定於雷根政府向恐怖主義宣戰，這場戰爭取代了人權事務，成爲美國政策新的當務之急，美國甚至可以支持「溫和的壓迫性政權」（moderately repressive regimes），只要他們是美國的盟邦。

因此也難怪，彼得・斯圖亞特（Peter C. Stuart）一九八一年一月二十九日在《基督教科學箴言報》（*Christian Science Monitor*）上報導，國會可能將舉行聽證會討論：「釋放人質的協議條款……人質遭受的待遇……大使館安全問題……（做爲一種後見之明）未來的美國與伊朗關係。」與危機時期媒體探討的狹隘問題前後呼應（也有少數例外）的現象是，伊朗悲劇的眞正意涵、對於未來的意義、得到的教訓等問題都沒有進行詳盡探討。倫敦的《週日泰晤士報》（*Sunday Times*）在一月二十六日報導，卡特總統離職前據說曾建議國務院要「集聚公衆所有的注意力，以形塑一股對伊朗人的憎恨。」這則報導無論是否屬實，但至少看來合於情理，因爲對於檢討美國長期干預伊朗與伊斯蘭世界其他地區的工作，會感到興趣的官員是絕無僅有，專欄作家與記者則少之又少。許多人大談要在中東地區維持常駐部隊，相較之下，一月最後一週於沙烏地阿拉伯泰夫（Taif）舉行的伊斯蘭高峰會卻被美國媒體全然忽略。

報復的念頭以及對美國國力的宣揚，伴隨著對人質苦難遭遇與凱旋回鄉交響樂般的詳細記述。受害人直接升格為英雄（可以想見的是惹惱了數個退伍軍人與曾為戰俘者的團體）與自由的象徵，挾持他們的人則成了禽獸。《紐約時報》一月二十二日的社論就著眼於此說道：「在釋放人質的最初時刻，且讓怒火與憎恨湧現」，接著稍作省思之後，《紐約時報》又於一月二十八日提出下列問題：「什麼是我們應該做而未做的？港口布雷、埋設地雷或丟下幾枚炸彈，或許可以震懾理性的敵人，但是當時的伊朗——以及**現在**的伊朗——理性嗎？」的確，就如佛瑞德・哈勒代（Fred Halliday）一月二十五日在《洛杉磯時報》所云，伊朗有許多值得批評之處，宗教與無止境的革命混亂已經證明無法為現代化國家提供裨益大多數人民的日常決策，伊朗在國際上也是四面楚歌。而且占領大使館的學生顯然沒有善待人質，但是這五十二位人質本身並沒有誇大指稱自己遭到拷打或是有計畫的虐待：這一點在西點記者會的文字記錄中曾經提及（見《紐約時報》一月二十八日的報導），當時伊莉莎白・史薇孚特（Elizabeth Swift）清楚表明，《新聞週刊》（*Newsweek*）捏造她的談話，虛構酷刑拷打的故事（媒體又大加渲染），其實全然與事實無干。

從特殊經驗——不愉快的、痛苦的、悲慘漫長的——一躍而成為對伊朗與伊斯蘭教全面的概括，人質歸來使媒體與文化出現這種跳躍現象。換言之，為了替一種特異的失憶（amnesia）服務效勞，複雜歷史經驗背後的政治動力再一次被掩飾。我們又回歸到舊日的基本原則，鮑布・殷格（Bob Ingle）一月二十三日在《亞特蘭大憲政報》（*Atlanta Constitution*）將伊朗人貶為「基本教義派狂徒」（fundamentalist screwball），克萊爾・史特林（Claire Sterling）同一天在《華盛頓郵報》上主張，伊朗事件是所謂「驚恐前十年」（Fright Decade I）的一章，也就是恐怖分子對抗文明的戰爭。與史特林文章在同一版的比爾・格林（Bill Green）認為，「可憎的伊朗事件」提高了一種可能性，使得讓伊朗新聞得以呈現的「新聞自由」可能會被「轉化成一項武器，直接瞄準美國民族主義與自尊的核心。」這種自信與缺乏安全感的特異結合，後來卻被格林自己戳破，他質問媒體是否曾協助「我們」了解「伊朗人的革命」。馬丁・康德瑞克（Martin Kondracke）輕鬆地回答了格林的問題，他在一月二十九日的《華爾街日報》寫道：「美國電視台（例外極少）對於伊朗危機，若不是當成一場由自虐狂與暴力狂主演的怪物秀（freak show），就是當作肥皂劇來處理。」

不過還是有一些記者真正能夠反躬自省，葛林威（H. D. S. Greenway）一月二十一日在《波士頓環球報》（*Boston Globe*）上承認：「美國執著於人質危機，忽略其他迫切問題，已經損害了美國的利益。」最後他做出明確結論：「世界是多元主義的，這一現實不會改變，新政府將會受限於二十世紀末葉權力運作的實際限制。」同一天在《波士頓環球報》上，史蒂芬‧厄蘭格（Steven Erlanger）讚揚卡特解除危機，也因此使得相關爭議「少了一點激情，多了一點理性」。一月三十一日出刊的《新共和》雜誌則譴責「越來越妥協姑息的《波士頓環球報》」，主張在重建美國強權與對抗共產主義的過程中，最好將伊朗視為一種變異（aberration）。事實上，這種好戰立場已經被提升至近乎官方的美國意識形態層級，在〈美國強權的目標〉（The Purposes of American Power，《外交事務》一九八〇至八一年冬季號）一文中，羅伯特‧塔克（Robert W. Tucker）宣稱他要在重振美國聲威（resurgent America）與孤立主義（isolationism）兩派支持者之間，走出一條新路。但是對於波斯灣與中美洲，塔克建議的政策是公然干預，因為美國不能「容許」這些地區出現內部秩序變化或者蘇聯影響力擴張。在這兩種事態中，都要由美國決定何種變化可以容許，何種變化不能容許。與塔克立場一致的哈佛大學教授理查‧派普斯（Richard Pipes）則建議，新政府應該將世界重新簡單地畫分為兩大陣營：親共國家與反共國家。

如果說回歸冷戰年代在某個層面上需要一種新的武斷自信，那麼它也同時鼓勵自欺欺人之風的再度盛行。敵人包括任何要求西方省視其歷史的人，儘管他們出於自覺的成分還多過出於罪惡感：這類人士根本就受到忽略。一個具有強烈象徵意義的例子出現在西點的記者會上，一位聽眾宣稱「美國政府談論酷刑是高度僞善」，因爲美國在遜王巴勒維統治時期助紂爲虐，許多伊朗人民遭致截斷肢體的酷刑。德黑蘭大使館代辦、美國駐伊朗的資深外交官布魯斯・蘭根（Bruce Laingen）連說兩次他沒有聽到這位聽眾的問題，然後快速進行到合乎記者會宗旨的主題：討論伊朗人的殘暴與美國人的無辜。

似乎沒有任何專家、媒體人物或政府官員想過：用以隔離處理、渲染、報導非法占領使館與人質歸來事件的時間，如果能勻出一小部分來揭露伊朗遜王政權的壓迫與殘暴，不知道會有何效果。運用龐大的消息蒐羅機構，來讓有正當理由焦慮的民眾知道伊朗發生的事情，這樣的觀念沒有限制嗎？除了激起愛國心或煽動大眾對於瘋狂伊朗的憤怒，難道就沒有其他的選擇？

雖然誇張到可悲地步的事件已經告一段落，但是這些問題仍然有其意義。對於一般的西方世界以及特別是美國，努力釐清世界政治不斷變化的形態，這種做法不僅務實而且有益。「伊斯蘭教」是否只能扮演與恐怖分子有關聯的石油供應者？專注於「誰失去了伊斯蘭教？」的雜誌報導與調查、論辯與省思，是否能夠更恰當地運用在更適合國際社會與和平發展的主題上？

媒體如何更負責地運用其強大功能來裨益公眾資訊？一九八一年一月二十二日與二十八日美國廣播公司（ABC）電視網三個小時的特別節目「祕密談判」（The Secret Negotiations）提供了一些線索。爲了呈現促成人質獲釋的各種途徑，節目提出許多先前不爲人所知的資料，節目中最動人的時刻，就是當不自覺與根深柢固的心態突然被揭露之時。

其中一個例子就是克里斯欽・布爾傑（Christian Bourguet）描述一九八〇年三月底他在白宮晉見卡特總統的經過。布爾傑是一位與伊朗方面素有來往的法國律師，並擔任美國與伊朗的中間人。他來到華府的原因是，儘管先前已經與巴拿馬達成協議，要逮捕伊朗遜王，但遜王又突然前往埃及，因此事情又回到原點。

> 布爾傑：（卡特）有一次談到人質，他說，你知道他們是美國人，是無辜的。我回答他，是的，總統先生，我了解您說他們是無辜的，但是我認為您也必須了解，對伊朗人而言，他們並不無辜。就算他們個人並沒有做出什麼事，他們仍非無辜，因為他們是外交官，代表一個曾對伊朗做出某些事情的國家。您必須了解，這場行動並不是針對他們個人。這一點您當然看得出來。他們並沒有受到傷害，沒有人想殺害他們。您必須了解這是一個象徵，我們必須在象徵的層面上來思考這樁事件。

事實上，卡特似乎的確曾以象徵方式來看待大使館占領事件，但是與布爾傑不一樣，他有自己的思考架構。對他而言，被劫持的美國人根本就是無辜的，而且與歷史無干：他後來在另一個場合表示，伊朗對美國的怨恨是古老的歷史。現在重點在於伊朗人是恐怖分子，而且可能向來就是個隱伏的恐怖分子國家。其實任何厭惡美國並拘留美國人士的人，都是既危險又病態，逾越理性、逾越人性、逾越共通的情理。

對於外國人對美國長期支持當地獨裁者的感受，以及在德黑蘭被非法拘留的美國人經歷的遭遇，卡特無法體認兩者之間的關聯，這是極具病徵意義的現象。就算一個人徹底反對挾持人質，就算他對人質歸來的感受完全是正面的，然而對於官方帶動的、淡忘某些特定眞實的全國性趨勢，還是有值得警惕、學習的教訓。所有民族與國家的關係都涉及兩邊，沒有任何事物能命令「我們」去喜愛或贊同「他們」，但是我們至少要認同：(a)「他們」存在於那個地方；(b)對「他們」而言，「我們」是指我們的實際狀況，再加上他們對於我們的經驗與認知。這並不是無辜或有罪、愛國或叛國的問題。沒有任何一邊能完全掌控眞實而無視於另一邊的存在。當然，除非身爲美國人的我們相信另一邊在本質上是罪惡的，而我們則是無辜的。

現在來看看媒體提供的另一項有用的資料，是一九七九年八月十三日大使館代辦布魯斯・蘭根從德黑蘭拍發給國務卿賽勒斯・范錫（Cyrus Vance）的一封機密電報，內容完全符合卡特與布爾傑會談時的心態。這封電報刊登在一九八一年一月二十七日的《紐約時報》專欄版，用意也許是想讓國人更注意伊朗人的眞面目，也許只是要做爲剛落幕危機的一個諷刺性注腳。但是蘭根的電報並非針對他討論主題「波斯人心態」（Persian psyche）所做的科學性報告，儘管作者僞裝成平靜客觀，對於當地文化具備專業知識。我認爲其內容毋寧是一篇意識形態聲明，刻意要將「波斯」轉化成不具時間性、令人極爲不安的存在本質，從而在談判中強化美國這一方的道德優越與國民的健全。因此每一句對於「波斯」的斷言都令其形象雪上加霜，同時保護美國不被檢視與分析。

這種自我蒙蔽是以兩種言辭方式來達成，值得在此細究。首先，片面抹殺歷史：「伊朗革命的影響」被保留下來用以解釋「波斯人心態」背後「相當一致的……文化與心理素質。」因此現代的伊朗遂成爲穿越時光，來到現下的波斯。這種手法的不科學呈現會讓義大利人變成"dagoes"」（譯注：對義大利人、西班牙人、葡萄牙人的蔑稱）、猶太人成了"yids"（譯注：對猶太人的蔑稱）、黑人成了「黑鬼」（niggers）（與彬彬有禮的外交官相較，街頭混混還眞是誠實多了！）其次，所謂「波斯的」國民特質在描述時只參照了伊朗人想像出來的（也就是說偏執的）現實感，蘭根既沒有記錄伊朗人背叛與痛苦的眞實體驗，也不容許伊朗人根據美國在伊朗的作爲，來塑造他們對美國的觀感。這並不是說美國在伊朗沒有做任何事，而是意味著美國有權我行我素，不必理會伊朗人無足輕重的怨言或反應。蘭根對伊朗只在乎一件事：凌駕其他所有眞實之上的、**一成不變**的「波斯人心態」。

大部分看過蘭根電報的讀者都承認——連蘭根自己無疑也是如此，一個人不應該將其他民族或社會化約成這麼簡單刻板的核心。今日的公眾話語已經不容許大家如此談論黑人與猶太人，就像我們會對伊朗人把美國描述成「大撒旦」（the Great Satan）一笑置之。太簡化、太意識形態化、太種族主義。但是對於「波斯」這個特定敵人，化約卻很有用處，裴瑞茲在《新共和》雜誌上引述了一篇種族主義色彩明顯的文章（一九八一年二月七日），作者是十七世紀的英國人。裴瑞茲稱這篇論「突厥人」（The Turks）的文章是研究中東文化之學生的必讀「經典」，能夠讓我們了解穆斯林的行爲方式。如果今天有人刊行一篇十七世紀論「猶太人」的文章，充當了解「猶太人」行爲的指南，不知裴瑞茲會有何感想。問題在於，如果說——正如我將要論證的，蘭根與裴瑞茲這類文件既不能讓讀者了解伊斯蘭教或伊朗，在美國與革命後伊朗的緊張態勢中，對於指導西方在伊朗的行動也毫無貢獻。那麼這類文件到底所爲何來？

蘭根主張，無論發生什麼情況，總是有一種「波斯人習性」（Persian proclivity）要抗拒「理性（以西方觀點來看）談判過程這個觀念本身」。我們可以理性，波斯人做不到。爲什麼？蘭根說，因爲波斯人一切以自我爲中心；現實在他們看來險惡詭譎；這種

「怪異的心態」使他們傾向於只顧眼前近利，不顧長期收穫；伊斯蘭教全知全能的神使他們無法理解因果關係；對他們而言，話語和現實並沒有關聯。總之，根據蘭根從分析中撮取的五項心得，他筆下的「波斯人」是個靠不住的談判者，無法體認「另一方」的存在，無法信任別人，缺乏善意，也缺乏足以確保諾言履行的性格。

這種看似適切的提議，其妙處在於，那些無憑無據怪罪到波斯人或穆斯林身上的事物，幾乎都可以回敬給「美國人」，也就是這封電報半虛構的、不具名的作者。除了「美國」之外，還有誰會否定歷史與現實，武斷地說這兩者對「波斯人」毫無意義？現在讓我們來玩一場猜謎遊戲：爲蘭根賦予「波斯人」的每一項特質，在猶太—基督教文化與社會中尋找其對應。一切以自我爲中心？盧梭（Jean Jacques Rousseau）；險惡詭譎的現實？卡夫卡（Franz Kafka）；神的全知全能？《舊約聖經》與《新約聖經》；無法理解因果關係？貝克特（Samuel Beckett）；「怪異的心態」？紐約證券交易所（New York Stock Exchange）；混淆話語和現實？奧斯汀（John Langshaw Austin，譯注：英國語言哲學家）與瑟爾（John Searle，譯注：美國哲學家）。然而鮮少有人在建構西方本質的圖像時，會只運用克里斯多佛・萊許（Christopher Lasch，譯注：美國歷史學家）的論自戀癖（narcissism）、某個基本教義派宣揚者的話語、柏拉圖（Plato）的對話集《克拉梯樓斯篇》（*Cratylus*）、一兩句廣告詞，以及（用來說明西方無法相信現實的穩定或善意）奧維德（Ovid）的《變形記》（*Meta-*

morphoses），再潤飾以《舊約聖經》中〈利未記〉（Leviticus）的幾段文字。

蘭根的電報在功能上就對應於這樣一幅圖像，放在不同背景之中，它頂多是一張諷刺漫畫，最糟也不過是一次手法粗糙、損害效果有限的攻擊。它連充當心理戰的材料都不夠格，因爲其中作者自曝其短的成分更甚於對敵人的批判。例如它呈現出作者面對他交涉的人物時會極度焦慮；看待別人時只能將對方當成自我形象的反映。作者理解「伊朗的」觀點或這場伊斯蘭革命——後者可以認定是源出於忍無可忍的**波斯**暴政以及推翻它的必要性——的能力到底在哪裡？

至於談判過程合理性中的善意與信賴，就算不提一九五三年的事件（譯注：指一九五三年由美國中央情報局策動，推翻伊朗民選政府、扶植巴勒維國王復辟成功的政變），另一場企圖反制伊朗革命的軍事政變還是值得深究，那是由美國的惠瑟（Robert Huyser）將軍在一九七九年一月底直接策動。多家美國銀行（它們過去對巴勒維國王通常是儘量通融）也採取行動，它們在一九七九年間準備撤銷與伊朗兩年前簽訂的貸款，理由是伊朗沒有按時繳息；然而法國《世界報》（*Le Monde*）記者艾瑞克・盧婁（Eric Rouleau）在一九七九年十一月二十五日與二十六日報導，他看過證據，顯示伊朗實際上是在到期日**之前**就繳付了利息。難怪「波斯人」要將交涉對象看成敵人。這個對象**的確是**個敵人，而且非常危險：

蘭根已經說得很淸楚。

但是，且讓我們承認最重要的問題是準確而非公平，美國派駐當地的人員是要對華府提出建議。蘭根的憑藉是什麼？一小撮東方學專家的陳腔濫調，可能是從阿弗雷德・李奧爵士（Sir Alfred Lyall）對東方心靈的描寫，或者克羅莫勛爵（Lord Cromer）對付埃及原住民的報告中原文照搬。依照蘭根的說法，當時的伊朗外長易卜拉欣・雅茲迪（Ibrahim Yazdi）拒絕接受「伊朗的行爲會影響美國對伊朗的看法」的觀念，但美國的決策者已經願意接受「美國的行爲會影響伊朗對美國的看法」的觀念，如果眞是這樣，爲什麼美國還會容許伊朗遜王入境？難道我們就像波斯人一樣「厭惡爲自身的行爲負責」？

蘭根的電報是欠缺資訊、欠缺智謀的強權產物，而且對於了解其他社會也沒有助益。做爲一個說明我們要如何面對世界方式的例證，它無法激勵信心。做爲一幅漫不經心的**美國人**自畫像，它簡直就是侮辱。那麼蘭根的電報到底有何用處？它告訴我們，美國的代表以及東方學專家體系的一大部分，是如何創造出一種眞實，但既不能對應我們的世界，也不能對應伊朗人的世界。但是如果蘭根的電報仍然不足以證明這種誤現最好永遠揚棄，那麼將來美國人勢必會陷入更多的國際紛爭，而且，美國人的無辜會再度受到徒勞無功的侵犯。

即使伊朗與美國曾經歷痛苦的掙扎，即使占領大使館事件代表整個伊朗已落入欠缺生產力、衰退惡化的混亂之中，仍然沒有必要得意揚揚地從最近的歷史中汲取一知半解的心得。事實上，就像「西方」內部一樣，「伊斯蘭教」內部正在發生變化，雙方的模式與步調各有千秋，但是所遭遇的危險與疑慮仍有近似之處。做爲支持者的戰鬥口號，「伊斯蘭教」與「西方」（或「美國」）提供的煽動遠多於洞察。做爲混淆新近事實、針鋒相對的反應，「伊斯蘭教」與「西方」會將分析轉化成簡單的二元對立，將經驗轉化成狂想。與衝突和過度簡化的敵意相較，對人類經驗具體細微處的尊重、從同情看待「他者」而產生的理解、憑藉道德與知性誠實獲得並傳播的知識，應該是較好甚至較容易達成的目標。而且在這樣的過程中，如果我們能淸除殘餘的敵意，淸除「穆斯林」、「波斯人」、「突厥人」、「阿拉伯人」或「西方人」之類惡意概括的標籤，那麼事情將會變得更爲美好。

薩依德

一九八一年二月九日　紐約

注釋

①Edward W. Said, *Orientalism* （New York: Pantheon Books, 1978; reprint ed., New York: Vintage Books, 1979）.

②Edward W. Said, *The Question of Palestine* （New York: Times Books, 1979; reprint ed., New York: Vintage Books, 1980）.

③參見 Robert Graham, "The Middle East Muddle," *New York Review of Books*, October 23, 1980, p. 26.

④J. B. Kelly, *Arabia, The Gulf, and the West: A Critical View of the Arabs and Their Oil Policy* （London: Weidenfeld & Nicolson, 1980）. p. 504.

⑤Thomas N. Franck and Edward Weisband, *Word Politics: Verbal Strategy Among the Superpowers* （New York: Oxford University Press, 1971）.

⑥參見 Paul Marijnis, "De Dubbelrol van een Islam-Kennen," *NRC Handelsblad*, December 12, 1979. Marijnis 的文章是評論荷蘭來登大學神學教授 van Koningveld 對 Snouck Hurgronje 的研究。十分感謝 Jonathan Beard 向我介紹這篇文章，並由 Jacob Smit 教授翻譯。

⑦ Noam Chomsky and Edward S. Herman, *The Washington Connection and Third World Fascism and After the Cataclysm: Postwar Indochina and the Reconstruction of Imperial Ideology*, vols. 1 and 2 of *The Political Economy of Human Rights*（Boston: South End Press, 1979）對整體脈絡做了非常全面的闡述。Ronald T. Takaki, *Iron Cages: Race and Culture in 19th Century America*（New York: Alfred A. Knopf, 1979）則對十九世紀的情形提供了珍貴的分析。

⑧想了解大型企業如何介入大學運作，見 David F. Noble and Nancy E. Pfund, "Business Goes Back to College," *The Nation*, September 20, 1980, pp.246-52.

新聞中的伊斯蘭教

ISLAM AS NEWS

爲了向美國人說明替代性能源來源的重要，紐約的「聯合愛迪生」（Consolidated Edison）電力公司在一九八〇年夏天推出一部引人注目的廣告。影片片段帶出幾個一望即知的石油輸出國家組織人物——阿合馬・雅曼尼（Ahmed Z. Yamani，譯注：沙烏地阿拉伯前任石油部長，石油輸出國家組織代表人物）、格達費；還有一些較不知名、身著長袍的阿拉伯人，照片與影片並交替呈現其他與石油及伊斯蘭教有關聯的人物：何梅尼、阿拉法特、哈費茲・阿塞德（Hafez al-Assad，譯注：敘利亞已故獨裁者）。廣告中雖然沒有提到這些人物的名字，但是嚴肅警告我們：「這些人」控制著美國的石油來源。陰沉的背景旁白並未說明「這些人」到底是誰、來自何方，只是讓人覺得這批清一色男性的惡棍已經使美國人落入極度虐待狂的掌握之中。「這些人」只要像過去出現在報章電視上一樣再度現身，就能夠令美國觀眾感受到混合著憤怒、憎恨與恐懼的情緒。而聯合愛迪生公司爲了其商業理由，就是要激發並利用這些感受。曾任卡特總統內政顧問、後爲柯林頓政府高層官員的斯圖亞特・艾森斯泰特（Stuart Eizenstat），他在一九九六年曾敦促柯林頓總統採取「強勢步驟，動員全國來因應眞正的危機與明確的敵人——石油輸出國家組織。」

聯合愛迪生公司廣告中有兩項因素，構成這本書的主題。其中之一當然就是伊斯蘭教，或者應該說是伊斯蘭教在西方——尤其是美國——的形象。另一項則是這幅形象在西方——特別是在美國——的運用。我們即將看到，這兩項因素之間的關聯性，最終會使得它們揭露西方、美國與揭露伊斯蘭教的程度不相上下，後者的具體性與趣味還略遜前者一籌。不過在我們檢視現階段情況之前，先來回顧一下伊斯蘭教與基督教西方的歷史關係。

從至晚十八世紀末直到今日，現代西方對於伊斯蘭教的反應一直被一種極端簡化的思考模式所主宰，我們或許可以稱之爲「東方學專家」。東方學專家思考模式的共通基礎是一道想像的但涇渭分明的地理界線，將世界畫分成兩個不對等的部分，比較大的、「不一樣的」那部分叫做東方；另外一個也就是「我們的」世界，則稱之爲西方（the Occident 或 the West）①。當一個社會或文化認定另一個社會或文化不同於它自身時，必然會出現這種分別。不過有趣的是，儘管東方向來被看做是這世界上較弱勢的一部分，它總是被認定爲比西方更廣大、更有潛力（通常是毀滅性的力量）。伊斯蘭教一直被歸類於東方，它在東方主義整體架構中的命運，首先是被當成一個龐大堅定的實體，然後飽受極不尋常敵意與恐懼的對待。這種現象背後當然有許多宗教、心理與政治的原因；不過所有的原因都出於一種意識：就西方而言，伊斯蘭教不僅代表可怕的競爭者，更代表對基督教後來居上的挑戰。

中世紀時代大部分時期以及文藝復興早期，歐洲都視伊斯蘭教爲一種叛教、褻瀆、晦澀的邪惡宗教②。穆罕默德在穆斯林心目中是先知而不是神，這點似乎並不重要；基督教徒在乎的是認定穆罕默德爲一個假先知、混亂的播種者、好色之徒、僞君子與魔鬼代言人。這種對穆罕默德的觀點並不完全屬於教義層面。眞實世界中的眞實事件使伊斯蘭教化身爲一股可觀的政治力量。數百年來，強大的伊斯蘭陸、海軍威脅著歐洲，摧毀其前哨站，在其領域中殖民。它猶如一種更年輕、更剛健、更有活力的基督教在東方崛起，具備了古希臘的學術知識，單純、無畏與好戰的信念使它朝氣蓬勃，準備要一舉摧毀基督教。儘管後來伊斯蘭世界江河日下，歐洲則蒸蒸日上，但是對於「穆罕默德教」（Mohammedanism，譯注：西方近代對伊斯蘭教的誤稱，穆斯林認爲此名違背其一神論信仰）的恐懼一直陰魂不散。伊斯蘭世界比全球其他非基督教宗教更接近歐洲，就是這種毗鄰關係喚起了對於伊斯蘭入侵歐洲以及其潛藏力量的記憶，一而再再而三，令西方困擾不已。東方其他偉大文明——諸如印度與中國——都被視爲落居下風且距離遙遠，因此不會讓西方寢食難安。只有伊斯蘭教似乎從來不曾全然降服於西方，而且原油價格在一九七〇年代前期一飛沖天之後，穆斯林世界早年的征服大業似乎又將捲土重來，令整個西方世界不寒而慄。一九八〇與九〇年代「伊斯蘭恐怖主義」（Islamic terrorism）的勃興，更深化、強化了這種震驚感。

到了一九七八年，伊朗占據舞台中央，讓美國人感受到與日俱增的焦慮與激情。很少有國家像伊朗一樣，雖遙遠荒邈，迥然不同，卻與美國人產生如此密切的關聯。美國人似乎也從來沒有這麼一籌莫展，這麼無力無助，只能坐視戲劇化的事件紛至沓來。他們無法忘卻伊朗的存在，因爲在許許多多層面上，伊朗都以一副桀驁不遜的姿態侵犯他們的生活。在能源短缺期間，伊朗是主要的石油供應國；它所處地區向來被認爲是動蕩不安的兵家必爭之地。伊朗身爲美國的重要盟邦，在美國的全球擘畫中，伊朗失去了君主政權、軍隊與價值，這些都發生在持續一年的激烈革命動亂中，其規模之大，是一九一七年十月俄羅斯革命以來所僅見。一種自稱屬於伊斯蘭、似乎頗受歡迎而且反帝國主義的新秩序，在掙扎中誕生。何梅尼阿亞圖拉（Ayatollah，譯注：什葉派宗教領袖）的形象與現身占據了媒體，但媒體只是把他描述成強硬頑固、大權在握，而且對美國懷恨在心。到最後，由於遜王巴勒維在一九七九年十月二十二日入境美國，一群伊朗學生遂於十一月四日攻占美國駐德黑蘭大使館，許多美國人淪爲人質，一年多之後才獲釋。

對於伊朗諸多事件的反應，並不是發生在一無依傍的眞空之中。在公衆的文化潛意識背後，有一種對於伊斯蘭教、阿拉伯人與整體東方的長遠心態，我稱之爲「東方主義」。無論是最近出版且頗獲好評的小說如奈波爾（V. S. Naipaul）的《大河灣》（*A Bend in the River*）與約翰・厄普戴克（John Updike）的《政變》（*The Coup*），或者是小學歷史教科書、漫畫、電視影集、電影與卡通，伊斯蘭教的形象都如出一轍，無所不在，而且都取材自對於伊斯蘭教長期以來的觀點：也就是經常將穆斯林嘲弄貶抑爲石油販子、恐怖分子，以及新近出現的殘酷暴民。相反地，無論是在一般文化或特別是在對於非西方人的討論中，都很少看到以同情態度來談論甚或思索——更不用說是描繪——伊斯蘭教或任何伊斯蘭事物。如果要他們舉出一位**現代**伊斯蘭作家，大部分人恐怕只能舉出哈里爾・紀伯倫（Khalil Gibran），實則他並非伊斯蘭作家〔譯注：紀伯倫爲黎巴嫩人，《先知》（*The Prophet*）一書作者，出身馬龍派基督教徒家庭〕。專攻伊斯蘭教的學院專家面對這個宗教與其中多種文化時，通常會局限於一種虛構的或是文化決定論的意識形態框架，其中充斥著激情與防禦性偏見，甚至是強烈的反感；因爲有這種框架，**理解**伊斯蘭教遂成爲一樁艱鉅的工作。從一九七九年春天媒體對於伊朗革命的諸多深度探討與採訪來看，除了將這場革命認定爲美國的挫敗（當然就某種特殊意義而言，的確是如此）或者黑暗擊退光明的勝利之外，其他觀點乏人問津。

對伊朗的關注持續至一九九〇年代。冷戰結束之後，伊朗與伊斯蘭教都成爲美國最主要的外國仇敵。伊朗被認定是恐怖主義國家，因爲它支持黎巴嫩南部眞主黨之類的團體——眞主黨在以色列入侵黎巴嫩之後成立，目標是要反抗以色列對黎南的占領，並且被指控輸出基本教義派，而且伊朗對於美國在中東地區——特別是波斯灣——霸權的頑強反抗，特別令人忌憚。《洛杉磯時報》伊斯蘭教專家羅蘋・萊特（Robin Wright）在一九九一年一月二十六日的專欄中寫道，美國與西方政府官員仍然在找尋對付「伊斯蘭挑戰」（Islamic challenge）的策略，萊特引述一位不具名的布希政府「高層」官員的話，他承認：「我們對付伊斯蘭教時，必須比三、四十年前對付共產黨更精明。」這一整篇五欄的文章雖然也提及將「衆多國家」簡化的危險，但是其中唯一的照片是何梅尼。何梅尼與伊朗具體呈現了所有伊斯蘭教的可憎之處，從恐怖主義、反西方心態，到「主要的一神教國家中，唯一還會發布一套控馭社會法規以及精神信仰的國家。」文章中完全沒有提到，就連在伊朗內部，對於這些法規甚至「伊斯蘭教」的定位都有重大且持續不斷的爭議，對於何梅尼貢獻的質疑也是針鋒相對。光是用「伊斯蘭教」這個字眼就足以涵蓋「我們」觀照全世界時的憂慮。雪上加霜的是，柯林頓政府已經提出法案，要懲罰其他與伊朗（以及利比亞、古巴）進行貿易的國家（譯注：這項名爲「伊朗—利比亞制裁法」的法案已在一九九六年獲國會通過）。

在輔助說明這種對伊斯蘭教的普遍敵意時，奈波爾的角色耐人尋味。他接受《國際新聞週刊》（*Newsweek International*）專訪（一九八〇年八月十八日刊出）時談到自己正在寫一本關於「伊斯蘭教」的書，然後主動說道：「穆斯林基本教義派缺乏知識性的實質內容，因此必將崩潰。」但是對於他所說的是哪一種穆斯林基本教義派，以及他所想的是哪一種知識性實質內容，奈波爾都沒有明言：伊朗無疑是他意中所指，但此外還有——以同樣曖昧的用語——整個戰後第三世界的伊斯蘭反帝國主義風潮，奈波爾對之發展出一種特別強烈的厭惡，《在信徒的國度：伊斯蘭之旅》（*Among the Believers: An Islamic Journey*）一書中顯露無遺。在奈波爾小說近作《游擊隊》（*Guerrillas*）與《大河灣》中，伊斯蘭教是探討的對象，也是奈波爾對於第三世界全面（受到自由派西方讀者歡迎）指控的一部分；這個第三世界是他雜湊了幾個怪異統治者的貪污腐敗、歐洲殖民主義的終結與後殖民時期重建本土社會的努力，來說明非洲與亞洲全面的知性敗壞。「伊斯蘭教」在奈波爾筆下獨挑大樑，無論是表現在讓可悲的西印度群島游擊隊員取伊斯蘭姓氏，還是表現在非洲奴隸買賣的遺風。對奈波爾與其他讀者而言，「伊斯蘭教」可以用來涵蓋一個人基於文明、西方的理性觀點所最無法認同的全部事物③。

小說家、記者、決策人士與「專家」在處理「伊斯蘭教」或者現今運行於伊朗與穆斯林世界其他地區伊斯蘭教時，宗教熱情、爭取正義的奮鬥、凡夫俗子的弱點、政治競爭，以及被如實面對的男性、女性與社會歷史，這些因素似乎都渾然不分。「伊斯蘭教」看來就像呑沒了多樣化穆斯林世界的所有層面，將它們全部化約爲一種特別惡毒而且欠缺思維能力的本質。出現的結果大部分都不是分析與理解，而是形態最粗糙的「我們對抗他們」（us-versus-them）。無論伊朗人或穆斯林如何說明他們的正義感、他們被壓迫的歷史、他們自家社會的展望，似乎都無關緊要；美國重視的是這場「伊斯蘭革命」的發展進程，有多少人被伊朗革命委員會（Komitehs）處決，何梅尼又以伊斯蘭教之名下令執行多少樁怪異的暴行。當然，沒有人會將瓊斯鎭〔Jonestown，譯注：一九七八年，宗教領袖吉姆・瓊斯（Jim Jones）創立的「人民廟堂」（People's Temple）有九百一十四名信徒在南美洲蓋亞那的叢林中集體自殺，瓊斯本人也自殺身亡。〕的大屠殺、奧克拉荷馬市爆炸案的毀滅性恐怖、對中南半島的蹂躪這些事件，等同於基督教、西方或美國文明整體。這種等同方式只保留給「伊斯蘭教」。

爲何這一系列的政治、文化、社會，甚至經濟事件，似乎都那麼容易以條件反射的（Pavlovian）方式化約成「伊斯蘭教」？「伊斯蘭教」到底有什麼因素會激發如此快速而過度的反應？對西方人而言，「伊斯蘭教」與伊斯蘭世界在哪些方面有別於第三世界其他部分與冷戰時期的蘇聯？這些問題絕不簡單明瞭，因此必須藉由逐項討論、設定許多條件與區別的方式來回答。

用來指稱龐大複雜實體的標籤，其曖昧含混已是惡名昭彰，但同時又是無可避免。如果「伊斯蘭教」的確是個模糊且充滿意識形態的標籤，那麼「西方」與「基督教」也同樣是問題叢生。然而，要避開這些標籤並非易事，因爲穆斯林談論伊斯蘭教、基督教徒談論基督教、西方人談論西方、猶太人談論猶太教，以及他們在談論另一方時，似乎都是自信滿滿、斬釘截鐵。我並不想建議如何迴避這些標籤，我認爲更能夠立竿見影的做法是：開宗明義就承認，做爲文化史整體的一部分而非客觀的分類法，「標籤」確實存在而且行之有年：本章稍後我會將它們定位成詮釋方式，是由我所謂的「詮釋社群」（communities of interpretation）爲其自身之目的而創造的。因此我們要謹記，「伊斯蘭教」、「西方」甚至「基督教」這類標籤在使用時，至少有兩種運作方式，並製造出至少兩種意義。首先是單純的指稱功能，例如我們說何梅尼是穆斯林或教宗若望保祿二世是天主教徒。這種聲明告訴我們某件事物與其他事物相區隔的最基本資訊。在這個層面，我們區分橘子與蘋果（就如同我們區分穆斯林與基督教徒）的地步只限於我們知道它們是不同的水果，生長在不同的果樹上等等。

這些標籤的第二種功能是要製造一種更為複雜的意義。今日在西方提到「伊斯蘭教」這個字眼，會意指我先前論及的許多不愉快事物。更有甚者，「伊斯蘭教」不可能意指一個人以直接或客觀方式獲致的知識。我們對「西方」的用法亦可做如是觀。憤怒或武斷地使用這些標籤的人們中，有多少能夠確實掌握西方傳統的所有層面、伊斯蘭律法，或伊斯蘭世界的實際語言？顯然少之又少，但是這種情形並無法阻止人們自信滿滿地描述「伊斯蘭教」與「西方」的特質，或是自以為通曉自己正在談論的事物。

因此我們要嚴肅面對標籤，對於一個談論「西方」的穆斯林，或者一個談論「伊斯蘭教」的美國人，這些廣泛的概括化背後有一整套同時授予（enabling）又剝奪（disabling）的歷史。這些標籤帶有意識形態，充滿強烈情感，其生命力更甚於許多經驗，而且能夠適應新的事件、訊息與眞實。現今「伊斯蘭教」與「西方」在每個地方都再度呈現出強大的迫切性。我們必須立刻指出，與伊斯蘭教彼此針鋒相對的似乎永遠是西方而非基督教，為什麼？因為人們認定，雖然「西方」在概念上大於其主要宗教基督教，而且其發展也超越了基督教的階段，但是伊斯蘭世界——儘管包括不同的社會、歷史與語言——仍然陷溺於宗教、原始與落後。因此西方是現代化的，整體大於其部分的總和，百花齊放，百家爭鳴，但其文化認同永遠是「西方的」；相較之下，伊斯蘭教只不過是「伊斯蘭教」，可以化約爲一小撮陳陳相因的特質，儘管從表面上就可看出，其衝突的出現與多樣性的經驗和西方一樣豐富。

有個例子可以說明我的意思，那是週日《紐約時報》〈一週新聞評論〉（News of the Week in Review）一九八〇年九月十四日的一篇文章。作者約翰・齊夫納（John Kifner）是《紐約時報》派駐貝魯特幹練的特派員。文章主題是蘇聯對穆斯林世界的滲透。齊夫納的觀念從這篇文章的標題「馬克思與清眞寺漸行漸遠」（Marx and Mosque Are less Compatible Than Ever）便呼之欲出，不過最值得注意的是他運用伊斯蘭教，將抽象觀念與極爲複雜的眞實做直接而薄弱的連結，這種做法在其他情形下都無法被接受。就算我們承認伊斯蘭教與其他宗教不同，說它是極權主義形態，而且政教不分、宗教與日常生活合一；但是在底下引述的文章中，還是有一種特別地——或許還是刻意爲之——無憑無據、了無新意，雖也相當傳統的成分：

> 莫斯科影響力消退的原因再簡單不過：馬克思與清真寺並不相容。〔那麼我們是否要假定馬克思與教堂或是寺廟較能夠相容？〕西方心靈〔這是重點，顯而易見〕從宗教改革運動以來就在歷史與知識的發展中逐步調適，宗教扮演的角色不斷萎縮，因此很難理解伊斯蘭教〔想當然爾是

沒有受到歷史或知識的調適）的力量。然而幾個世紀以來，伊斯蘭教就是這個地區生活的中流砥柱，而且至少就目前而言，它的力量仍然持續高漲。對伊斯蘭教而言，政教是不分離的。它是個完整體系，不僅涵蓋信仰，也涵蓋行動，為日常生活訂出清規戒律，還有一種以救世主自居的的衝動要去打擊或轉化異教徒。對於信仰虔誠的人來說，特別是對學者與教士，同時也包括群眾（換言之，無人能夠倖免），馬克思主義及其本身對人類全然世俗化的觀點，不僅來自異域，更屬異端。

齊夫納不但忽略歷史以及馬克思主義與伊斯蘭教之間雖有限但有趣的連串對比（這是羅丁森的研究，他在一本著作中嘗試解釋爲何長年下來，馬克思主義在伊斯蘭社會中似乎略有進展④），而且他的論證也是奠基於「『伊斯蘭教』與西方」這個隱而不顯的比較。與單調、冥頑不靈、極權的伊斯蘭教相比，西方變化多端，無法一概而論。有趣的是，齊夫納大可以放言高論，不必擔心被視爲錯誤荒謬。主要問題就在於，像齊夫納這樣的評論者可以從伊斯蘭教草率引伸，將龐大複雜的眞實予以抽象化，絲毫不曾猶疑。

伊斯蘭教對抗西方：這是衆聲喧嘩的變奏之下的基礎低音，歐洲對抗伊斯蘭教——

美國對抗伊斯蘭教也是一樣——就是被它涵蓋的命題⑤。不過整個西方差異甚大的具體經驗，也扮演重要角色。因爲美國與歐洲對伊斯蘭教的覺察，其間有極爲重要的分別。例如法國與英國，一直到近代都還占有廣大的穆斯林帝國，也有與伊斯蘭教直接交往的長久傳統；義大利與荷蘭稍遜一籌，兩國也都有穆斯林殖民地⑥。此外，數百萬來自非洲與亞洲的穆斯林如今住在法國與英國的都會中。這些現象都反映在歐洲著名的東方主義學派上，擁有穆斯林殖民地的國家，以及想要占有穆斯林殖民地、鄰近穆斯林疆域、本身曾爲穆斯林國度的國家（德國、西班牙、革命前的俄羅斯）都有東方主義學派。今日俄羅斯與其加盟共和國有五千多萬穆斯林；在一九七九至一九八八年間，蘇聯曾軍事占領穆斯林國家阿富汗。但是美國從來沒有發生過足堪比擬的類似事件，雖然美國的穆斯林人數與日俱增，而且寫作、探索或者談論伊斯蘭教的人士之多，也是史無前例。

美國對於伊斯蘭教缺乏殖民的歷史，也沒有長期的文化關注，這些因素使得當前美國對於伊斯蘭教的著迷更加特異、抽象、間接。比較起來，很少美國人曾經與眞正的穆斯林打交道；對照法國來看，法國人數次多的宗教正是伊斯蘭教，雖然這未必能讓伊斯蘭教更受歡迎，但必定會讓它更廣爲人知。現代歐洲對於伊斯蘭教興趣的勃發，是所謂「東方復興」（the Oriental renaissance）的一部分，這是指十八世紀末葉到十九世紀前期的一段時期，當時法國與英國的重新發現了「東方」——印度、中國、日本、埃及、美索不達米亞、聖地（Holy Land，譯注：指耶路撒冷所在的巴勒斯坦）。無論好歹，伊斯蘭教總是被視爲東方的一部分，分享其神祕、異國情調、腐化與潛力。的確，伊斯蘭教在數世紀前曾經帶給西方直接的軍事威脅；而且在中世紀與文藝復興早期，伊斯蘭教也對基督教思想家造成困擾，他們數百年來一直將伊斯蘭教與其先知穆罕默德視爲罪大惡極的叛教者。不過至少對許多歐洲人而言，伊斯蘭教是一種長期的宗教文化挑戰。它並沒有阻止歐洲帝國主義在伊斯蘭領域建立其機構。無論歐洲與伊斯蘭教之間敵意有多深，雙方還是會有直接來往，而且對歌德（Johann Wolfgang von Goethe）、格哈德・狄・聶瓦（Gérard de Nerval，譯注：十九世紀法國詩人）、理查・波頓（Richard Burton，譯注：十九世紀英國探險家、作家，曾考察伊斯蘭教聖地麥加與麥地那）、福樓拜（Gustave Flaubert）、路易斯・馬西格農（Louis Massignon，譯注：二十世紀法國伊斯蘭教專家）等詩人、小說家與學者來說，更綻放出想像力與優雅精練。

但是儘管有這些與其他類似的人物，伊斯蘭教在歐洲從未受到歡迎，從黑格爾到史賓格勒（Oswald Spengler），大部分偉大的歷史哲學家都對伊斯蘭教興趣缺缺。在一篇冷靜明晰的文章〈伊斯蘭教與歷史哲學〉（Islam and the Philosophy of History）之中，亞伯特・胡拉尼（Albert Hourani）討論了這種極爲固定的對於伊斯蘭教信仰體系的貶抑⑦，除了偶爾對奇特的蘇菲派（Sufi）作家或聖人之外，歐洲人追求「東方智慧」的風潮很少觸及伊斯蘭的哲人或詩人，歐瑪爾・海亞姆〔Omar Khayyám，譯注：或譯奧瑪開儼、奧瑪珈音，十一至十二世紀波斯詩人，著有《魯拜集》（*Rubaiyat*）〕、哈倫・賴世德（Harun al-Rashid，譯注：八世紀至九世紀初，阿拉伯阿拔斯帝國哈里發，以驕奢淫逸聞名）、辛巴達（Sindbad）、阿拉丁（Aladdin）、哈吉・巴巴〔Hajji Baba，譯注：十九世紀英國小說家莫里葉（James Justinian Morier）作品《伊斯法漢的哈吉巴巴冒險記》（*Adventures of Hajji Baba of Ispahan*）中的波斯主人翁〕、雪赫拉莎德（Scheherazade，譯注：《天方夜譚》中的女主角）、薩拉丁（Saladin，編注：十二世紀十字軍東征時期埃及和敘利亞蘇丹，阿尤布王朝創建者），這些大致上就是現代受過教育的歐洲人所知道的全部伊斯蘭人物。連湯瑪士・卡萊爾〔Thomas Carlyle，譯注：十九世紀蘇格蘭歷史學家，《英雄與英雄崇拜》（*On Heroes, Hero Worship and the Heroic in History*）一書作者〕都無法讓先知被廣泛接納，至於穆罕默德傳播的信仰內涵，歐洲人基於基督教立場一直無法接受，儘管他們也正是爲同樣的原因而對這種信仰不感興趣。時序邁入十九世紀尾聲時，隨著伊斯蘭民族主義在亞洲與非洲逐漸崛起，遂出現一種流傳甚廣的觀點，認爲穆斯林殖民地就是應該受到歐洲的保護，原因既是它們有利可圖，也是因爲它們欠缺開發，需要歐洲人的管理經營⑧。儘管如此，而且對穆斯林世界經常懷有種族主義並進行侵犯行爲，但歐洲人確實對伊斯蘭教的意義表現出生氣勃勃的覺察；從十八世紀末到今日，散見整個歐洲文化的伊斯蘭教再現——在學術、藝術、文學、音樂與公衆話語——也是如此。

此外，許多歐洲政府都施行政策，與穆斯林或阿拉伯人的世界進行文化與精神層面的對話。對話帶來大量的研討會、會議與書籍翻譯，讓美國望塵莫及。在美國，伊斯蘭教主要只是「外交關係協會」探討的政策問題，是一種「威脅」或軍事與安全的挑戰，其嚴重性在與美國有關係的衆多文化與國家中罕見其匹。

因此，美國對伊斯蘭教的經驗缺乏那種歐洲的具體確實（concreteness）。十九世紀美國與伊斯蘭教的接觸非常有限，人們只能想到偶一爲之的旅行家如馬克吐溫（Mark Twain）、赫曼・梅爾維爾（Herman Melville），或者零星散布的傳教士，或者曇花一現的北非軍事遠征。第二次世界大戰之前，就文化而言，伊斯蘭教在美國並無一席之地。學院專家研究伊斯蘭教的地方通常是神學院的僻靜角落，而不是東方主義輝煌的聚光燈下或主要期刊雜誌的篇幅中。大約一世紀之久，伊斯蘭國家的美國傳教士家庭與外交人員以及石油公司員工之間，有一種奇妙但沉靜的共生關係，不時會表現爲對國務院與石油公司「阿拉伯專家」（Arabists）的尖銳評論，後者經常被指稱懷著惡毒的、帶有反猶太色彩的親伊斯蘭主義（philo-Islamism）。另一方面，一直到約莫二十年前，美國所有知名的伊斯蘭教專家、大學伊斯蘭教學系與課程的創建者，都是來自外國：普林斯頓大學的菲力普・希提（Philip Hitti）來自黎巴嫩、芝加哥大學與加州大學洛杉磯分校（UCLA）的古斯塔夫・馮・葛倫鮑姆（Gustave von Grunebaum）來自奧地利、哈佛大學的吉柏（H. A. R. Gibb）來自英國、哥倫比亞大學的約瑟夫・夏希特（Joseph Schacht）來自德國。但是這些人士在文化界的地位名聲，都遠不如法國的賈克・柏克（Jacques Berque）與英國的胡拉尼。

但是今日美國學界連希提、吉柏、馮・葛倫鮑姆、夏希特這類人物都已消逝無蹤；柏克與胡拉尼——兩人都逝於一九九三年——在法國與英國也是後繼無人。如今已沒有人能企及他們廣闊的文化素養或權威。當前西方伊斯蘭教專家瞭若指掌的可能是十世紀巴格達的律法學校或十九世紀的摩洛哥都市設計，但絕對不是（或者極少是）整個伊斯蘭文明——文學、法律、政治、歷史、社會學等等。但這種情況仍無法阻擋專家們不時做出「伊斯蘭心態」或「什葉派信徒一心嚮往成爲烈士」之類的概括；不過這些說法都局限於索求這類意見的大衆化雜誌或是媒體。更重要的是，公開討論伊斯蘭教——專家或非專家——的機會幾乎都是來自政治危機。像《紐約書評》或者《哈潑》（*Harper's*）這類雜誌上，關於伊斯蘭文化且言之有物的文章猶如鳳毛麟角。只有當沙烏地阿拉伯發生炸彈事件，或是美國在伊朗受到暴力威脅時，似乎才值得對伊斯蘭教做整體評論。其次，一九九三年紐約世界貿易中心大樓爆炸案之後，每隔一段時間，新聞、雜誌，偶爾還有電影就會試圖讓民衆了解「伊斯蘭世界」，運用仔細安排的調查報告、圖表以及人情味的小故事（巴基斯坦的賣水小販、埃及的農民家庭等等）。但是在好戰精神與「聖戰」（jihad）陰鬱險惡、更令人印象深刻的背景下，這些努力徒勞無功。

因此可以認定，伊斯蘭教之所以會進入大部分美國人——甚至是非常熟悉歐洲與拉丁美洲的學院和一般知識分子——的意識，最主要甚或唯一的原因就是：伊斯蘭教被連結至有新聞價值的議題，諸如石油、伊朗、阿富汗或恐怖主義⑨。這一切在一九七九年中期之前都被稱之爲伊斯蘭革命、「危機新月」、「不穩定的弧形地帶」或者「伊斯蘭教的重返」。一個特別鮮明的例子是大西洋會議（Atlantic Council，譯注：北大西洋公約組織決策機構）設立的「中東特別工作小組」（Special Working Group on the Middle East）（成員包括布倫特・史考克羅（Brent Scowcroft）、喬治・鮑爾（George Ball）、理查・赫姆斯（Richard Helms）、李曼・雷尼澤（Lyman Lemnitzer）、華特・列維（Walter Levy）、尤金・羅斯托（Eugene Rostow）、克米特・羅斯福（Kermit Roosevelt）與約瑟夫・希斯科（Joseph Sisco）等人）：這個小組在一九七九年秋天提交報告，標題是：「石油與動亂：西方在中東的選擇」（Oil and Turmoil: Western Choices in the Middle East⑩）。《時代》雜誌一九七九年四月十六日的主題是伊斯蘭教，當期封面是一幅哲洪（Jean-Leon Gérôme，譯注：十九世紀法國畫家）的畫，一個蓄鬚的穆安津（muezzin，譯注：伊斯蘭教呼喚信徒前來朝拜的宣禮員）站在清眞寺光塔

（minaret）上，平靜地呼喚信徒前來祈禱；風格華麗誇張，完全就是一幅十九世紀東方主義風格的畫作。然而這幅祥和的景象卻醒目地標上一行毫不相干的字眼：「好戰分子復活」（The Militant Revival），令人有時代錯置之感。沒有其他方式比這種做法更能夠象徵歐洲與美國對伊斯蘭教主題的歧異。一幅寧靜祥和的裝飾性畫作，在歐洲是整體文化司空見慣的一部分，在美國卻被幾個字轉化成民眾共同的強迫觀念。

我一定是誇大其辭吧？《時代》雜誌遮蔽的伊斯蘭教的封面故事不就只是一篇通俗之作，只是要迎合聳人聽聞的口味？難道它**真的**揭示了其他更重要的事？而且，對於重大問題、政治問題或文化問題，媒體從什麼時候開始變得那麼重要了？此外，難道不是伊斯蘭教自己要挺身而出，引起全世界注意？那些伊斯蘭教專家是怎麼了？爲何他們的貢獻若不是被完全忽略，就是淹沒在媒體討論與散播的「伊斯蘭教」之中？

首先要做一些簡單的解釋。如同我先前說過的，從來沒有任何一位美國的伊斯蘭世界專家受到廣泛的注意，而且，除了已故的馬紹爾・霍吉森（Marshall Hodgson）三卷的《伊斯蘭開拓史》（*The Venture of Islam*）——一九七五年在他過世後出版——之外，不曾有綜論伊斯蘭教的作品引起閱讀大眾的正視⑪。這些專家往往過於一門深入，只與其他專家對話；再不然就是其作品在知識性上不夠卓越，無法像有關日本、西歐或印度的著作一樣吸引讀者。不過事情有兩面。雖然人們舉不出一個名聲超越東方主義領域的美國「東方學專家」，例如法國的柏克與羅丁森；然而伊斯蘭教研究既從未在美國大學中得到眞正的鼓勵，也沒有在整體文化中得到相關人士的支持，這些人士的名聲與其本身特長，使他們關於伊斯蘭教的經驗分外重要⑫。像利百加・韋絲特（Rebecca West）、佛瑞雅・史塔克（Freya Stark）、勞倫斯（T. E. Lawrence，譯注：即「阿拉伯的勞倫斯」）、威佛瑞德・塞希格（Wilfred Thesiger）、葛楚・貝爾（Gertrude Bell）、紐比（P. H. Newby）或最近的喬納森・拉班（Jonathan Raban）這類人物，在美國找得到嗎？美國有的頂多是麥爾斯・柯普蘭（Miles Copeland）、克米特・羅斯福之類的前中情局人員，在文化界聲譽卓著的作家或思想家少之有少。像彼得・瑟羅（Peter Theroux）這樣有才華的年輕作家與翻譯家，目前還沒有引起矚目。

缺乏關於伊斯蘭教的專家意見，這個嚴重問題的第二個原因是專家自身遠離了伊斯蘭世界發生的事件，這個世界在一九七〇年代中期首度變成「新聞」。令人怵目驚心的事件當然是：波斯灣產油國家突然間大權在握；黎巴嫩爆發極爲慘烈而且似乎永無止境的內戰；衣索比亞與索馬利亞展開長期作戰；庫德族（Kurd）問題出人意料地變成關鍵，過了一九七五年之後，又出人意料地消聲匿跡；在一場大規模、完全猝不及防的「伊斯蘭」革命之後，伊朗推翻了君主政治；阿富汗在一九七八年發生馬克思主義者政變，然後在一九七九年底遭到蘇聯軍隊入侵；阿爾及利亞與摩洛哥爲了南撒哈拉（Southern Sahara）問題而兵戎相見〔譯注：應爲「西」撒哈拉（Western Sahara），摩洛哥於一九七五年占領前西班牙殖民地西撒哈拉，阿爾及利亞則支持當地的「人民陣線」（Polisario Front）反抗摩洛哥的占領〕；巴基斯坦總統遭處決，軍事獨裁政權取而代之〔譯注：指齊亞・哈克將軍一九七七年政變奪權，並於一九七九年處死前總統布托（Zulfikar Ali Bhutto）〕。此外還有許多事件，最近的伊朗與伊拉克戰爭；哈瑪斯與眞主黨的崛起；以色列與其他地區一連串炸彈攻擊事件；阿爾及利亞伊斯蘭主義者與背信政府之間的血腥內戰，不過我們就到此爲止。整體而言，我想可以公允地說，對於這些事件，西方論述伊斯蘭的專家只闡明了其中一小部分；專家們不僅沒有預料到事件發生，也沒有讓讀者做好準備；與實際發生的事件相較之下，他們發表的那一大堆文獻似乎都是關於一個極爲遙遠的世界，與人們在媒體上看到的激烈、駭人的混亂毫無瓜葛。

　　這是個核心問題，甚至到現在都還沒有受到理性的探討，因此我們要仔細地處理。專攻十七世紀以前伊斯蘭教的學院專家，是在一個猶如古董店的領域做研究；而且就像其他領域的專家一樣，他們的工作畫分得相當精細。他們既不想也不會以負責任的方式去嘗試關懷伊斯蘭歷史演變至現代的結果。就某種程度而言，他們的工作是與一些觀念相結合，像是「古典的」伊斯蘭教、一成不變的伊斯蘭生活方式、古老的文獻學問題。

在任何情況下，他們的工作都無法運用來了解現代伊斯蘭世界，這個世界從各方面看來，其發展過程與最早期（七世紀至九世紀）伊斯蘭教預示的路線迥然不同。

研究現代伊斯蘭世界的學者——或者更精確地說，研究十八世紀以來伊斯蘭世界的社會、人民與機構——是在一個共同認可的架構中做研究；而且這個架構憑藉的觀念絕對**不是**在伊斯蘭世界中建立的。這項事實雖然極爲複雜多變，但非常重要。不可否認，一位牛津或波士頓的學者在寫作和研究時，所依循的標準、傳統與期望主要——雖然並不全然——是由他或她的同僚決定，而不是受到研究的穆斯林。雖說這是老生常談，但是仍然要加以強調。學院中的伊斯蘭研究在現代是廣泛的「區域研究」（area programs）——西歐、蘇聯、東南亞等等——的一部分，因此也隸屬於訂定國家政策的機制。這不是個別學者選擇的問題。如果普林斯頓大學的某位學者正好在研究當代阿富汗的宗教學校，那麼很顯然的（特別是像現在這段時期）這種研究**可能**具有「政策意涵」（policy implications），無論學者本人是否願意，他或她都會被捲進政府、企業與外交政策機構的網絡之中；研究經費會受影響，接觸哪些人士會受影響，而且整體而言，一定的報酬與多種互動關係也會被提供出來。無論如何，這位學者會被轉化成一名「區域專家」，或者就像平庸不夠格的記者與政論家——如報導以色列的茱蒂絲·密勒與馬丁·裴瑞茲——一樣，會讓別人洗耳恭聽其高見。

對於那些興趣直接關涉政策議題的學者（主要是政治學者，不過也包含現代的歷史學者、經濟學者、社會學者與人類學者），他們要面對敏感——甚至是危險——的問題。例如，如何讓學者地位與政府要求並行不悖？伊朗是最能夠說明這一點的範例。在巴勒維時代，研究伊朗的學者可以從「巴勒維基金會」（Pahlevi Foundation）得到經費，美國自身的機構當然也會提供。由這些經費資助的研究，出發點清一色都是伊朗的現況（也就是在軍事與經濟上與美國密切合作的巴勒維政權），並在某種意義上成爲伊朗研究者的研究典範。在危機的後期，國會衆議院情報常設特別委員會（Permanent Select Committee on Intelligence）提出的一份幕僚報告指出，美國對巴勒維政權的評估受到既有政策的影響，這種影響「並不是藉由刻意壓制不利新聞來直接施加，而是間接地……決策階層並沒有質疑巴勒維的獨裁政權是否能屹立不搖，政策本身就是奠基於這項假設。」[13]這樣一來反而導致只有屈指可數的研究曾嚴肅評估巴勒維政權，並且認清反抗巴勒維的人民力量從何而來。就我所知，只有一位學者——加州大學柏克萊分校的哈米德·奧嘉（Hamid Algar）——對當時伊朗人民宗教情感的政治力量做了正確的評估，也只有奧嘉大膽預言何梅尼將可能摧毀巴勒維政權。其他學者如理查·寇坦（Richard Cottam）與厄凡德·亞伯拉罕米安（Ervand Abrahamian）等人也在著作中擺脫了伊朗的現狀，不過他們只是少數⑭。（爲了公平起見，我們必須指出，歐洲左派學者雖然對巴勒維的前景並不那麼樂觀，但是也沒有充分認清伊朗反抗運動的宗教根源。⑮）

就算我們先不論伊朗，同樣嚴重的知識界敗筆也屢見不鮮，而且全都是導因於對政府政策與陳腔濫調不加批判的倚賴。黎巴嫩與巴勒斯坦的例子發人深省。多年以來，黎巴嫩都被視爲多元化或鑲嵌文化（mosaic culture）的典範，然而研究黎巴嫩所用的模式是如此具體、靜態，完全無法預示後來內戰的激烈殘暴（從一九七五年延燒到至少一九八〇年）。過去專家的觀點似乎完全專注於黎巴嫩的「穩定」形象：傳統領袖、菁英分子、政黨、國民性與成功的現代化，這些才是研究的對象。

就算黎巴嫩的政治體制被描述爲岌岌可危，或是其「公民性」（civility）的不足受到分析，還是有一種不變的假定認爲：黎巴嫩的問題整體而言仍可控制，而且絕不會激烈爆發⑯。六〇年代一名專家告訴我們，黎巴嫩被描述爲「穩定」是因爲「阿拉伯內部」（inter-Arab）的情勢穩定，他聲稱只要這種均勢維持下去，黎巴嫩就安穩無虞⑰。從來沒有人設想過可能會出現「阿拉伯內部」穩定但是黎巴嫩**不穩定**的情況，主要是因爲——如同這個充斥著共識的領域中大多數的主題——傳統看法認定黎巴嫩儘管有內部分裂，並與阿拉伯鄰國關係疏離，但它會一直保持「多元主義」（pluralism）與和諧的連續發展。因此黎巴嫩如果有麻煩，那麻煩一定是來自周遭的**阿拉伯**世界，不會是來自以色列或美國，這兩國對於黎巴嫩都懷有從未受到分析的特別用心⑱。此外，黎巴嫩也是現代化迷思的具體象徵。如果今天有人讀到一篇這類鴕鳥哲學的代表作，一定會印象深刻，這種無稽之談一直到一九七三年都還風行一時，事實上當時內戰已經爆發。有人告訴我們，黎巴嫩也許會經歷革命性變化，但可能性非常「渺茫」，比較可能發生的還是「在居於優勢的政治架構之中，涵蓋公衆（對一場近代阿拉伯歷史上最血腥的內戰而言，眞是一個可悲諷刺的委婉說法）的進一步現代化。⑲」或者像一位著名的人類學家所說：「黎巴嫩人『美好的鑲嵌』（nice piece of mosaic）依然完整無損。事實上……對於維繫內部深層根本分裂不致於惡化，黎巴嫩一直都表現優異。⑳」

結果是專家無法理解：在黎巴嫩與其他地區，許多對後殖民時期國家眞正重要的事，都無法以「穩定」的標題一言以蔽之。在黎巴嫩，正是那些專家從未論述或一直低估的、四處流竄的力量——社會混亂、什葉派信徒增加等人口變化、對教派的忠誠、意識形態潮流——將黎巴嫩撕扯得四分五裂㉑。同樣地，多年來的傳統觀點也認爲巴勒斯坦人只是一群可以重新安置的難民，並不是一股政治力量，而且可以讓任何對近東地區合理精確的評估預測其行爲結果。到了七〇年代中期，巴勒斯坦人成爲美國政策中公認的問題，但是他們儘管重要，仍無法得到學術界與知識界應有的重視㉒，當時的一貫立場反而是將巴勒斯坦問題視爲美國對埃及與以色列政策的附庸，而且實際上也忽略了他們在黎巴嫩動亂中的角色。當巴勒斯坦「起義抗暴」在一九八七年後期爆發，官員與評論者都措手不及。對於這項政策的盲目，並沒有學者或專家提出夠分量的制衡之道；這對美國長期的國家利益會造成不堪設想的後果，特別是兩伊戰爭又再度讓美國情報界猝不及防，對兩伊的軍力也嚴重錯估。此外還有一個重點，美國與它那批一廂情願的「專家」不能再期待穆斯林會全心接納「西方」，因爲他們看到教友在波士尼亞、車臣與巴勒斯坦遭殺害，看到不得人心的統治者被讚譽爲美國的朋友，並且忍受無數將他們的宗教與文化描述爲「憤怒」、「暴力」的說法。

溫順而孜孜不倦的學術工作與不具特定目標的政府利益合作無間；此外還有一個令人遺憾的事實，有太多論述伊斯蘭世界的專業作家，並不通曉相關的語言，因此必須倚賴新聞媒體或其他西方作家來獲取資訊。對官方或傳統的事件描述更爲深切的倚賴，猶如陷阱，從媒體在革命前伊朗的整體表現來看，他們已經落入這個陷阱。而且在巴勒斯坦人起義抗暴之前，以及伊斯蘭「基本教義派」與「恐怖主義」的狂熱之中，媒體又重蹈覆轍。有一種傾向是要進行研究與再研究，專心致志於同樣的事物：社會菁英、現代化計畫、軍隊的角色、廣爲人知的領袖人物、聳人聽聞的危機、聖戰網路、地緣政治戰略（從美國的觀點來看）、「伊斯蘭的」入侵㉓。這些事物當時或許會讓做爲一個民族的「美國」感到興趣，但事實上，短短幾天，伊朗就以革命將這些事物一掃而空。整個君主政權崩潰；曾接受數十億美元的軍隊解體；所謂的菁英分子若不是消失，就是在新局面中巧取立足之地，而且如同先前一樣，兩種情形都無法藉以斷言這些菁英分子決定了伊朗的政治行爲。德州大學（Texas University）的詹姆士・比爾（James Bill）預測到「七八年危機」可能後果，應予肯定，但他一直到一九七八年十二月都還建議，美國決策階層應該鼓勵「伊朗國王……開放體制」㉔。換言之，連獨持異議的專家意見，都仍著眼於維繫巴勒維政權，而就在專家發言的時刻，數百萬人民正在現代史上最大規模一場起義中起身反抗這個政權。

不過比爾仍然剴切說明了美國對於伊朗普遍的無知，他正確地指出媒體報導十分膚淺，官方的資訊是照巴勒維的意願量身打造，美國既沒有努力深入了解這個國家，也沒有與反對勢力接觸。儘管比爾並沒有進一步申論：長久以來，這些敗筆猶如病症，代表美國——歐洲程度較輕——對於伊斯蘭教的普遍心態，我們稍後還會說明，美國與歐洲對第三世界大部分地區也是如此。事實上，比爾沒有將他對伊朗的正確論斷與伊斯蘭世界其他地區聯繫，也正是這種心態的一部分。首先，核心的方法學問題並沒有得到負責任的解決，這問題就是：談論「伊斯蘭教」與伊斯蘭復興有何價值（如果眞有價值）？其次，政府政策與學術研究之間具有或者應有什麼樣的關係？專家應該超越政治還是要當政府的政治助理？比爾與布朗大學（Brown University）的威廉・畢曼（William Beeman）曾分別申論，一九七九年美國—伊朗危機的主要原因，就是沒有去諮詢那些學院專家，而他們接受昂貴教育的目的正是要學習了解伊斯蘭世界[25]。不過比爾與畢曼都沒有檢討一種可能性：**就因為**學者尋求這樣的角色，同時仍堅持其學者身分，使他們在政府與知識界眼中，成了身分曖昧且無法信賴的人物[26]。

此外，有沒有任何方式可以讓一個獨立的知識分子（這畢竟是學院學者的本分）維持他或她的獨立性，同時又直接為國家工作？坦誠的政治合夥關係與卓越的見解有何關聯？兩者定然相互排斥，還是只有在某些情況中相斥？為何美國那一整批（其實人數也不多）伊斯蘭學者得不到更多注意？為什麼上述情形會發生在現今美國最需要指導的時期？當然，所有這些問題都只能在一個實際的、大體上是政治性的框架中回答，這個框架主宰了歷史上西方與伊斯蘭世界的關聯。讓我們來檢視這個框架，看看專家在其中扮演的角色。

我發現，中世紀以來歐洲或美國歷史上的任何時期，對伊斯蘭教的討論與思考都**局限**在一個由熱情、偏見、政治利益構成的框架中。這或許算不上什麼石破天驚的發現，卻涵蓋了一整批學術與科學的學派，從十九世紀前期以來，它們若不是集體自稱為東方主義學派，就是企圖全面研究東方。大家都同意一種說法，早期評論伊斯蘭教的人士如可敬者彼得（Peter the Venerable，譯注：十二世紀天主教修道院院長，推出第一本《古蘭經》拉丁文譯本）與巴瑟勒米・海伯洛（Barthélemy d'Herbelot，譯注：十七世紀法國東方學專家），從其言論來看，都是熱情的基督教辯論家。不過有一個未經驗證的假設是：既然歐洲與西方已經進軍現代化科技，並且擺脫迷信與無知的桎梏，東方主義當然也是與時俱進，有同樣的成就。像席維斯特・狄・沙錫（Silvestre de Sacy）、愛德華・連恩（Edward Lane）、厄尼斯特・雷南（Ernest Renan）、吉柏、馬西格農等人難道不是精博客觀的學者嗎？而且隨著二十世紀社會學、人類學、語言學與史學的進展，在普林斯頓、哈佛與芝加哥大學這些學府教授中東與伊斯蘭教的美國學者，不是都能夠公正無私、對特殊要求不爲所動？答案是否定的。這並不是說東方主義比其他社會、人文學科更容易有偏見，它只是和其他學科一樣深具意識形態色彩，並且被世界沾染。主要的差異在於，東方學專家習慣於利用他們專家的身分來否認——有時甚至是掩飾——他們對伊斯蘭教根深柢固的感受，並運用一種權威的話語來昭示他們的「客觀性」與「科學公正性」。

這是一個重點。另一個重點則從東方主義原本並不明顯的特性中，區分出一種歷史模式。在現代，每當西方與**它的**東方（或是西方與伊斯蘭）之間政治情勢緊張，西方的傾向不會是直接訴諸暴力，而是先訴諸冷靜且相當超然的工具，來做科學性而且看似客觀的再現。這種方式讓「伊斯蘭教」呼之欲出，其威脅的「眞正本質」被徹底揭露，以不必明言的行動對付它的方式也被提出。在這種情況下，對許多處於各種不同環境的穆斯林而言，科學與直接暴力同樣都是侵犯伊斯蘭教的方法。

有兩個極爲相近的例子可以說明我的論點。我們回顧歷史時可以看到，十九世紀法國與英國在占領伊斯蘭東方之前，都會出現一段時期，讓描述與了解東方的各種學術方法歷經大幅度的技術現代化與發展㉗。法國於一八三〇年占領阿爾及利亞，之前的二十年中，法國學者實際上是將東方研究從古文物收藏考證轉化爲一門理性的學科。當然還有一七九八年的拿破崙占領埃及，人們不能忽略他爲了遠征而召集一群經驗豐富的科學家，讓他的事業更有效率。但我的重點在於，拿破崙對埃及的短暫占領結束了一個階段，新階段開展出一段漫長時期，在沙錫對法國東方研究機構的領導下，法國成爲全世界東方主義的領導；此一階段在法國於一八三〇年占領阿爾及利亞之後不久達到最高峰。

我絕對不是要隨意建立兩事件之間的關聯，也無意採取反智的觀點，認定所有科學學習都必然會導致暴力與痛苦。我只想說明，帝國並不是突如其來地誕生，它們在現代的運作方式也不是毫無章法。如果學術的發展涉及不受研究資料局限的科學家，來重新定義並重組人類的經驗領域；那麼可以依此認定，政治界也會出現同樣的發展，其主權領域會重新定義以納入世界上的「低等」地區，在其中可以發現新的「國家」利益，然後利益需要密切的監管㉘。我相當懷疑，英國如果沒有先針對由連恩與威廉・瓊斯（William Jones）等人開啓的東方學研究做持之以恆的投資，恐怕就不會以大規模體制化的方式長期占領埃及。熟悉感、容易進入、能夠再現：這些就是東方學專家對於東方的呈現。東方可以被觀看，可以被研究、可以被管理。它不必永遠是一個遙遠、奇異、不可思議但非常富庶的地方。東方可以被帶回家中——或者更簡單地，歐洲不妨以東方爲家，後來歐洲也正是如此。

　　我的第二個例子是發生在當代。今日的伊斯蘭東方世界因爲其資源或地緣政治位置而益形重要。然而無論是資源抑或地緣政治位置，都無法用以交換當地東方人的利益、需要與渴望。從第二次世界大戰結束之後，美國就取代了往昔英國與法國在伊斯蘭世界的主宰與霸權。美國在一九九一年開戰，保衛它在波斯灣地區的經濟利益；它武裝阿富汗民兵來對抗蘇聯；它與以色列協調研究及情報，鎮壓約旦河西岸占領地與迦薩走廊的伊斯蘭好戰組織。在帝國體系遞嬗的同時，兩種現象也隨之出現：首先是學院與專家以危機爲導向，對於伊斯蘭教的興趣開始興盛；其次是大多爲民營的新聞媒體與電子新聞業，獲得驚人的技術革命。以往從來沒有一個國際事件發生地會像伊朗或波士尼亞一樣，受到媒體如此立即、正規的報導：因此伊朗似乎**進入**了美國人的生活，程度之強烈史無前例，但是它又令美國人深感陌生；一九九〇年代的波士尼亞事件也是如此。一個涵括大學、政府與企業界專家的龐大機制憑藉這兩種現象——後者的程度更甚於前者——對伊斯蘭教與中東進行研究，伊斯蘭教也成了西方每個新聞閱聽者耳熟能詳的主題。兩種現象幾乎已完全馴服了伊斯蘭世界，或者至少是馴服了那些被認定有新聞價值的層面。伊斯蘭世界成爲西方經濟與文化滲透的對象，深刻的程度在歷史上無與倫比——因爲非西方領域從來沒有像今日的阿拉伯—伊斯蘭世界一樣，被美國如此掌控；不僅如此，伊斯蘭教與西方——在此指美國——的交流也是非常片面單向的，而且伊斯蘭世界較不具新聞價值的部分，更是遭到嚴重扭曲。

穆斯林與阿拉伯人被報導、討論、理解的基本形象，不是石油販子就是潛在的恐怖分子，這種說法只能算略微誇張。阿拉伯—穆斯林生活的細節、人性面、熱情極少受到人們的覺察，就連那些以遮蔽的伊斯蘭世界爲職業的人士也不例外。我們有的只是對伊斯蘭世界一系列粗糙、簡明的嘲弄醜化，表現方式則和其他做法有同樣目的，就是讓伊斯蘭世界更容易遭受軍事侵犯㉙。不論是一九七〇年代美國軍事干預波斯灣期間的議論、卡特主義（Carter Doctrine，譯注：一九八〇年一月二十三日，卡特在伊朗革命後發表談話指出：「任何外力意圖掌控波斯灣地區，即視同攻擊美國重大利益，美國得採包括軍事行動在內的一切必要措施予以驅逐。」）、建立快速部署部隊的討論，還是對「伊斯蘭政治力量」的軍事與經濟圍堵，透過冷靜的電視媒介與「客觀的」東方學專家的研究（後者相當弔詭地，無論是其與當今現實的「不相干」或是其自吹自擂的「客觀性」，都具有一種一致的異化效果），通常都會先來一段「伊斯蘭教的」理性呈現，我認爲這種情形絕非偶然：今日我們的實際情境與前述十九世紀英國與法國的歷史先例有令人寒心的相似性。

這種情形還有別的政治與文化原因。第二次世界大戰之後，當美國開始扮演過去英國及法國的帝國角色，並制訂出一套因應世局的政策，顧及每個影響美國利益（或是被影響）之地區的特殊性與問題。歐洲需要戰後復興，於是馬歇爾計畫（Marshall Plan）與其他類似的美國政策就派上用場；蘇聯當然成了美國最可怕的競爭者；不必贅言的是，冷戰衍生出的政策、研究甚至心態，至今仍主導超級強權與其他地區的關係。冷戰結束之後，以往所稱的第三世界成爲競技場，美國與其他新近從歐洲殖民者獲得獨立的國家在此交鋒。

幾乎毫無例外，第三世界首先是被美國決策階層視爲「低度發展」（underdeveloped），被並無必要的古老靜態「傳統」生活方式所把持，而且很容易出現共產黨顛覆與陷入內部停滯。「現代化」成了第三世界的當務之急，至少美國認爲如此。而且正如詹姆士·

派克（James Peck）所說：「對於一個革命動亂甚囂塵上、傳統政治菁英持續變化的世界，現代化理論是意識形態的解答。㉚」大筆資金投入非洲與亞洲，目的在於遏阻共產主義、促進美國貿易，還有最重要的是培養當地盟友，這些美國盟友的存在目的似乎是要將落後的國家轉化成具體而微的美國。不久之後，初步的投資就需要追加經費與強化軍事支援，才能夠繼續維持下去，然後導致遍及亞洲與拉丁美洲的干預行動，迫使美國對抗各式各樣的本土民族主義。

要完全理解美國致力於第三世界現代化與發展的歷程，就必須注意，其政策本身創造出一種思考方式，以及一種看待第三世界的習慣，以現代化的觀念來增加政治、情感與戰略的投資。越南是最好的例子。美國一旦決定要拯救越南擺脫共產主義——實際上也是要擺脫越南自身——一整套協助越南現代化（最後也最昂貴的階段稱之爲「越戰越南化」（Vietnamization））的學問於焉誕生。涉入的專家不僅來自政府，還來自大學院校。沒有多久，西貢親美反共政權存續的重要性就凌駕一切，儘管後來情勢很明顯，大部分越南人民都視西貢政權爲外來的壓迫性政權。爲西貢政權而進行的失敗戰事，摧毀了整個地區，並讓詹森總統的連任之夢破滅。但是，宣揚傳統社會現代化益處的汗牛充棟作品，仍在美國獲得幾乎無可置疑的社會與文化權威。然而在此同時，第三世界有許多地方的人民，對於「現代化」的聯想卻是愚蠢的花費、不必要的科技與軍備、貪污的統治者，以及美國對弱小國家事務的粗暴干預。

現代化理論堅持的諸多幻想中，有一項與伊斯蘭世界特別相關：也就是說，美國勢力降臨之前，伊斯蘭教停滯在一種永恆的童稚時期；被古老迷信蒙蔽，無法進行眞正的發展；同時也被奇特的教士與經典阻礙，無法脫離中世紀而進入現代世界。在這方面，東方主義與現代化理論若合符節。東方學專家傳統上認爲，穆斯林只是困於宿命論的兒童，被他們的心態、烏里瑪（'ulama，譯註：伊斯蘭教法學家）、狂熱的政治領袖壓制，被迫反抗西方與進步；果眞如此，豈不是任何一位値得信賴的政治學者、人類學者、社會學者都可以闡明：只要給予合理的機會，類似美國的生活方式就可以藉由消費性商品以及「優秀的」領導人而傳給伊斯蘭教？但是，面對伊斯蘭教的主要困難就在於，伊斯蘭不像印度與中國一樣，它從來不曾被完全安撫或是擊敗。爲了一些似乎總與學者理解格格不入的原因，伊斯蘭教（或某種形態的伊斯蘭教）繼續對其信徒呼風喚雨；經常有議論指稱伊斯蘭信徒不願意接受現實，或者至少是不願意接受彰顯西方優勢的現實。

現代化的努力從第二次世界大戰結束以來，堅持推動了二十年。伊朗事實上變爲現代化的成功典範，其統治者則是**出類拔萃**（par excellence）的「現代化」領導者。至於在伊斯蘭世界的其他地區，無論是阿拉伯民族主義者如埃及的賈茂・阿布戴爾・納瑟

（Gamal Abdel Nasser）、印尼的蘇卡諾（Sukarno）、巴勒斯坦的民族主義者、伊朗的反對團體，或者數以千計不知名的伊斯蘭教師、兄弟會、教派組織等等，醉心於現代化理論與美國在伊斯蘭世界戰略經濟利益的西方學者，對他們是一概批判或根本視而不見。

在七〇年代爆炸性的十年期間，伊斯蘭教更進一步證明了它根深柢固的頑強不屈。例如伊朗革命：既不親共產主義也不支持現代化，現代化理論預設的行為準則根本無法解釋這些推翻國王的伊朗人民。他們似乎並不感謝現代化帶來的生活福祉（汽車、龐大的軍事與安全機制、穩定的政權），對於「西方」理念的誘惑也無動於衷㉛。他們的心態——尤其是何梅尼的心態——最令人困擾之處在於，他們強烈排斥任何不是源出於他們自身的政治形態（或者說是理性）。最重要的是，他們對於伊朗特有、強烈爭議性、高度防衛性的伊斯蘭教的忠誠依附，特別給西方桀驁不馴的印象。相當諷刺地，西方評論伊斯蘭教復古心態與中世紀思維模式的評論家，很少會去注意伊朗西邊不遠處，比金（Menachem Begin）政府治下的以色列，這個政權完全願意讓自身的行動受到宗教權威的指揮，並依循非常倒退的神學教條㉜。更只有極少數批判伊斯蘭宗教狂熱的評論家，會聯想到美國的電視傳教布道也吸引了數百萬信徒，或者一九八〇年總統大選，三名候選人中有兩名是虔誠的重生基督教徒（born-again Christians，譯注：指卡特與雷根）。

運用一兩個東方學專家的概括（其中許多是由路易士之流的老邁東方學專家所散布）來抨擊整個伊斯蘭世界，已經是司空見慣；這種做法根本不會去質疑：如此以偏概全的陳腔濫調是否眞的能解釋每一個穆斯林的行爲。在意圖說明伊斯蘭教與恐怖主義之間必然關聯的討論中，這種情形最爲明顯。以康納・克魯斯・歐布萊恩（Conor Cruise O'Brien）爲例，他原本是左派知識分子，後來在一九八〇年代慢慢轉變爲反動的右派人士，然而還是設法維繫進步知識分子的形象，雖然他拒絕對種族隔離（apartheid）的南非進行文化抵制，同時不斷爲以色列右翼猶太復國主義辯護。以下是一段典型的疏懶歷史判斷、以偏概全，以及難以置信的刻板印象化，任何嚴肅對待伊斯蘭教的人士都會視之爲滿紙荒唐言。

某些文化與次文化懷著受挫的理念主張，注定會成為恐怖主義的溫床。伊斯蘭文化〔歐布萊恩並未告訴我們他是如何從宗教跳躍至文化，也沒有說明兩者的界限何在〕是最顯著的例子。這種文化對於自身在世界上應有地位的觀感〔歐布萊恩沒有說明他是如何、從何處得到這項特別珍貴的訊息〕與當代世界的實際秩序格格不入〔這種說法幾乎可適用於任何一種文化「對自身的觀感」〕。真主的意旨會使伊斯蘭王朝（House of Islam）擊敗戰爭王朝（House of War）〔非穆斯林〉，而且憑藉的不止是精神力量。「伊斯蘭教代表勝利」（Islam Means Victory）是伊朗基本教義派在波斯灣〔指一九八〇至八八年的兩伊戰爭〕的口號。打擊戰爭王朝被視為功業，因此被西方譴責為恐怖分子的活動會受到廣泛支持。〔注意，歐布萊恩沒有給讀者任何事實、資料來源、引述語或背景說明，而且他似乎對這種特異的論證過程或方式毫不在意。〕以色列是恐怖活動的主要目標〔以色列過去或是持續進行的作為從來不需討論：完全只有伊斯蘭恐怖活動〕，不過就算以色列消失，這些活動也不太可能消聲匿跡。（〈思索恐怖主義〉（Thinking about Terrorism），《大西洋月刊》，一九八六年六月號，頁六十五）

格外激烈的宗教狂熱就這樣成爲伊斯蘭教獨具的特質，儘管宗教情感在世界每個地方都方興未艾：人們只要記得自由派媒體是如何熱情擁戴索忍尼辛（Alexander Solzhenitsyn）與教宗若望保祿二世這類明顯反自由的宗教人物，以及波士尼亞穆斯林遭到的屠殺並未歸因於基督教，就可以看出對伊斯蘭教的態度是如何滿懷敵意[33]。回歸宗教成爲解釋大部分伊斯蘭國家的方式，從沙烏地阿拉伯——它依據一種被視爲怪異的伊斯蘭思維，拒絕支持大衛營協定（Camp David Accords）——到巴基斯坦、阿富汗與阿爾及利亞。從這種方式我們可以了解，在西方人的心靈中，特別是在美國，伊斯蘭世界是如何從世界上各地區中分化出來，適用於冷戰的分析方式——儘管冷戰以及某些伊斯蘭國家的腐敗與暴政的確也扮演某種角色。例如，人們提到沙烏地阿拉伯與科威特時，不太可能會認定它們是「自由世界」的一部分；連巴勒維統治時期的伊朗也是如此，當時伊朗雖然反共不遺餘力，但是從來不曾像法國與英國一樣被納入「我們的」陣營。儘管如此，美國的決策階層還是大談「失去」伊朗，猶如過去三十年來大談「失去」中國、越南與安哥拉。此外，波斯灣的伊斯蘭國家命運格外多舛，被美國的危機處理專家認定爲隨時可以進行軍事占領。喬治·鮑爾在一九七〇年六月二十八日《紐約時報雜誌》（*New York Times Magazine*）上警告說：「越南的悲劇」可能會導致國內的「反戰主義與孤立主義」，然而美國在中東的利益非同小可，因此總統應該「教育」美國人民對該地區用兵的可能性㉞。一九九一年波斯灣戰爭的主題之一，就是要讓越南的陰魂永遠安息。

還有一件事需在此處論及：第二次世界大戰以來，以色列在傳播西方尤其是美國對伊斯蘭世界觀點所扮演的角色。首先，西方媒體極少報導以色列彰明昭著的宗教特質：一直到最近才明顯提及以色列的宗教狂熱，其中許多是關於「堅信派」（Gush Emunim）的狂熱信徒，這個團體的主要活動是在約旦河西岸以暴力手段建立屯墾區。然而西方媒體對好戰的以色列屯墾區居民的報導，大部分都省略了一樁不便提及的事實：率先在占領的阿拉伯領土上建立非法屯墾區的不止是今日煽風點火的宗教狂熱團體，還有以色列「俗世的」勞工黨政府。我認爲，這種片面偏頗的報導指出了以色列——中東地區「唯一的民主國家」以及「我們堅定的友邦」——是如何被用來當作伊斯蘭教的對照㉟。如此一來，以色列就成了一座從伊斯蘭荒原中開闢（帶有濃厚的讚許與沾沾自喜意味）出來的西方文明堡壘。其次，在美國人眼中，以色列的安全問題大可以對應於抵擋伊斯蘭教、鞏固西方霸權、彰顯現代化的優點。藉由這些對應方式，有三套幻想很有效率地相互支撐與衍生，致力於提昇西方自身形象與增進西方控制東方的權力，那就是：對伊斯蘭教的觀點、現代化意識形態、肯定以色列對西方的整體價值。

此外，爲了讓「我們」對伊斯蘭教的態度一淸二楚，美國有一整個體系的資訊與決策機制要仰賴這些幻想並廣泛散播它們。一大群知識分子與地緣政治戰略家合作，對伊斯蘭教、石油、西方文明的前途、民主對抗混亂與恐怖主義之戰放言高論。基於我先前討論過的原因，伊斯蘭專家也推波助瀾；儘管不可否認，學院進行中的伊斯蘭研究，只有一部分受到地緣政治與冷戰意識形態的文化與政治視野影響。再往下一層是大衆傳播媒體，它從機制中的另外兩個單位取得最容易壓縮成影像的材料：因此而有嘲諷醜化、可怕的暴民、對「伊斯蘭」刑罰的焦點報導等等。媒體的偏見與無知最明顯的表現就是在奧克拉荷馬市聯邦大樓爆炸案事發當時（一九九五年四月），它們集體快速斷定——由史蒂芬．艾默生這類臨時充數的「專家」領軍——伊斯蘭恐怖分子是元凶，後來一九九六年七月環球航空公司編號八〇〇號班機事件中（譯注：這架班機從紐約甘迺迪國際機場起飛不久之後就墜毀於長島外海，機上兩百三十人全部罹難），媒體又提出類似指控，只不過這回聲浪較低、規模較小。主宰這些現象的是強有力的集團體制：石油公司、大型公司與跨國企業、國防與情治部門、政府行政部門。一九七八年，當卡特總統與巴勒維國王在白宮度過第一個新年，並說伊朗是「一座安定之島」（an island of stability），他也是在為這個可怕機制的動員力量代言，代表美國的利益同時並蒙蔽伊斯蘭教。十八年後，美國國防部長（譯注：指裴利（William J. Perry））在霍巴塔（Khobar Towers）爆炸案（譯注：一九九六年六月二十五日，沙烏地阿拉伯達蘭（Dhahran）美軍住宅區霍巴塔發生卡車炸彈爆炸事件，造成十九名美國空軍官兵死亡）之後造訪沙烏地阿拉伯，在八月二日指稱伊朗是「頭號嫌疑犯」，並以採取「強烈行動」來威脅伊朗；儘管幾天後他改變說辭，但這事件代表同樣的力量仍然在運作。

詮釋社群
Communities of Interpretation

美國的地緣政治策士與自由派知識分子如何利用伊斯蘭教，這是值得探討的問題。這樣的描述並不誇張：在一九七四年初石油輸出國家組織突然提高油價之前，「伊斯蘭教」很少出現在美國文化或媒體中。人們會看見並聽聞阿拉伯人與伊朗人、巴基斯坦人與土耳其人，但卻很少接觸到穆斯林。然而，進口石油成本的飆漲，很快就在民眾心中與一連串不愉快事物產生關聯：美國對進口石油的倚賴（通常是描述爲「受制於外國石油業者」）、憂心那種頑抗精神正從中東與波斯灣地區散播感染到個別的美國人，還有最重要的是一種訊號——來自一個新出現且形態不明的力量——顯示能源已經不再任憑「我們」予取予求。像「壟斷」（monopoly）、「封鎖」（block）、「卡特爾」（cartel，企業聯合）這類字眼突然間大行其道，雖然很少人會指稱一小撮美國跨國企業是卡特爾，這個字眼專門保留給石油輸出國家組織的會員國。如今看來，似乎主要是由於新產生的經濟壓力，同樣新生的文化與政治情勢也隨之降臨。美國不再是主宰世界的強權，從此陷入苦戰。佛立茲・史騰（Fritz Stern）在《評論》雜誌上指出，這代表第二次世界大戰戰後時期的結束㊱。

關於變化趨勢，早期最重要的討論來自於《評論》雜誌一九七五年初刊出的一系列文章。首先是一月份羅伯特・塔克的〈石油：美國干預的問題〉（Oil: The Issue of American Intervention），接著是三月份丹尼爾・派屈克・莫乃漢（Daniel Patrick Moynihan）的〈美國的反對〉（The United States in Opposition.）。兩篇文章從標題就斬釘截鐵地表明立場。莫乃漢當時擔任美國駐聯合國大使，曾在聯合國發表多場演說，提醒全世界注意：「西方民主國家」不可能坐視自己遭受一群穩居多數的前殖民地脅迫。不過他與塔克先前在《評論》上的文章就已經將觀點定出基調。

兩個人都沒有提到伊斯蘭教：但是就如同一年後的情形，「伊斯蘭教」已經扮演某種角色，角色的提供者是塔克與莫乃漢所描述的突如其來、無法接受的變化。兩人爲許多美國人當時的實際經歷賦予了形態、說辭與戲劇化結構。塔克指出，這是美國有史以來頭一遭，平等主義（egalitarianism）由外而來運用到美國自身。莫乃漢則表示，有一群基本上是由英國帝國主義所衍生的國家，其觀念與認同都是沿襲英國社會主義。它們的理念基礎是財產徵收，或者退而求其次的財產重新分配；它們感興趣的只是平等而不是生產，似乎也並非自由。莫乃漢說：「我們**是**自由的一方」，然後他以耀武揚威的口吻繼續說：「當我們展開旗幟時所釋放的能量，恐怕連我們自身都會驚訝㊲。」這些包括產油國在內的新國家，對於扯平「我們」與「他們」之間的差距興致勃勃，塔克認爲這樣會造成險惡的「相互倚賴」（interdependence），我們最好準備抗拒——必要時不排除軍事入侵㊳。

兩篇文章談及的數項策略特別值得一提。無論是塔克的產油國抑或莫乃漢的第三世界新國家，它們都沒有身分、歷史或自身的國家運行軌道。它們只是被提及，簡略地描述爲一個集體，然後就到此爲止。前殖民地就是前殖民地，產油國就是產油國。除此以外，它們都是稱號不明，而且冥頑不靈到奇特甚至於可怕的地步。對「我們」而言，他們的「在那裡」（thereness）本身就意謂著威脅。其次，這些國家是抗衡昔日世界強權今日形勢的抽象存在。塔克後來在一篇論石油與強權的文章中寫道：「突然間，我們遭逢一種國際社會的可能景象：對於以往所稱的『世界性產品』（the world product），無法保證繼續進行井然有序的分配。這是因爲已開發與資本主義國家強權，可能已不再是主要的秩序締造者與發動者㊴。」新國家如果不是秩序的締造者與發動者，就只能淪爲秩序的破壞者。第三點，新國家之所以要破壞秩序，是因爲它們做爲一個集團的本質與潛能，完全與「我們」針鋒相對、分庭抗禮。

塔克與莫乃漢的言論，部分是依循一種卡農頌歌（canonical hymn）的邏輯，表現出西方遇到困境時的精神特質，並在現代西方歷史上屢見不鮮。我們在亨利・麥西斯（Henri Massis）的《保衛西方》（*La Défense de l'Occident*，一九二七年）與較近期安東尼・哈特利（Anthony Hartley）的一篇文章〈野蠻的關聯：論文明化歷史中的「毀滅性元素」〉（The Barbarian Connection: On the"Destructive Element" in Civilized History）[40]都可以看到例子。但是對於塔克與莫乃漢，近來抗衡西方的並不是「我們」知道的事物，就像歐洲帝國主義者談論東方人時會說「我們知道的人們」，因爲「我們」事實上統治他們。照莫乃漢的說法，第三世界的新國家頂多只是東施效顰，想了解它們必須透過其模仿對象，而不是其自身特質。除了違反舊日秩序之外，塔克所說的新「國際社會」似乎並沒有參照依據。這些人是誰、眞正的渴望是什麼、他們來自何處、爲什麼會有現在的行爲？這些問題無人聞問，因此也無人能解。

幾乎完全同時，美國從中南半島撤退。關於美國政壇的「越戰後症候群」（post-Vietnam syndrome）近來有許多論述，然而很少有人指出：聲稱遐荒之地的美國機構與人民需要軍事防衛，來抵抗不穩定情勢與叛亂活動，這種說法似乎已經從越南移植整個到更接近美國的地區：穆斯林世界。隨之而來的是進步自由派人士對於第三世界整體理念的幻滅，尤其是那些承諾看似遭到背叛的人士。例如傑哈德·恰連德（Gerard Chaliand）的《第三世界的革命》（*Revolution in the Third World*），這是一本**衷心的呼喊**（cri de coeur），寫於一九七七年，作者是著名的越南、古巴、安哥拉、阿爾及利亞與巴勒斯坦解放運動支持者，他書中的結論指出，大部分的反殖民運動都導致產生表現平庸、壓迫人民的國家，令西方人付出的熱忱很不值得㊶。另一個例子是《異議》（*Dissent*）雜誌，其一九七八年秋季號贊助了一場研討會，主題是：「柬埔寨最近的事件（指赤柬（Khmer Rouge）的勝利與後來傳出的恐怖暴行）是否應促使我們重新思考對越戰的反對？」這個問題——甚至其答案——顯示出從六〇年代熱情退縮的心境，取而代之的是對於新國際現實的困擾不安，這些國際現實都暗示著大難即將臨頭，國際經濟體系的全面衰敗正是這種論點的充分例證。

簡而言之，新聞與石油消費者察覺到一種史無前例的失落與崩潰的可能性，而且它既沒有面貌，也沒有可資辨認的身分。我們只知道，過去讓我們予取予求的事物就快要被奪走了。我們再也不能用以前的方式開車，石油貴得多了，我們的舒適生活與習慣似乎正經歷激烈而痛苦的變化。與失去石油——也就是問題核心的事物——的威脅感比較起來，就連石油本身也變得模糊：好像沒有人知道是否真的有短缺，加油站前的大排長龍是否因爲驚慌而引發，石油公司無情地提高利潤是否與危機有關㊷。其他事情似乎更重要，穿長袍的阿拉伯人，富可敵國，軍容壯盛，突兀地在西方四處出現，隨處可見。新生的伊斯蘭自信很容易追溯其來源，那是一九七三年十月的「齋戒月戰爭」（Ramadan War），當時埃及軍隊越過固若金湯的巴列夫防線（Bar-Lev line），這些阿拉伯官兵並沒有像一九六七年那樣潰不成軍，他們的戰鬥相當傑出。然後是巴勒斯坦解放組織於一九七四年出現在聯合國。雅曼尼的形象變成大權在握，除了因爲他是穆斯林並來自石油致富的沙烏地阿拉伯之外，實在沒有理由可言。伊朗國王也成爲世界領袖。印尼、菲律賓、奈及利亞、巴基斯坦、土耳其、幾個波斯灣區國家、阿爾及利亞、摩洛哥：它們在一九七〇年代中期突然變得有能力造成美國困擾；這種副作用令人們困擾，並驚覺自身對這些國家的歷史與特色居然所知無幾。一大群伊斯蘭國家、人物、現象就這樣不知不覺地通過一般人的意識，從幾近無人聞問的存在轉移到「新聞」的層面。

轉移過程其實並未眞正發生，美國民衆之中也沒有多少人準備好要解釋或是辨識這種看似新出現的現象，除了莫乃漢與塔克這類人之外，他們要在一個勉強容納伊斯蘭教的框架中，做出具世界史意義的結論。結果，今日人們在任何地方遇到的伊斯蘭教形象都是肆無忌憚且直接呈現的。首先是一個不言自明的假定，認爲「伊斯蘭教」這個專有名詞代表一件人們可以直接指稱的單純事物，就好像指稱「民主」，或是某個人，或是天主教會這樣的機構。前述《時代》雜誌的封面故事就是這種直接呈現運作的例子。更令人困擾的是，直接呈現會定期出現在一般性文化論證中層次更高的形式中，最常見的就是當做一個主題，讓重要的自由派雜誌進行嚴肅認眞的思考。在這方面，由於我前述的知識分子—地緣政治思維轉變，重要自由派雜誌與大衆傳播媒體之間的差距十分有限。

一個值得注意的例子是麥克・華爾澤（Michael Walzer）一九七九年十二月八日在《新共和》雜誌上的一篇文章。華爾澤的標題是「伊斯蘭爆炸」（The Islam Explosion），他以自己也承認的外行人身分，處理大量重要但（根據他的看法）大多爲暴力不幸的二十世紀事件——在伊朗、菲律賓、巴勒斯坦等地——他認爲這些事件可以被詮釋爲同一樁事物的例證：伊斯蘭敎。華爾澤指出這些事件的共通點，首先它們顯示出一種持續不斷以政治力量侵犯西方的模式；其次，它們都源出於一股可怕的道德狂熱（例如，對於巴勒斯坦人民反抗以色列殖民，華爾澤強調這是**宗教**的反抗而非政治、公民或人權的反抗）；第三點，這些事件粉碎了「自由主義、世俗主義、社會主義或民主政治的薄弱殖民主義者假象。」從這三項共通點中都可以辨識出「伊斯蘭敎」，這種「伊斯蘭敎」更凌駕了原本區隔這些事件的時空距離。人們也可以注意到——又是根據華爾澤的說法，人們談論伊斯蘭教時多少會泯滅時空界線，泯滅民主政治、社會主義與世俗主義的複雜政治意涵，泯滅道德限制。在文章的末尾，華爾澤說服自己（至少），他用「伊斯蘭教」這個字眼時是在談論一個名稱爲伊斯蘭教的眞實事物，這個事物是如此直接，以致於對它做任何思索或條件限定似乎都是庸人自擾。有了這種直接性之後，無可避免會連帶產生一種趨勢，將伊斯蘭教視爲不具有自身的歷史；或者就算有，其歷史若非無關緊要，就是數百年來不斷重複——暴力、狂熱、專制。莫乃漢與塔克這類保守派分子的論點，因此也受到左傾自由派人士的肯定與擴充。

在地緣政治—知識分子的新背景中，伊斯蘭教公衆形象的另一個層面就是，它總是出現在衝突關係中，衝突對象是任何正常的、西方的、平日的、「我們的」事物。讀者看過華爾澤或華爾澤所借重學者的作品，定然會得到這樣的印象。伊斯蘭世界這個觀念本身——這是芙蘿拉・路易絲（Flora Lewis）一九七九年十二月二十八日至三十一日在《紐約時報》上四篇連載文章的主題（我在第二章會再討論這四篇文章）——蘊含著對於「我們的」世界的敵意。事實上，路易絲四篇文章的主要目的就是要說明伊斯蘭教（指的是挾持美國人質的伊朗人）正在「對抗」我們。當路易絲臚列出伊斯蘭教的脫離常軌：阿拉伯語言的特殊、信仰的怪異、主宰信徒的反自由極權主義體制等等，這種感受會進一步強化。如果說伊斯蘭教的直接性使它看似唾手可得，那麼它悖離我們熟悉的現實以及規範，就會導致它與我們產生正面、威脅性、劇烈的對抗。最後的結果是，伊斯蘭教達到形態繁多的層次，成爲有形的、可認知的實體，使得許多論述與邏輯策略——其中大部分是擬人的——得以肆無忌憚地發揮。

這股潮流的高峰是杭廷頓一九九三年夏天發表在《外交事務》上的名文：〈文明的衝突？〉（The Clash of Civilizations），這位前冷戰戰士說明了他對於新生的、後冷戰時期衝突形式的觀點。他語出驚人地表示，這場衝突全然是一場文明的衝突，全球九或十個文明中，對西方而言最危險的就是伊斯蘭教（或者應該說是未來伊斯蘭教與儒家文化的結盟，但杭廷頓並未提出證據）。有趣的是，杭廷頓這篇外行人對歷史與文化的探索，其標題卻是取材自伯納德・路易士的一篇文章：〈穆斯林激憤的根源〉，路易士在文中主張一個大膽甚至是全面概括的觀點：「伊斯蘭教」——他並沒有詳細說明——對現代化本身滿懷憤怒。從這個立場鮮明的謬論出發，杭廷頓——無疑地還包括那些受他影響的讀者——得到怵目驚心的結論，諸如：「新月形狀的伊斯蘭地區，從非洲的突出部一直延伸到中亞，都有染血的邊界。」（三十四頁），由此引發對伊斯蘭教的恐懼更多於知識。杭廷頓試圖宣揚的是某個特定文明與西方的水火不容，儘管雙方有千年來的和平交流歷史與未來繼續對話的可能性。伊斯蘭教是任何一個西方人的頭號大敵，就好像每個穆斯林與西方人都是密不透風的文化認同容器，且注定要永無休止地進行自我複製。

如此一來，你就可以將伊斯蘭教對應到幾乎任何一個穆斯林身上：何梅尼是最方便的人選，此外還有每當需要基本教義派例證時，出現在電視上的喀拉蚩、開羅或的黎波里的大批穆斯林暴民。然後你可以將伊斯蘭教比擬爲任何你厭憎的事物，不必在意你的論點是否有憑有據。有個例子就是一本「莊園圖書」（Manor Books）公司出版、何梅尼編著《伊斯蘭政府》（*Islamic Government*）的平裝本，標題卻改成《何梅尼阿亞圖拉的「我的奮鬥」》（*Ayatollah Kohmeini's Mein Kampf*）。書中並附上一篇《紐約郵報》（*New York Post*）資深記者喬治・卡波吉二世（George Carpozi, Jr.）的分析，他師心自用地指稱何梅尼是阿拉伯人，而伊斯蘭教是在西元前五世紀創立。卡波吉的分析是如此悅耳動聽地展開：

> 就像先前的希特勒，何梅尼是個暴君、憎恨者、引誘者、對世界秩序與和平的威脅。《我的奮鬥》作者與這冊乏味的《伊斯蘭政府》編者之間主要差異在於，希特勒是無神論者，何梅尼卻僞裝成真主的代言人[43]。

這種對伊斯蘭教的再現總是一再地顯示：將世界截然畫分爲親美與反美（或是親共

與反共）的強烈傾向；不願意報導政治發展；種族優越感或冷漠不關心或兩者兼具的模式與價值；全然錯誤的訊息、重複與迴避細節；缺乏眞誠獨到的見解。這些現象都可以追溯到——不是伊斯蘭教——西方社會的幾個層面，以及「伊斯蘭教」概念反映並服務的媒體。結果就是我們將世界再度畫分爲東方與西方——舊日東方學專家的論點幾乎原封未動，我們不僅對世界視而不見，對自身以及我們與所謂第三世界之間的關係也是如此，而且情形日趨嚴重。

一連串相當重要的後續效應隨之而來。首先是提供了伊斯蘭教的明確形象。其次，伊斯蘭教的意義與訊息被限定與刻板化。第三，創造出一種衝突的政治情勢，讓「我們」與「伊斯蘭教」勢不兩立。第四，這種簡化的伊斯蘭教形象對於伊斯蘭世界也有明確的影響。第五，媒體呈現的伊斯蘭教與文化界對伊斯蘭教的態度，彰顯的不僅是「伊斯蘭教」，還有文化中的機制，以及資訊、知識與國家政策的政治運作。

雖然我列舉了這些與現行伊斯蘭教形象相關的事物，但我並不意謂著有一個「眞實的」伊斯蘭教存在於某個地方，並且被媒體基於低劣的動機加以歪曲，我的用意完全不是如此。對穆斯林與非穆斯林而言，伊斯蘭教是個既客觀又主觀的事實，因爲人們是在自身的信仰、社會、歷史與傳統之中創造事實；或者就非穆斯林的局外人而言，是因爲在某種意義上，他們對於集體或個別衝撞他們的事物，必須確定、人格化、銘刻其特質。也就是說，媒體的伊斯蘭教、西方學者的伊斯蘭教、西方記者的伊斯蘭教以及穆斯林的伊斯蘭教，全都是意志與詮釋的行動，發生在歷史之中，而且只能夠被當做意志與詮釋的行動，放在歷史中處理。我本人既沒有宗教信仰，也不具伊斯蘭教背景，但我自認可以了解那些宣稱自己具有某種信仰的人。不過就我覺得能夠討論信仰的範圍之內，討論對象應該是對信仰的**詮釋**，這些詮釋藉由發生在人類歷史與社會中的人類行為顯現出來。例如，當我們討論推翻巴勒維政權的「伊斯蘭」革命，或是阿爾及利亞伊斯蘭解放陣線（Islamic Salvation Front, FIS）在一九九〇年地方選舉中擊敗政府時，我們不應該談論這些革命分子在信仰上是否為**真正**的穆斯林，但是可以談論他們對於伊斯蘭教的觀念，因為他們自覺地——也可以說是以伊斯蘭教為名——反抗他們眼中一個反伊斯蘭、壓迫、暴虐的政權。然後我們可以比較他們對伊斯蘭教的詮釋以及《時代》雜誌與《世界報》對伊斯蘭教、伊朗革命與阿爾及利亞伊斯蘭主義者的報導。

換言之，我們在此處理的是最廣義的詮釋社群，其中許多社群是針鋒相對，隨時準備與對手大動干戈，這些社群都創造並顯現自身與其詮釋，做為其存在的核心特質。沒有人在生活中能直接觸及真理或真實，我們每個人都處在事實上由人類組成的世界，其中「國家」或「基督教」或「伊斯蘭教」這類事物是源起於傳統共識、歷史進程，以及最重要的：人類賦予這些事物特質以資辨別的刻意努力。並不是說真理與真實並不存在；它們的確存在，當我們看到住家附近的樹木與房屋，或者摔斷了骨頭，或者感受到愛人死去的痛苦，自會了然於心。但整體而言，對於一種現象，我們經常會全然不顧或將注意降到最低限度：我們對眞實的感知，不僅倚賴我們爲自身塑造的詮釋與意義，還倚賴我們**接收**的詮釋與意義。因爲接收的詮釋是社會生活整體的一部分。萊特・米爾斯（C. Wright Mills）說得很清楚：

> 了解人類處境開宗明義的規則就是，人生活在第二手的世界。他們覺察到的經驗遠多於親身體驗，他們自己的經驗又總是間接的。他們生活的品質決定於他們從別人那裡接收的意義。每個人都活在這種意義的世界中。沒有人會單獨正面遭遇千真萬確的世界。這樣的世界根本無法獲致，人們最接近它的時候是嬰兒時期或瘋狂之後：人們處身於無意義事件與無感覺混亂的可怕情境中，經常會被近乎完全缺乏安全感的恐慌籠罩。但是在他們的日常生活中，他們無法經驗到千真萬確的世界；他們的經驗本身是由刻板化的意義來選擇，並由現成的詮釋來形塑。他們關於世界以及自身的形象，來自於眾多他們從未見過也不應該見到的證人。但是對每個人而言，這些形象——由陌生人與已死之人提供——正是他身為人類的生活基礎。

人們的意識無法決定他們的實質存在，而他們的實質存在也無法決定他們的意識。在意識與存在之間，矗立著其他人傳遞過來的意義、設計與溝通——首先是藉由人類的語言，然後是對符號的處理。這些接收的與受到操縱的詮釋，會深刻影響人類關於自身存在等各種意識。對於人們看到的事物、如何回應、有何感受，以及如何回應這些感受，詮釋也提供了線索。符號聚焦經驗、意義組織知識，而且對於表面片刻知覺的引導，不下於對終身的渴望嚮往。

的確，每個人都會**觀察**自然、社會事件以及自身：但是他並沒有也從來沒有去觀察他對自然、社會事件以及自身信以為真的事實。每個人都會詮釋自己的觀察——就如同他詮釋並非自己觀察的事物：但他的詮釋方式並不是自己的，他並沒有親自擬訂甚至測試這些詮釋方式。每個人都與別人談論觀察與詮釋：但是他**報導**的方式恐怕大多是別人的話語和圖象，只是被他占為己有。每個人所說的確切事實、合理詮釋、恰當再現，有一大部分越來越倚賴觀察哨站、詮釋中心與再現供應站，這些都是藉由我所謂的文化機構（cultural apparatus）在現代社會中建立㊹。

對於大部分美國人（歐洲人通常也是如此）而言，傳遞伊斯蘭教的文化機構主要包括電視網與廣播網、日報、大量發行的新聞雜誌；電影當然也扮演一個角色，不過那只是因爲我們對歷史與遙遠國度的視覺感受通常是來自電影院。合而觀之，大眾媒體強大的集中力，可以說形成了詮釋的共同核心，提供關於伊斯蘭教的某種圖象，而且也反映了媒體所服務社會的深厚利益。伴隨著這幅圖象——其實不止是圖象，還包括一套可以用以相互溝通的圖象感受——而來的，我們可以稱之爲圖象的全面脈絡（over-all context），我用脈絡的意思是指圖象的背景、它在現實中的地位、它蘊含的價值，以及相當重要的，它要促使觀者產生的心態。因此，如果呈現伊朗危機的是電視畫面中高呼口號的暴民，伴隨著對「反美心態」的評論；那麼這幅景象的距離感、陌生感、威脅感就會將「伊斯蘭教」局限於這些性質。然後引發一種感受，讓我們覺得自己遭遇到某種根本不具吸引力而且是負面的事物。既然伊斯蘭教是「反對」我們而且是「在那裡」，那麼我們也無可置疑地必須對它採取衝突性的回應方式。如果我們看到並聽到某個華特・克朗凱（Walter Cronkite）在夜間新聞報導最後說道：「就是這麼回事」（"that's the way it is"），我們也會跟著下結論，眼前的景象並非電視公司刻意製造並呈現出來，事情的確就是這麼一回事：自然的、不變的、「外國的」、反對「我們」的。難怪一九七九年十一月二十六日法國《新觀察家報》（*Le Nouvel Observateur*）的尚・丹尼爾（Jean Daniel）寫道：「美國已被伊斯蘭教包圍。」〔les États-Unis（sont）assiégés par l'Islam.〕到了一九九六年，情形仍是如此。

儘管人們對之倚賴深重，但電視、報紙、廣播與雜誌並非我們接觸「伊斯蘭教」的唯一來源。此外還有書籍、專業期刊與講座課程，其觀點之複雜更甚於大眾媒體傳遞的片段與立即呈現的事物㊺。還有一點很重要，就算是報紙、廣播與電視，也可以看到百家爭鳴的現象存在於各篇社論之間、不同的「專欄版」觀點之間、另類或反文化形象與傳統形象之間。簡言之，我們並不至於任憑中央操控的宣傳機構擺布，雖然媒體甚至知名學者的確製造出大量的宣傳。媒體製造的事物儘管具有多樣性與差異性，也不論我們如何為其辯駁，這些事物既非自發的也不是全然「自由的」：「新聞」並不止是發生，畫面與概念不是直接從現實躍入我們的心目中，眞相也不是隨手可得，我們並沒有無限的多樣性可隨意選擇。因為就像所有的溝通方式一樣，電視、廣播與報紙都遵守某些規則與傳統，將事物以可理解的方式傳達。通常是這些規則與傳統——而不是媒體要描述的眞實——塑造出媒體傳達的材料。這些大家默認的規則，能夠很有效率地將難以掌握的眞實簡化為「新聞」或「故事」；媒體也認定，他們努力接觸的觀眾群對於眞實是受制於千篇一律的假定；因此伊斯蘭教（在這方面，任何事物都是如此）的圖象很可能會相當一致，在某些方面簡化而且色調單一。不必贅言的是，媒體是追求利潤的企業，因此理所當然，其興趣會偏重於凸顯眞實的某些形象。媒體這種做法的**政治**脈絡，是由一種不自覺的意識形態發動並實現，而媒體散布這種意識形態時也不曾認眞地持保留或反對態度。

首先要做一些條件限定。我們不能說西方工業國家是壓迫性的、以宣傳來統治的政治實體。他們當然不是。例如美國，幾乎任何一種意見都找得到地方發表，而且美國公民與媒體對於新穎、反傳統、不受歡迎的觀點具有舉世無雙的接納性。此外，各式各樣的報紙、雜誌、電視、廣播節目，還有那些書籍手册，數量之多幾乎無法言喻，內容也不能一言以蔽之。那麼一個人怎麼能公允而準確地說：所有媒體都表達出**一種**共同的觀點？

當然不能這麼說，我也不打算如此嘗試。然而我還是認爲，儘管媒體多樣紛陳，還是有一種質和量的趨勢，使得某些對於眞實的觀點與再現，比其他觀點與再現更受靑睞。讓我很快地扼要重述前面說過的一些論點。我們並不是生活在一個自然的世界：像報紙、新聞和意見這些事物並不是自然發生，它們是被**製造**的，是人類意志、歷史、社會情況、機構的結果，也是個人職業的傳統。媒體的目標諸如客觀性、眞實性、寫實報導與精確性，都是具高度相對性的術語，它們表達的恐怕是意願而非可以達成的目標。它們也絕對不應被視爲天經地義，這種觀點只是源於我們慣於認定自家的報紙可靠而消息確鑿，共產國家與非西方國家的報紙則是宣傳工具且充斥意識形態。事實上，如同赫伯特・甘思（Herbert Gans）在其重要著作《決定新聞》（*Deciding What's News*）中顯示的，新聞記者、通訊社與廣播電視網會有意識地決定要報導什麼、如何報導，以及其他相關事務㊻。換言之，新聞與其說是被動的已知事實，不如說是源自於一套複雜的過程，經過通常是深思熟慮的選擇與表達。

對於西方各大新聞採集與新聞傳播機構運作的方式，我們最近見到豐富的例證。專著如蓋・泰勒西（Gay Talese）與哈里遜・索爾茲伯里（Harrison Salisbury）論《紐約時報》的書、大衛・郝伯斯坦姆（David Halberstam）的《當家大權》（*The Powers That Be*）、蓋伊・塔克曼（Gaye Tuchman）的《做新聞》（*Making News*）、赫伯特・席勒（Herbert Schiller）對傳播業的多項研究、麥可・舒德森（Michael Schudson）的《發現新聞》（*Discovering the News*）、阿曼德・麥特拉特（Armand Mattelart）的《跨國企業與文化控制》（*Multinational Corporations and the Control of Culture*）㊼。這裡只列舉了眾多相關研究中的少數作品。這些研究從不同觀點證實了，社會中新聞與意見的形成大體上都是依據規則、局限於框架、運用傳統做法，使得整個過程具備非常明確的整體特質。就像每一個人一樣，記者會假定某些事物是正常的；價值觀被內化而且不須時時檢驗，例如個人所處社會的習慣會被視爲理所當然；在報導外國社會文化時，一個人的教育、國籍與宗教不能被忽略；對於職業行爲準則以及行事風格的自覺，會涉及一個人說的話、如何說，以及為誰而說。羅伯特．丹頓（Robert Darnton）在〈寫新聞與說故事〉（Writing News and Telling Stories）一文中對這些問題做了興味盎然的描述，讓我們除了充分感受到記者工作情形之外，還有「記者與消息來源之間培養出來的共生與敵對關係」、「標準化與刻板化」的壓力，以及記者「對於他們報導的事件，添加的比取材的還要多」的工作方式㊽。

美國媒體與法國和英國媒體不同，因為其社會、觀衆、組織與利益都有極大差異。每一個美國記者都應該覺察到，他或她的國家不僅是超級強權，而且其擁有的利益與追求利益的方式，都使其他國家望塵莫及。無論是在理論上抑或實際上，媒體獨立固然是仰之彌高的目標，但幾乎每一個美國記者在報導世界時都懷著一種崇高的意識，認為他或她的公司是美國強權的參與者；這股強權受到外國威脅時，會要求媒體放棄其獨立性，而屈服於經常以暗示表達的忠誠、愛國以及單純的國家認同。這當然不足為奇。奇特的是，人們通常不會認定獨立媒體會參與外交政策，儘管在許多方面媒體不但參與而且績效斐然。先不論中情局利用在國外工作的新聞記者，美國媒體在搜集外在世界訊息時，無可避免地會落入由政府政策主宰的框架中。當訊息與政策互相衝突，例如越南，媒體才會形成自家的獨立觀點，但目的仍然是要影響甚至改變相關政策，唯有政策才關係到包括媒體成員在內的全體美國人。

美國記者到了國外會使出渾身解數，這是可以理解的。記者被派駐到異國的文化圈時總會如此；尤其是當記者感受到自己人在國外，必須將發生的事件轉化為本國同胞（包括決策者）能夠理解的語言。他會尋求其他記者併肩作戰，但是也會與大使館、美國僑民，以及與美國關係良好的人士保持聯絡。有一件事不應該低估，國外工作記者其判斷力所倚賴的不僅是他知道與學到的事物，同時也是他身為美國媒體駐國外代表應該知道、學到與表達的事物。一位《紐約時報》的特派員非常清楚《紐約時報》的本質，以及這家報社如何以企業方式看待自身：當然，《紐約時報》駐開羅或德黑蘭特派員的報導，與一位人在開羅或德黑蘭、亟欲登上《國家》或《在這些時期》（*In These Times*，譯注：美國一分全國性的雙週刊）雜誌的自由投稿作家的作品，兩者之間有著關鍵性甚至決定性的差異。傳播媒介本身也會施加強大壓力。為國家廣播公司（NBC）電視網的「夜間新聞」（*Nightly News*）做現場報導的開羅特派員，對於事件的詮釋可能會異於《時代》雜誌開羅辦事處主任經過長期蘊釀才發表的文章。此外，國外特派員的報導也會被本國的主編以某種方式改頭換面：另一套不自覺的政治與意識形態限制在此處運行。

美國媒體對於外國的報導不僅創造出自身，同時也強化了「我們」在外國的既得利益。媒體的觀點對一個美國人會凸顯出某些事物，對義大利人或俄羅斯人則另當別論。

這些事物都匯聚到一個共同的中心或是共識，而所有媒體機構都會不由自主地要澄清、具體化並形成這個共識。這是重點所在。媒體可以無所不爲，代表各式各樣的觀點，呈現許多怪異、極具原創性甚至偏離常軌的事物。但是到最後，由於媒體本身是公司，而且要服務並促進一個企業體——「美國」甚至「西方」——因此它們都懷有同樣的中心共識。這種共識——正如稍後我們在伊朗案例中看到的——塑造出新聞，決定**什麼**是新聞以及它**如何**讓它成爲新聞。然而共識並不會被迫去規定或決定新聞內容。它不是源出於嚴格的法律，不是陰謀，也不是獨裁。它是源出於文化，或者更適切地說：它**就是**文化本身；而且就美國的媒體而言，它是當代歷史上相當可觀的構成要素。如果不先肯定媒體確實會回應我們的本質與期望，那麼分析並批評這種現象將毫無意義㊾。

對於這個共識的內容，最好是描述爲實際上正在發生，而不是規範性或抽象地描述。就媒體對於伊斯蘭教與伊朗的報導而言，我應該讓這個共識在下一章的分析過程中自行現身。然而，我在這裡還是要對這個主題做兩個總結。

首先，我們必須牢記，美國是個複雜的社會，由許多經常是互不相容的次文化組成，因此藉由媒體傳布一種略具標準化的共同文化，這樣的需求在美國特別強勁。這特質不止是與我們這個年代的大眾傳播媒體相關，同時還有一脈可追溯至美國建國時期的特殊傳統。從清教徒時期的「荒野任務」（errand in the wilderness）開始，美國就存在著一種體制化的意識形態修辭，來表達美國特有的意識、認同、命運與角色，其功能一直是要儘可能融入美國的（與世界的）多樣性，並以美國獨有的方式改頭換面。對於這種修辭與其在美國生活中的體制表現，幾位學者已經做了令人信服的分析，包括培瑞・米勒（Perry Miller）與最近的薩克凡・伯柯維奇（Sacvan Bercovitch）[50]。其結果是一種對於共識的幻覺甚至眞實，而媒體做爲其服務社會的代言人，認定自身就是要發揮這種民族主義色彩十分濃厚的共識。

第二點是關於共識實際上如何運作。描述運作過程最簡單也最精確的方式，我想就是說明其設定限制條件並持續施加壓力[51]。共識的運作不會強制規範內容，也不會機械化反應某個特定階層或經濟集團的利益。我們必須將它看成畫出無形的界線，讓記者與評論者認爲沒有必要逾越。因此，美國軍力可用於執行邪惡目標的觀念就無法見容於這個共識；正如同認定美國永遠身爲世界強權是司空見慣的尋常觀念。同樣地，美國人傾向於認同那些表現出初生之犢開拓精神的外國社會或文化（例如以色列），這些社會或文化攫取被濫用或被野蠻民族所占用的土地[52]。然而美國人對於傳統類型的文化通常是不甚信任而且興趣缺缺，就算那些經歷革命更新陣痛的傳統文化也一樣。美國人認定共產黨的宣傳是由類似的文化與政治綱領指導；但就美國自身而言，媒體在設定限制與持續施壓時，很少會坦然承認或是覺察到自身的作爲[53]。這個現象也是一種設定限制。我再舉一個簡單的例子。當美國人在德黑蘭被劫持爲人質，共識立刻開始運作，認爲伊朗內部只有與人質相關的事件才重要；這個國家的其餘事物如政治發展、日常生活、重要人物、地理與歷史，都受到嚴重忽略：伊朗與伊朗人民都要根據他們支持抑或反對美國來加以界定。

關於報導與傳播在質方面重點的普遍性探討，就談到這裡。對於做爲詮釋的新聞在量方面的問題，可以開門見山地談。傳播最廣因此衝擊也最大的是少數幾家機構：兩到三家新聞通訊社、三大電視網、CNN、六家日報、兩（或三）家新聞性週刊[54]。只要提幾個名字就足以說明重點：哥倫比亞廣播公司（CBS）電視網、《時代》、《紐約時報》、美聯社（AP）。比起其他規模較小、財力稍遜的新聞機構，它們接觸的人更多、予人的印象更深、處理更多特定類型的新聞。在外國新聞方面，這種情形的意義顯而易見：大公司有更多實地採訪記者，因此其記者也爲與公司合作的報紙、地方性電視台與廣播電台供應素材，讓它們向自家的第一線客戶做報導。這種外國新聞的質量與密度通常意謂更大的權威，於是也更頻繁地被新聞使用者引述；因此，一則《紐約時報》或CBS的報導會因爲自身的來源、公司在體制中的名望、出現頻率（每天、每小時等等）、專業與經驗的氛圍等因素而具備可信度。少數幾家主要新聞供應者，以及數量龐大、規模較小、雖獨立經營但許多方面仍仰賴大機構的新聞供應者，兩者合作塑造了一個**美國**的現實景象，並具備明顯的一致連貫性。

一個非常嚴重的後果是，**除了**簡化、強制、反對之外，美國人幾乎沒有什麼機會用別的方式來看待伊斯蘭世界。因此造成悲劇，在美國與伊斯蘭世界自身孳生出一連串的反化約（counterreductions）。現在「伊斯蘭教」只可能有兩種普遍性意義，而且兩者都是無法接受、不具建設性的。對於西方人與美國人，「伊斯蘭教」代表一種再度興盛的復古精神，所暗示的不僅是退回中世紀的威脅，還暗示會摧毀西方世界通稱之爲民主秩序的事物。另一方面，對於許許多多的穆斯林，「伊斯蘭教」代表對於前述強調伊斯蘭教威脅形象的反彈性反駁（reactive counterresponse）。任何對「伊斯蘭教」的談論多少都得以抱歉的口吻提及伊斯蘭教的人道精神、它對文明的貢獻、它的發展與道德正確性。這種反駁不時會招惹愚蠢的反反駁（counter-counterresponse）：試圖將「伊斯蘭教」等同於某一個伊斯蘭國家的狀況，或是某一個伊斯蘭權威。因此你看到沙達特指稱何梅尼爲瘋子與伊斯蘭教之恥，而何梅尼也回敬了這番恭維，美國則有許多人士辯論兩方說法的高下。當伊斯蘭教的辯護者看到每天遭伊朗伊斯蘭革命委員會處決的人數，或者——路透社（Reuter）一九七九年九月十九日的報導——何梅尼宣布要徹底摧毀伊斯蘭革命的敵人，還有什麼話好說？我在這裡的重點是，所有這些互相關聯的、過度化約的「伊斯蘭教」意義其實是相互倚賴，而且同樣應予拒斥，因爲它們更惡化了雙重約束（double bind）的情形。

雙重約束後果的嚴重性，我們由下述情形可見一斑：美國對巴勒維國王現代化的支持，被伊朗人視爲反對國王的戰鬥口號；反對運動則轉化爲政治詮釋，認定伊朗君權違背伊斯蘭教；伊斯蘭革命目標的一部分是反抗美國帝國主義，而巴勒維在紐約的象徵性復辟又表現爲美國帝國主義反抗伊斯蘭革命。從此劇情的發展似乎一如東方學專家的安排：所謂的東方人扮演所謂的西方專家指定他們要扮演的角色；西方人則坐實了他們在東方人心目中魔鬼般的形象㊺。

不僅如此：伊斯蘭世界許多地區如今正充斥著美國製作的電視節目。就像其他第三世界人民一樣，穆斯林傾向於仰賴少數幾家新聞通訊社，將新聞傳回第三世界，雖然這些新聞中有一大部分就是關於這個世界。一般而言，第三世界——尤其是伊斯蘭國家——已經從新聞的來源轉變成新聞的消費者，有史以來第一次（第一次以這般規模），伊斯蘭世界要藉由西方製造的形象、歷史與資訊來了解自身。最強烈的例證就是在波斯灣戰爭期間，大部分阿拉伯人（謠傳連薩達姆·海珊（Saddam Hussein）也不例外）都觀看CNN來得知戰況。伊斯蘭世界的學生與學者目前仍倚賴美國與歐洲的圖書館與學術機構，才能夠獲知今日所謂的中東研究（整個伊斯蘭世界沒有一座眞正完整且核心的阿拉伯資料圖書館）；英語是一種世界性語言，而阿拉伯語、波斯語、土耳其語不是；許多經濟奠基於石油的伊斯蘭地區將本地經營階層轉化爲菁英分子，這些人的經濟、國防以及政治機會都仰賴西方主宰的全球消費者市場；考量上述這些事實，人們就會得到一幅明確但令人極爲沮喪的景象，顯示出這場媒體革命——只爲產生它的社會中的一小撮人而服務——對於「伊斯蘭教」的影響㊻。

獨立於我前述反彈過程之外的伊斯蘭復興運動，並不是不存在，但這種復興如果以較爲整體性的方式來談論會比較準確。我個人覺得，除非能有相當大的自制以及衆多條件限定，**擺脫**「伊斯蘭教」與「伊斯蘭的」這類詞語會令我更爲自在，這是因爲在許多穆斯林社會與國家中（當然西方也是一樣），「伊斯蘭教」已經成爲許多與宗教全然無關事物的政治掩飾，我們如何才能以負責的態度來討論穆斯林對伊斯蘭教的詮釋，以及伊斯蘭教內部的發展？

首先，依據羅丁森之見，我們應該將穆斯林宗教的基本教誨，局限於被認定爲眞主之言的《古蘭經》㊼。這是伊斯蘭信仰特質的基石，也就是魯西迪《魔鬼詩篇》（*Satanic Verses*）一書扭曲的部分，詮釋經文與生活實踐的方式會立刻讓我們離開這塊基石。第二個層面包括對《古蘭經》各種相互扞格的詮釋，這些詮釋構成衆多的伊斯蘭教派、教法學派、詮釋風格、語言理論等等。在《古蘭經》衍生出的這張龐大網絡（大部分都形成完整的體制，有的還形成社會），主要趨勢是羅丁森所說的「回歸本源」（return to the source）。這意謂著一股根本的衝動，要追求伊斯蘭事物原始素樸的精神，羅丁森將這股衝動比擬爲伊斯蘭教內部一場「永遠的革命」（permanent revolution）。然而他沒有點明的是，所有一神教與大部分意識形態運動都帶有這股衝動，至於伊斯蘭教是否比其他宗教與運動更堅持革命則很難斷定。無論如何，「回歸本源」發起運動〔例如瓦哈比教派（Wahhabis，譯注：十八世紀末興起於阿拉伯半島的伊斯蘭教派）或伊朗革命顯而易見的宗教成分〕對於社會的衝擊，會隨著時空變化而改變。十九世紀蘇丹的馬赫迪思想（Mahdism，譯注：什葉派信奉的救世主再現人世的思想）與今日的馬赫迪思想不同。與埃及今日的穆斯林兄弟會相較，一九四〇年代早期到一九五〇年代中期的兄弟會是個更爲強大的意識形態運動；兩者的組織、目標又與敘利亞的穆斯林兄弟會不同，阿塞德一九八二年曾在哈馬（Hama）企圖殘酷地剿滅後者：他的士兵屠殺了數千名疑似兄弟會的人士。

到目前爲止，我們談論伊斯蘭教主要——但並不全然——是在教義與意識形態等層面，同時我們也已進入一個相當歧異而矛盾的領域。最後，在運用「伊斯蘭教」與

「伊斯蘭的」標籤時，必須點明所說的是**哪一個**（或者是**誰的**）伊斯蘭教。當我們在分析中加入第三個層面，事情就變得更複雜，分析仍是依據羅丁森，不過這回最好詳細引用他的原文：

> 伊斯蘭教內部還有必須與另外兩個層面仔細區分的第三個層面，其中包括將各種意識形態生活化的方式、聯繫意識形態的做法、影響甚至激發意識形態的做法。中世紀伊斯蘭教演變成的各種體系，都以不同的方式在生活中實踐，從內部發生轉型，儘管它們從外部的指涉與文本看來並無差異。這裡要討論的問題不能簡化為單純的對照，說一方是有「異端」（heretical）傾向的教條與文本，另一方則是大多數穆斯林認同的「正統」（orthodoxy）。在墨守成規的背景下，這方面與其他方面一樣，對一句神聖經文的再詮釋經常就足以導致存在的變化，以及採取一種批判性或革命性的心態，可能只是個人心態，但也可能散播開來影響他人。對照之下，隨著時間過去，一場革命性或創新的突破會受到保守、墨守成規與清靜無為（quietist）的詮釋。這類過程有許多例子，其實可以稱之為意識形態的普遍法則。伊斯瑪儀（Ishmaeli，譯注：什葉派的主要支派之一）「教派」（sect）的演進是特別顯著的例子。中世紀時期的伊斯瑪儀派鼓吹以革命顛

覆現行體制，但是今日它的領導者卻是像阿迦汗（Aga Khan，譯注：印度孟買地區的商業領袖，一八八五年被擁立為伊斯瑪儀派伊瑪目，以財富驚人著稱。）之類的百萬富豪，他們最關心的是享受與電影明星、社會名流為伴，以及醜聞小報不厭其煩報導的奢華生活。

總之，神聖經文並沒有做出明確的宣示。而整體的文化傳統，無論是就其較明確的組成架構、宣言聲明、教條文本，或是由教條文本激發的心態而言，都呈現出眾多的層面，讓人們為相互衝突最烈的論點辯護[58]。

這個層面是第三種詮釋，但是它的發生完全有賴於前兩種詮釋。沒有《古蘭經》就沒有伊斯蘭教；相對地，沒有穆斯林的誦讀、詮釋、試圖轉化爲體制與社會現實，也就沒有《古蘭經》。就算有勢力強大的正統詮釋，如同遜尼派伊斯蘭教——遜奈（Sunna，譯注：即「聖行」，穆罕默德創教過程中的種種行爲，後成爲伊斯蘭教對這種行爲的專稱。遜尼派原意即爲「遵守遜奈者」）本身即意謂著基於共識的正統——還是很容易釀成革命性動亂。埃及沙達特政府與多個所謂基本教義派穆斯林政黨之間的衝突，就是發生在爭議性的正統基礎上，沙達特與**他的**穆斯林政權自稱爲依循「遜奈」的一方，但沙達特的反對者卻振振有詞，強調**他們**才是眞正的「遜奈」奉行者。

對於這三個伊斯蘭教的層面，如果再考量穆斯林過去、現在與未來可觀的人數；「伊斯蘭教開拓」（the venture of Islam）（七世紀迄今）的漫長歷史；伊斯蘭社會驚人的地理環境多樣性（從中國到奈及利亞，從西班牙到印尼，從俄羅斯到阿富汗再到突尼西亞）；那麼我想我們就能夠開始了解西方這一做法，即：將這一切一言以蔽之爲「伊斯蘭教」的媒體與文化嘗試，其背後的**政治**意涵。同時我也認爲，我們會開始查覺到那些回應伊斯蘭以及西方情境、類型繁多且相互矛盾的**伊斯蘭**嘗試，是同樣地政治化，同樣須以過程、抗爭、詮釋策略的角度分析59。現在且讓我相當概略地描述其中所涉及的極爲複雜的事物。然而我還是要事先說明，最大的問題在於，有許多必須衡量的事物根本就無法記錄。

我們的能力還遠不足以判斷所謂「伊斯蘭歷史」是否眞的存在，頂多只能將它當成區隔伊斯蘭世界與歐洲、日本等地區的基本方式。超出這一點，伊斯蘭與西方學者就意見不一：伊斯蘭教在特定地理位置生根的原因，是生態環境，還是社會經濟結構，還是定居生活與遊牧生活方式之間某種特殊關係。伊斯蘭歷史分期問題也過於複雜，無法運用簡單明瞭的「伊斯蘭」描述。阿拉維派（Alawi，譯注：什葉派支派之一，盛行於叙利亞）、薩非王朝（Safavid，譯注：十六世紀至十八世紀中葉的波斯王朝）、烏茲別克（Uzbek）、蒙兀兒王朝

（Mogul）（蒙兀兒王朝是伊斯蘭歷史一直到二十世紀的偉大國家體制，橫跨印度、土耳其、近東與中東）以及現代伊斯蘭民族國家之間的相似性，有何意義？我們如何解釋伊斯蘭區域中，所謂的土耳其—伊朗（Turco-Iranian）與土耳其—阿拉伯（Turco-Arabian）部分間的差異？最後，正如胡拉尼的闡述，伊斯蘭教本身內部關於定義、詮釋與描述的問題是如此巨大，應該讓西方學者三思（更何況非學者出身的西方人）：

> 很明顯的是，像伊斯蘭歷史這類詞彙在不同脈絡下會出現不同的意義；而且無論是在何種脈絡，這些詞彙本身都不足以解釋所有存在的事物。換言之，「伊斯蘭教」與其衍生的術語都是「理想型」（ideal types），運用精微，帶有無數的意義限制與調適變化，如果是要充作歷史詮釋的原則，還得與其他理想型結合。它們的運用範圍須視我們正在撰寫的歷史形態而定。它們與經濟史的關係最為疏遠，羅丁森在其《伊斯蘭教與資本主義》（*Islam et capitalisme*）一書中已有說明，在伊斯蘭教主導的社會中，不能以宗教信仰或律法來做為解釋經濟社會的主要因素。儘管伊斯蘭律法對於商業形式確有影響，但其他解釋方式更為相關，克勞德·卡亨（Claude Cahen）等人曾指出，諸如「近東」、「地中海地區」、「中世紀」、「前工業化」社會等概念要比伊斯蘭概念有用。對於社會

政治史，伊斯蘭教可提供部分解釋元素，但絕非一應俱全。連對於最為狂熱的「伊斯蘭」國家，解釋其體制與政策時都必須考量其地理位置、經濟需求、王朝與統治者利益等因素。就算是那些看似奠基於伊斯蘭律法的體制，其歷史也無法單從伊斯蘭因素得到完整的解釋：「伊斯蘭奴隸制度」（Islamic slavery）之類的觀點經不起仔細的檢驗；如同米列特（L. Milliot）分析摩洛哥的「爾麥里」（'amal，譯注：指伊斯蘭教各種功修與善行）文學時所指出，地方風俗習慣總有辦法融入實際施行的伊斯蘭律法。只有某些形態的的思想史，至少在前現代時期，能夠以伊斯蘭因素做為解釋的主力，視之為一種外來理念與源自伊斯蘭教內部理念的混合過程，形成一個自給自足、自力發展的體系。現在就連「伊斯蘭哲學」（falásifa）都不能視為披上阿拉伯外衣的希臘哲學，而應該是穆斯林運用希臘哲學觀念與方法，對伊斯蘭信仰做出自家的詮釋[60]。

再進一步而言，對於是否存在所謂的「伊斯蘭人」（Homo islamicus），或者這個人種是否具有任何解剖學或認識論的價值，我們從人類學家身上也找不到答案。我們的知識遠遠不足以了解伊斯蘭社會權力與權威的分配——由於有太多不同的伊斯蘭社會散布於歷史與地理領域——不足以說明伊斯蘭法典與執法之間的關係，不足以說明統治觀念與其運用、變化或持續之間的關係。我們無法斬釘截鐵地表明，某些或全部或任何一個伊斯蘭社會的權威基礎已經由神聖的觀念轉變爲法律的觀念。語言、美學架構、品味的社會學、儀式問題、都市空間、人口遷徙、情感的革命：這些事物的相關脈絡幾乎都還沒有開始受到研究，不論是穆斯林或非穆斯林學者。所謂的穆斯林政治行爲存在嗎？穆斯林社會的階級形成歷程爲何？我們可以運用哪些觀念、研究工具、組織架構與文獻，來找出一般穆斯林日常生活的最佳指標？「伊斯蘭教」最終會是個有用的觀念，抑或它隱藏、扭曲、轉移並意識形態化的程度更甚於它實際表明的？最重要的是，詢問任何或是全部這些問題的人，其立場對答案有何影響？當一位穆斯林神學家在現今的伊朗、埃及、沙烏地阿拉伯問這些問題，與他在十年前問會有何差異？這些言論與一個俄羅斯東方學專家、法國外交部（Quai d'Orsay）的阿拉伯專家、美國芝加哥大學的人類學家所提出的問題比較起來又如何？

就政治而言，今日呈現的標準伊斯蘭反應，其實與西方的「伊斯蘭教」同樣具象化、同樣不健康、同樣涵蓋許多激烈衝突的事物。在幾乎每一個例子中，伊斯蘭區域核心的國家除了黎巴嫩之外（從北非到南亞），都以伊斯蘭的方式自覺地表達自身。這既是文化也是政治事實，西方最近才剛開始認清這點[61]。例如沙烏地阿拉伯由其國號即可得知）是紹德（Saud，或譯沙特）家族的國家，這個家族擊敗當地其他主要部族，建立國家。紹德家族以國家與伊斯蘭教爲名的言行，表達的是這個家族的權力，以及它身爲國際社會成員連帶而來的事物，還有它藉由對人民施行權威與正統性而積聚的事物。類似的說法也可以運用於約旦、伊拉克、科威特、敘利亞、革命前的伊朗與巴基斯坦，只不過這些國家的寡頭政治的統治階層未必都是家族。但是的確，其中許多案例中都是由相對少數——宗教教派、獨大政黨、家族或區域集團——以國家與伊斯蘭教之名宰制其他所有人。黎巴嫩與以色列例外，兩個國家都位於伊斯蘭世界，但前者由居少數的基督教徒統治（來自其他團體的挑戰與日俱增），後者則是猶太教統治。然而這兩個國家也以宗教方式表現出一部分的霸權。

所有這些國家在很大的程度上，藉由各自的方式感受自身正在回應外來的威脅，並求助於宗教、傳統或民族主義，以求反制。然而這些因素都不能——這是重點所在——免於一個極爲困難的窘境。一方面，國家結構對於民族性、宗教與其內部教派多元性的反應並不十分敏銳，因此沙烏地阿拉伯有多個部族或氏族覺得被拘束在一個自稱爲「紹德氏族的阿拉伯」的國家之中；而伊朗迄今的國家體制一直有效地壓抑境內的亞塞拜然人（Azerbaijanis）、俾路支人（Baluchis）、庫德人與其他民族，讓他們覺得自身的存在受到侵害；同樣但分布更廣的緊張情勢反覆見諸敘利亞、約旦、伊拉克、黎巴嫩與以色列。另一方面，這些國家的主導力量都會運用民族或宗教的意識形態，以呈現團結抵抗外侮的表象。這一點在沙烏地阿拉伯頗爲明顯，伊斯蘭教在當地是唯一廣被接受、名正言順、能夠號召民衆的意識形態主流。從一九八〇年代晚期開始，沙烏地阿拉伯國王就被稱之爲「兩座聖地的監護人」（Khadim al Haramein，聖地分指麥加與麥地那），這是一個更明確具體、更具伊斯蘭教特權的頭銜。在沙烏地阿拉伯與革命後的伊朗，「伊斯蘭教」被等同於國家安全的多個層面，這些政治現象同時也坐實了西方對伊斯蘭教的刻板印象，從而使伊斯蘭教自身受到更大的內在與外在壓力。

因此，「回歸伊斯蘭教」（the return to Islam）絕不是某種始終如一的運動，連條理分明也談不上，它是將幾種政治現實具體化。對美國而言，它代表一種混亂分裂的形象，有時要抗拒，有時要鼓勵。我們會談論反共的沙烏地阿拉伯穆斯林；英勇的的阿富汗穆斯林反抗軍；「理性的」穆斯林諸如沙達特、紹德王族、穆巴拉克與約旦的胡笙國王。但是我們也會撻伐何梅尼的伊斯蘭好戰分子與格達費的伊斯蘭「第三路線」（Third Way，譯注：格達費一九七三年提出的一種政治思想，標榜爲資本主義與社會主義之外的第三種選擇）；而在我們對「伊斯蘭刑罰」（其施行者如哈爾哈里（Sadegh Khalkali），譯注：伊朗阿亞圖拉，革命法庭領袖，曾處決大批巴勒維親信）病態著迷中，我們又弔詭地強化了它做爲維持權威工具的力量。在埃及有穆斯林兄弟會，在沙烏地阿拉伯是穆斯林好戰分子奪占了麥地那的淸眞寺，敘利亞有「伊斯蘭兄弟會」（Islamic Brotherhoods）與「先鋒」（Vanguards）組織反抗復興黨（Baath）的政權，伊朗則是伊斯蘭聖戰士（Islamic Mujahideen）、反以色列突擊隊（Fedayeen）與自由派人士；在伊斯蘭國家內部縱橫敵對的力量中，這些團體只是其中一小部分，儘管我們對其整體所知甚少。此外，不同的穆斯林民族主義者，其身分認同在各個後殖民時期國家中遭到打壓，他們也爲**他們的**伊斯蘭教而大聲疾呼。在這所有現象之下——整個伊斯蘭世界的學校（madrasas）、淸眞寺、俱樂部、協會（guilds）、黨派、大學、運動、村莊與都市中心——激盪著更多形態的伊斯蘭教，其中有許多都宣稱要引導其成員回歸「眞正的伊斯蘭教」（the true Islam）[62]。

那些被媒體與政府發言人要求評論「伊斯蘭教」的西方人士，對於穆斯林百家爭鳴的活力只能領略其中微不足道的一部分。最嚴重的誤現發生在評論伊斯蘭「復興」（resurgence）的時候[63]。在追隨者的心智與情感上，伊斯蘭教在思想、情感與人文創造方面一直是不斷復興、活力充沛、豐富深厚。而且在信徒的思想上，「伊斯蘭願景」（Islamic Vision）〔這是蒙哥馬利・華特（W. Montgomery Watt）很有用的說法[64]〕使他們陷進創造性的兩難處境中。什麼是正義？什麼是邪惡？什麼時候該倚賴正統與傳統？什麼時候適用個人詮釋（ijtihad，又譯：「伊智提哈德」）？問題不斷孳生，努力已付諸實行——只是我們在西方很少看到或聽到。伊斯蘭生活有太多內容既不會受制於文本，也沒有局限於重要人物或明確架構，這些看法都使已被濫用的「伊斯蘭教」變成一個不可靠的指標，指向我們試圖理解的事物。

然而「伊斯蘭教」與「西方」的衝突仍是千眞萬確。人們很容易忘卻：我們有兩套壕溝、兩套防禦工事、兩套軍事機器。正如同對伊斯蘭教的戰爭將西方世界全面團結起來抵抗伊斯蘭勢力，對抗西方的戰爭也讓伊斯蘭世界許多部分團結一致。如果說伊斯蘭教在美國是較爲新近出現的因素；但對許多穆斯林而言，美國隷屬於西方世界，因此是一種已經讓伊斯蘭各界仔細思考數十年的現象。我覺得，許多西方的伊斯蘭文化學者喜歡誇大過去兩百年來「西方」對伊斯蘭思想的衝擊，而且誤以爲「西方」與「現代化」長久以來都是伊斯蘭的關切焦點，從大西洋到波斯灣都是如此。其實大謬不然，原因很簡單，伊斯蘭社會就像所有社會一樣，關切的事物總是因時而異。不過的確，「西方」提供了大量的論戰、專著與詮釋成績，並且爲伊斯蘭世界衆多的人物、政黨與運動提供各種計畫與任務㊿。然而，如果以爲整個伊斯蘭世界都只因那個畢竟是外來的事物而困擾，將是錯誤而傲慢的想法。

有一點必須謹記：伊斯蘭文化最偉大的標記之一，就是它豐富且極爲巧妙的詮釋活力。也許伊斯蘭教並未創造出蓬勃深厚的視覺美學傳統；但更爲有趣且同樣眞實的是：

很少文明像伊斯蘭教一樣，以如此寬廣的尺度鼓勵言詞詮釋的藝術。伊斯蘭教的全部體制、整個傳統、全體學派都是建構在評論體系、語言理論與詮釋表現之上。並不是說同樣的現象在其他宗教中付之闕如，其他宗教也有，不過必須記住，與其他文化相比，伊斯蘭教的口語與言詞經驗在發展過程中遇到的競爭較少，但領域的排他性較強。無怪乎伊朗的新憲法會明確指定一位教法學家（faqih）做爲國家的指導，這位教法學家並不是媒體以爲的哲王（philosopher-king），而確實是一位精熟伊斯蘭教律法（fiqh，又譯：「斐格海」）的律法詮釋學大師，換言之，他是一位偉大的讀者。

伊斯蘭的詮釋社群以及西方或美國主要由大眾媒體構成的詮釋社群，很不幸地都將精力耗費在兩者衝突的狹隘觀點上，而且在過程中忽略了那些與衝突無關的事物。既然我們一廂情願地相信穆斯林反對「魔鬼般的」（satanic）美國，那麼就應該去注意一下眞正發生的事情。雖然毫無疑問地，西方的「新聞」與「形象」控制權並不在穆斯林手中；同樣可以確定的是，穆斯林之所以不能夠能採取行動改善，唯一原因就是他們普遍遲遲未能了解自身這種依賴性。就那些因石油致富的國家而言，他們可不能抱怨缺乏資源。他們缺乏的是一種協同一致的政治決定，以認眞的態度參與世界；這種缺憾證明那些無法團結的穆斯林國家在政治上並未動員，也沒有一貫的立場。目前當務之急就是要鼓勵多種才能的發揮，其中相當重要的是一種塑造並彰顯出自覺、強而有力的自我形象的能耐。然而這意謂著要嚴肅評估穆斯林以許多不同方式表現出的正面（不止是回應性與防禦性）價值。對於這個主題的一場大辯論，通常是以「turath」（特別指伊斯蘭的傳統遺產）的形式一直在穆斯林世界中進行[66]：現在應該要將其成果與議題傳遞到世界其他地區。人們已經沒有多少理由，一方面爲「西方」對於阿拉伯與伊斯蘭教的敵意而哀嘆，一方面卻只是義憤塡膺，不採取行動。當人們勇敢地分析這股敵意的來由以及那些激發敵意的「西方」層面，就等於向改變現況跨出了重要的一步，不過，一步絕不是全程：如果不希望再導致新一波的反伊斯蘭宣傳，就必須以其他事物取而代之。當然，眞正去**依循**、**實現**那些盛行一時的對伊斯蘭教滿懷敵意的形象，在今日會帶來極大危險，儘管至目前爲止，這只是**某些**穆斯林與**某些**阿拉伯人與**某些**非洲黑人的做法。然而他們的行爲也凸顯出有待完成工作的重要性。

我認爲許多穆斯林國家在急著進行工業化、現代化並發展自身的同時，有時過於順從，一味迎合消費者市場。爲了驅散東方主義的迷思與刻板印象，媒體與穆斯林必須給全世界一個機會，看到穆斯林與東方人創造出並且——更重要的——傳播一種不同形態的歷史、一種新的社會學、一種新的文化自覺：簡而言之，穆斯林必須強調以生活實踐新形態歷史的目標，並以目的性與急迫感的嚴肅性來探索馬紹爾・霍吉森所說的「伊斯蘭世界」（Islamicate world）[67]及其中許多不同的社會，並將結果傳送至穆斯林世界之外。這應該就是阿里・夏利亞提（Ali Shariati）在思索伊朗穆斯林時心中所想，他將穆罕默德從麥加到麥地那的遷徙（hejira）普遍化，將人視爲「一個選擇，一場抗爭，一種不斷的變化。他永遠不斷地遷徙，在他的心中遷徙，從造人的泥土到眞主。他是內在靈魂的遷徙者[68]。」

像夏利亞提這樣的理念，說明了伊朗革命的早期階段，而且一勞永逸地破解了那種教條僵化的看法：認定穆斯林在根本上既無法發動眞正的革命，也無法直截了當地推翻暴政與不公。更重要的是，伊朗革命從發軔之初就顯示出——正如夏利亞提一貫堅持的——融入生活中的伊斯蘭教，必須是能夠鼓舞人心的存在挑戰，而不是消極地屈服於人或神的權威。在這樣一個世界中，沒有「固定標準」（fixed standards）、只有要求從造人的泥土「遷徙」到眞主的神聖指令，照夏利亞提的看法，穆斯林必須開闢出自家的道路。人類社會本身就是一場遷徙，或者應該說是擺盪，來往於「該隱的一端」（the pole of Cain）（統治者、帝王、貴族：個人大權在握）與「亞伯的一端」（the pole of Abel）（《古蘭經》稱之爲"al-nass"的人民階層：民主、主體性、社群[69]）。何梅尼的道德教誨起初就是如此動人：雖不如夏利亞提的彈性靈活，但他也能了解，穆斯林的困境是人生中不斷要在"hallal"與"haram"（正確與邪惡）之間做抉擇。因此何梅尼倡導建立一個「伊斯蘭」共和國，企圖將正義體制化，並且拯救"al-mostazafin"（被壓迫者）脫離苦海。

這樣的理念當然會在伊朗掀起軒然大波。然而，伊斯蘭革命在西方並沒有得到同情的關注。就連在伊斯蘭國家之中，伊朗經驗也因其能量、激情、破壞性且幾乎是千年僅見的熱忱而受到畏懼，儘管伊朗在後何梅尼時代曾發生大規模但沒有引起外界廣泛注意的論辯。因此在伊斯蘭世界中，官方對伊斯蘭生活的正統觀點與一種反傳統文化的伊斯蘭教之間，已出現寬廣的分裂，後者在許多方面與前者針鋒相對，其最激進的表現就是伊朗革命⑳。諷刺的是，西方對伊斯蘭教整體的觀點，總是偏愛將「伊斯蘭教」聯繫到許多穆斯林面對當今現況時所反對的事物：刑罰、獨裁、中世紀思考模式、神權政治。

脈絡中的公主事件

The *Princess* Episode in Context

然而，再現於我們面前的伊斯蘭教，必然會被我們爲自身目的而再現它的力量所稀釋弱化；而且會爲了國家、政府、回應我們的團體的需要而化約：這絕非伊斯蘭教的本來面貌，而且現今「我們」與「他們」之間的遭遇對此也無濟於事。更重要的是，在這種再現涵蓋的範圍中，它所隱瞞的事物遠多於它明白揭露的。分析早年一樁惡名昭彰的事件將可以說明我的理念。

一九八〇年五月十二日美國公共電視台播出了一部影片「公主之死」（*Death of a Princess*），製作人是英國電影製片家安東尼・湯瑪斯（Anthony Thomas）。之前一個月，這部影片引發英國與沙烏地阿拉伯之間的外交爭端，導致（雖然這些措施都沒有維持多久）沙烏地阿拉伯召回駐英國大使、沙烏地阿拉伯國民抵制赴英國度假，以及進一步制裁的威脅。爲什麼？根據沙烏地阿拉伯的說法，因爲這部影片侮辱伊斯蘭教，以錯誤形象描給阿拉伯社會，尤其是扭曲了沙烏地阿拉伯的司法制度。影片根據一位年輕公主與其平民愛人被處決的著名事件，以記錄片的方式呈現爲眞相探索：一名英國記者嘗試調查這對戀人的眞正遭遇。他遠赴貝魯特，與黎巴嫩及巴勒斯坦人士接觸；然後前往沙烏地阿拉伯，在那邊想當然耳他只獲得不著邊際的官方說法。在調查過程中，這名記者只學到一件事：與他談過的人士都將公主事件詮釋爲他們政治與道德兩難的象徵。對巴勒斯坦人而言，公主就像他們一樣，是追求自由與政治表現的棄兒。對某些黎巴嫩人而言，她代表撕裂黎巴嫩的阿拉伯內部鬥爭。對沙烏地阿拉伯官方而言，她是他們自家的問題，與其他人都無干；他們認爲西方人之所以會對她的故事感興趣，只是因爲這樣可以抹黑沙烏地阿拉伯政權。最後，對少數知道內情的人士而言，公主的苦難控訴了這個政權的僞善，它以「伊斯蘭教」與伊斯蘭式的「以牙還牙」（lex talionis）來遮掩王室家族的腐敗。影片的結論是開放的：儘管沒有一個解釋能夠涵蓋已發生的事件，但每個解釋都有其眞實面。

在美國，沙烏地阿拉伯政府反對播放這部影片的明確態度，導致兩個不太受歡迎的結果，國務院的華倫・克里斯多福（Warren Christopher，譯注：時爲副國務卿）公開提醒公共電視台注意沙烏地阿拉伯的不滿，艾克森（Exxon）石油公司在幾家大報上登廣告，要求公共電視台「檢討」其播出決定。數個城市取消播出。公共電視台也承認影片的爭議性，在播出之後立即舉行了一場六十分鐘的專門小組討論會。六位人士加上一位主持人參與討論這部影片：一位阿拉伯聯盟（Arab League）代表，另一位是哈佛大學法學教授、第三位是波士頓地區的穆斯林教士、第四位是年輕的美國「阿拉伯專家」（通常是指既非學者亦非政府官員的人士），然後是一位在中東地區有商業與新聞經驗的女性，一位坦承對沙烏地阿拉伯沒有好感的英國記者。六個人湊在一起，可想而知是湊出了一個小時的東拉西扯。那些了解此一地區的人通常受限於自身職位，只能堅守為穆斯林辯護的官方言論；那些略知一二的人卻會放言高論；至於其他人士則實在是不相干。

反對影片播出的壓力的確引發了美國憲法增修條文第一條（First Amendment）的爭議，而且我認為影片應該要播出。對於這部影片（就我個人看法，在電影藝術方面相當平庸）有一些未曾提及的重點：(a)影片並非由穆斯林拍攝。(b)對一般觀眾而言，它是他們能看到唯一一部關於伊斯蘭教的影片，或者就算不是唯一，也是令他們印象最深的一部。(c)對於這部影片的討論，無論是在專門小組會議或其他場合，都極少觸及脈絡、權力與再現的問題。湯瑪斯的作品顯然擁有關於其他地區——例如葉門——影片所缺少的現成魅力：性與「伊斯蘭刑罰」（特別是能夠證實「我們」對穆斯林野蠻習性最惡劣懷疑的刑罰），妝點成一部認真的記錄片，吸引廣大的觀眾群。就如《經濟學人》（*The*

Economist）在一九八〇年四月所說：「對大部分西方人而言，伊斯蘭法律就意謂著伊斯蘭刑罰：也就是這部電影要培養的簡化迷思。」一旦大家知道沙烏地阿拉伯政府試圖在幕後操縱（而且涉及艾克森公司），影片吸引的觀衆就更多了。這一切都凸顯出「公主之死」顯然不是一部穆斯林影片，它只是讓穆斯林表達出非常局限、相當不受歡迎，且毫無效果的意見。

公共電視台與影片製作人一定能夠覺察到——如同任何穆斯林或第三世界人士——無論影片內容爲何，它的製作以及藉由影像再現場景的行爲本身都是一種特權，衍生於我在其他地方所說的「文化權力」，在這個案例中就是指西方的文化權力⑪。這與沙烏地阿拉伯的富裕毫不相干：新聞以及影像的製作傳播比金錢更有力，因爲西方眞正重要的體系是新聞與影像，而不單單只是資本。沙烏地阿拉伯對抗這個體系，以侮辱伊斯蘭教爲名對這部影片的反彈，本身也是一種嘗試，要動員另一種遠較脆弱的再現體系——這個政權做爲伊斯蘭教捍衛者的形象——來抵消所謂的西方體系。

西方體系在公共電視台的討論會中取得進一步勝利。一方面公共電視台可以宣稱，他們十分周到地播出對於這個問題的討論，已經回應了沙烏地阿拉伯的不悅。另一方面，公共電視台掌控了討論過程，名不見經傳的「代表性」人物含糊表達出各種不同的

「平衡」觀點，確保任何強烈或冗長的分析都會被消融，僅只是討論會的出現即可代替詳盡的分析。這個事件的成功，一部分即在於沒有人指出影片的羅生門式（Rashomon-style）架構以及「平衡的」討論會，會使得對於眞正主題——當代的穆斯林社會——的判斷淪爲誤導人心的開放式結論。我們完全不知道（或許並不眞的在乎）這位公主到底做了什麼，正如同討論會上有人說「這部影片很糟」，也有人說「這部影片很誠實很好」。然而潛藏在影片與討論會背後的是一樁未被承認的事實：與某部被認定爲傷害基督教、美國或卡特總統的沙烏地阿拉伯影片相較，這樣的一部影片雖然後果更爲嚴重，但仍然**可以**被製作與播映。

除了積極阻擾這部影片放映，沙烏地阿拉伯政權還使自己被迫否認它根本無法否認的事——事件本身，同時也無法提供任何足以端正視聽的伊斯蘭教形象。我先前談過的那種化約的雙重約束，使得任何對於這部影片的批判都歸於無效。因爲人們可以說：不，事情不是那樣的；也可以說：事情就是這樣；當然前提是存在某種方式可以讓人們有效地表達這些說法，而且也有某種立足點可以表達。對沙烏地阿拉伯官方發言人而言，除了藉由在文化界惡名昭彰的方式來試圖阻止影片播映之外，沒有任何表達方式與立足點可言。沙烏地阿拉伯官員做了一些有氣無力的工作，來顯示伊斯蘭教「美好的」一面，但是在爭議中並沒有得到回應。更糟的是，美國似乎沒有任何在文化基礎上足夠強大的群體，可以指出這部影片在藝術上或政治上都無足輕重，無法表現任何重大的事件。不幸的是，在美國與英國反對這部影片的人士，都被視爲沙烏地阿拉伯金融利益的奉承者（凱利（J.B. Kelly）在一九八〇年五月十七日的《新共和》雜誌上以明顯的鄙夷語氣做此表示），沒有比這更糟的了。最後一點，反對影片的人士無法掌握傳播機構，來批判性地挑戰這部影片。一等到馬索・歐佛斯（Marcel Ophuls，譯注：法國記錄片導演）的「正義的記憶」（*The Memory of Justice*）或「猶太人大屠殺」（*Holocaust*）的相關爭議被拿來做比較，而蘭妮・萊芬斯坦（Leni Riefenstahl，譯注：納粹德國時期著名女導演）的幾部電影也被提及，這場爭議很快就顯得了無新意。

「公主之死」的播映還有更多值得注意之處。早在「公主之死」出現之前，美國媒體與其周圍的知識界與文化界就充斥著反伊斯蘭與反阿拉伯的公然污衊。紐約市長至少曾兩度直接侮辱沙烏地阿拉伯國王，這名市長拒絕與國王打招呼，甚至連最普通的禮節都不願表示。紮實的研究指出，幾乎每一部黃金時段的電視節目都有關於穆斯林的片段，種族歧視意味明顯，侮辱醜化其形象。這些穆斯林都是以一竿子打翻、以偏概全的方式再現：因此，一個穆斯林就代表所有的穆斯林與伊斯蘭教整體[72]。高中教科書、小說、電影、廣告：其中有多少眞正能說明伊斯蘭教，更別說對伊斯蘭教美言幾句？伊斯蘭教什葉派與遜尼派的差異有多少人了解？了解的人少之又少。想一想美國大學提供的人文通識課程：大部分甚至全部的課程大綱中，都是將「人文學」等同於一系列大師經典，從荷馬（Homer）與雅典悲劇家（Attic tragedians），經過聖經、莎士比亞（William Shakespeare）、但丁（Dante）與塞萬提斯（Miguel de Cervantes），直抵杜斯妥也夫斯基（Fyodor Dostoevsky）與艾略特（T. S. Eliot）。與基督教歐洲毗鄰的伊斯蘭文明，在這樣的種族中心架構中有何地位？扣掉那些新近出版的書，標題諸如《好戰的伊斯蘭教》（*Militant Islam*）、《伊斯蘭教的匕首》（*The Dagger of Islam*）、《何梅尼阿亞圖拉的「我的奮鬥」》等等，有哪些概述伊斯蘭文明的著作被廣泛閱讀、引用或查閱？我們可以像界定「親英派」、「親法派」等族群一樣，從美國民眾之中找出「親伊斯蘭派」嗎？只因爲穆斯林移民在一九八〇年代晚期增加，非洲裔美國人改信伊斯蘭教的現象日趨明顯（例如路易斯・法拉汗（Louis Farrakhan）），我們是否就能斷定美國存在親伊斯蘭的族群？

「公主之死」爭議消聲匿跡之後，《美國觀察家》（*American Spectator*）月刊登出一篇艾瑞克・霍佛（Eric Hoffer）標題爲「穆罕默德的怠惰」（Muhammad's Sloth）的文章，副標題爲「穆罕默德，舉步維艱的使者」（Muhammad, Messenger of Plod）[73]，但很遺憾地，沙烏地阿拉伯官方忘了要發起攻勢。他們在列舉對伊斯蘭教的錯誤觀念時也不曾提醒世人：全世界僅有三個國家其領土被美國盟邦霸占，但三個都是伊斯蘭國家。只有在王室名聲遭玷污時，沙烏地阿拉伯政權才會威脅要報復。怎麼會認爲伊斯蘭教只在一件案例中受到傷害，在其他案例中都毫髮無傷？爲什麼一直到現在，沙烏地阿拉伯對於增進外界了解伊斯蘭教幾無貢獻？沙烏地阿拉伯迄今對美國的教育捐助只限於南加州大學（University of Southern California）的中東研究計畫（Middle East Studies Program），主其事者卻是一名前任的「阿拉伯美國石油公司」（ARAMCO）人員⑭。

但是，「公主之死」事件的完整脈絡還更爲複雜。早在一九九〇至九一年波斯灣地區爆發危機與戰爭之前，美國是否應以軍事行動干預波斯灣區，是至少延續五年來普遍討論的問題。從一九七八年後期開始，當時沙烏地阿拉伯拒絕加入大衛營和平進程，於是大幅報導這個政權衆多錯誤與缺陷的文章（部分充斥著唯妙唯肖的假消息）從此與日俱增。一九八〇年七月底內幕揭露，這些報導有一部分是中情局在幕後策動：參見一九八〇年七月三十日《華盛頓郵報》，大衛・雷伊（David Leigh）的〈出差錯的華盛頓洩密：中情局失態震驚沙烏地阿拉伯〉（The Washington Leak That Went Wrong: A CIA Gaffe That Shocked Saudi Arabia）。《紐約書評》在創刊之後的十六年中，很少注意波斯灣地區：但是在大衛營和平協議之後的一年裡，它就刊載了數篇關於波斯灣地區的專文，清一色強調當今沙烏地阿拉伯統治型態的脆弱。在此同時，各家日報也發現了伊斯蘭教的興盛；其刑罰、宗教律法與對女性觀念的中世紀特質。沒有人會同時提及，以色列的拉比對於女性、非猶太人、個人衛生與刑罰的觀點，其實也相當類似；或者某些黎巴嫩教士的看法是同樣地殘酷而中世紀。這種選擇性鎖定沙烏地阿拉伯伊斯蘭政權的做法，似乎是圍繞著它的脆弱性與特異性而運作，而這些做法都不會減少它的脆弱與特異。不過其意圖似乎是：沙烏地阿拉伯因為抗拒美國，所以如今要承受所謂「誠實」報導的好處，而且必須順應要求，廢除其新聞封鎖檢查制度（沒有人抱怨：從以色列發出的每一則新聞都必須通過軍方檢查）。沙烏地阿拉伯的欠缺新聞自由經常引發大規模的憤慨譴責（有多少人會對以色列壓制約旦河西岸阿拉伯報紙、學校與大學表達憤慨？）。沙烏地阿拉伯突然間成為自由派與猶太復國主義者同聲撻伐的對象，另一方面則受到保守派金融家與體制高層人物的讚揚呵護。這種現象進一步貶抑了沙烏地阿拉伯，使它更無法獲得接納，知識層面更加荒謬錯亂，而它在某些方面也的確是如此，只除了一點之外：它很便捷地淪為「伊斯蘭」世界所有相關事物的象徵。

這一切的結果之一，就是當「公主之死」事件發生時，「我們」大模大樣地感嘆「他們的」偽善與腐敗，「他們」則反過來憎恨我們的力量與冷酷。衝突進一步在「我們」與「他們」之間畫分出討論範圍，使眞正的討論、分析與交流如同緣木求魚。穆斯林在遭遇一個再現為「西方文明」的巨大實體時不斷失敗，其自我認同因此有增強的傾向；有鑑於此，西方內部的煽動家也猛烈抨擊中世紀的狂熱思想與殘酷暴政。對幾乎每一位穆斯林而言，強調伊斯蘭認同的本身就是一種近乎無限的反抗行爲，也是生存所必需。戰爭似乎是再順理成章不過的結果，杭廷頓宿命論式的文明衝突論因此特具吸引力。

這種情況有一個指標，就是「公主之死」與公共電視台十五年後播出的另一部影片《美國聖戰錄》（*Jihad in America*，一九九五年）之間的對比。早年的記錄片呈現出異國情調、遙遠荒渺的伊斯蘭教形象；最近這一部則是要大聲疾呼說美國本身已淪爲戰場，各種瘋狂的穆斯林陰謀策畫恐怖活動與可怕的戰爭，要從內部攻擊我們。影片的製作者是史蒂芬・艾默生，他對於中東政治、歷史、文化或宗教的涉獵一片空白；至於他的資歷，影片開頭驕傲地宣稱他是伊斯蘭恐怖活動的報導者。過去十年來興起了一批這類啓人疑竇的專家，對於其憂慮可以理解的民衆——世界貿易中心大樓爆炸案的確非常可怕，而一小撮穆斯林極端分子也的確是元凶，其領袖拉曼教長出身當年接受美國援助的阿富汗聖戰士，儘管艾默生並沒有將拉曼直接聯繫到美國精心籌畫的政策，在阿富汗境內培養極端分子團體來對抗蘇聯——這些專家藉由反恐怖主義、恐怖主義專業知識、對伊斯蘭威脅與相關事務的知識獲致的吸引力，使得他們在聳動的媒體界一炮而紅。儘管《美國聖戰錄》在談論伊斯蘭教時擺出負責任與愼思明辨的姿態，儘管影片中有幾處聲明大部分穆斯林是愛好和平而且是「像我們一樣的」，但這部影片的用意還是要將伊斯蘭教激化為一個邪惡的溫床，製造出殘忍無情的殺手、陰謀者與濫用暴力者。在一幅接一幅的景象中——全都是從眞實的脈絡中割裂出來——讓我們應接不暇的是怒氣沖沖、滿面于思的伊瑪目（imams，譯注：什葉派宗教領袖），對西方尤其是猶太人咬牙切齒，揚言要向西方進行種族屠殺與無止境的戰爭。看到影片末尾，觀衆將會相信美國內部有一個龐大、細密的網絡，包含祕密基地、陰謀策畫中心與炸彈工廠，全都是用來對付無辜、毫無戒心的美國民衆。

有趣的是，一九九五年四月奧克拉荷馬市爆炸案發生之後，艾默生立刻被找上媒體，他毫不猶豫地宣稱：這樁慘案是中東地區人士犯下的，因此對於司法單位在案發後頭幾天大力搜索皮膚黝黑、有伊斯蘭外表的疑犯，他也有推波助瀾之功。後來爆炸案兇手證實是美國土產的極端分子——白種人淸教徒，艾默生也消聲匿跡，不過可以想見的是，他將來還是會被找上媒體。對於困擾美國的本土民兵、大學炸彈客等類似組織網絡，艾默生的影片完全沒有比較它們與伊斯蘭教聖戰恐怖分子的規模以及能力。影片的後半部極爲濃縮，在一幕又一幕景象、一個又一個斷言之間跳接，指控穆斯林正試圖摧毀美國，但是艾默生沒有點明任何具體數據，也沒有事件、會議等等的發生頻率。艾默生最後留給觀眾的印象就是，伊斯蘭教等於聖戰等於恐怖主義，這種印象進而強化了對伊斯蘭教與穆斯林在文化上的恐懼與憎恨。

艾默生影片的力量及其策略巧妙之處當然就是，伊斯蘭教在媒體缺乏具影響力的制衡觀點，很少人會意識到絕大多數的穆斯林不應該與那一小撮邊緣團體混爲一談，後者被艾默生膨脹到無以復加的地步。由艾默生對伊斯蘭教的再現所灌輸的敵意，有一大部分來自於它假定的反猶太主義以及對以色列的憎恨。影片中出現了幾幕以色列遭自殺炸彈攻擊後的慘況，還以圖片簡短描述布宜諾斯艾利斯猶太文化中心的爆炸案，其實本案並無穆斯林嫌犯遭到逮捕。這些對伊斯蘭恐怖行動的描述，用意顯然都是要激起美國支持以色列人士的憤怒與憎恨，在他們看來，以色列是毫無來由、反猶太的伊斯蘭恐怖行動的無辜受害者。這當然也是以色列官方立場，模糊掉以色列自身的作爲——在美國無條件的支持之下——對約旦河西岸、迦薩走廊、東耶路撒冷、戈蘭高地與黎巴嫩南部的占領已經持續數十年，以色列軍機還會攻擊這些地方的醫院、平民集會地、學校、孤兒院等等。這些都被艾默生的影片刻意忽略，這部影片要儘可能將美國觀眾對伊斯蘭教的憎恨與恐懼導向全體穆斯林，同時謹記民主、熱愛自由的「我們」完全是無辜的。

希望美國與伊斯蘭世界都有人能夠發現像「西方」、「伊斯蘭教」這類強制性標籤可悲的局限性，也許只是奢望。期待這些標籤與背後支持框架會隨著時間而喪失束縛的力量，也許只是奢求。不過「伊斯蘭教」仍然有可能不再那麼冥頑不靈、可怕，而是更可能成爲某些詮釋的結果，足以切合我們當下的政治目的、描述我們的焦慮，而不論「我們」是否有可能變成是穆斯林或非穆斯林。一旦我們終於能掌握詮釋的強大力量與主觀性要素；一旦我們認淸，我們知道的事物中有許多都只是**我們的**，其涉及層面更多於我們平常承認的層面。如此一來，對於我們自身以及我們所處的世界，我們就可以開始揚棄一些天眞輕信、大量的惡質信念，以及許多的迷思。因此，就算只是去理解「新聞」，在某方面也意謂著理解我們自身，理解我們置身其中的社會環節是如何運作。我們理解這些事物之後，才能夠進一步掌握屬於我們的「伊斯蘭教」，以及爲穆斯林而存在的不同形態伊斯蘭敎。

現在且讓我們來嘗試分析「我們」與「伊斯蘭教」之間最麻煩的一樁事件：伊朗人質危機。這事件一直持續影響一九九〇年代美國與伊朗間的僵局，其中有許多值得探討之處，也有許多政治混淆必須淸除；原因有二：這個事件對我們而言是如此痛苦深重；而且仔細檢視之下會發現，它很能夠說明至今仍在穆斯林世界運作的過程。我們一旦處理過伊朗問題，就可以進而討論在最近這個階段中，聯結伊斯蘭教與西方的更廣泛問題。

注釋

①見 Edward W. Said, *Orientalism*, pp. 49-73.

②見 Norman Daniel, *The Arabs and Medieval Europe*（London: Longmans, Green & Co., 1975）以及他早期很有用的一本著作‥*Islam and the West: The Making of an Image*（Edinburgh: University Press, 1960）. Erskine B. Childers 於 *The Road to Suez: A Study of Western-Arab Relations*（London: MacGibbon & Kee, 1962, pp. 25-61）中以一九五六年的蘇彝士戰爭爲政治背景，做了第一流的綜論。

③我在 "Bitter Dispatches From the Third World," *The Nation*, May 3, 1980, pp. 522-25 討論了奈波爾。

④ Maxime Rodinson, *Marxism and The Modem World*, trans. Michael Palis（London: Zed Press, 1979）. 參見 Thomas Hodgkin, "The Revolutionary Tradition in Islam," *Race and Class* 21, no. 3（Winter 1980）: 221-37.

⑤當代一位突尼西亞知識分子對這個主題做了精細的注釋。見Hichem Djaït, *L'Europe et l'Islam*（Paris: Èditions du Seuil, 1979）. Alain Grosrichard, *Structure du sérail: La Fiction du despotisme asiatique dans l'Occident classique*（Paris: Èditions du Seuil, 1979）對於歐洲文學中一個「伊斯蘭」主題——後宮（the seraglio）——有精湛的心理分析與結構主義導讀。

⑥見 Maxime Rodinson, *La Fascination de l'Islam* （Paris: Maspéro, 1980）.

⑦ Albert Hourani, "Islam and the Philosophers of History," in *Europe and The Middle East* （London: Macmillan & Co., 1980）, pp. 19-73.

⑧ Syed Hussein Alatas, *The Myth of the Lazy Native: A Study of the Image of the Malays, Filipinos, and Javanese from the 16th to the 20th Century and in the ideology of Colonial Capitalism*（London: Frank Cass & Co., 1977）可做爲見解透闢的實例。

⑨這種情形未必意謂會產生貧弱的作品與學術成果：Martin Kramer, *Political Islam*（Washington, D.C.: Sage Publications, 1980）做了全面闡述，但主要回應對象是政治上的迫切需要，而不是對於伊斯蘭教新知識的需求。這本書是爲喬治城大學「戰略與國際研究中心」而寫，因此屬於政策而非「客觀」知識的範疇。另一個例子是 January 1980（vol. 78, no. 453）special issue on "The Middle East, 1980" of *Current History*.

⑩ Atlantic Community Quarterly 17, no. 3,（Fall 1979）: 291-305, 377-78.

⑪ Marshall Hodgson, *The Venture of Islam*, 3 vols.（Chicago and London: University of Chicago Press, 1974）. 本書的重要評論見 Albert Hourani, *Journal of Near Eastern Studies* 37, no. 1（January 1978）: 53-62.

⑫其中一項指標是美國衛生部一九六七年委託普林斯頓大學教授 Morroe Berger 所做的報告「中東與

非洲研究：發展與需要」，他同時也是中東研究協會的主席。Berger 在文章中斷言，中東「並非偉大文化成就的中心……因此並不值得現代文化費心……對於美國，中東的政治重要性一直在下降。」對這篇奇文以及其產生脈絡的討論，參見 Said, *Orientalism*, pp. 287-93.

⑬引述自 Michael A. Ledeen and William H. Lewis, "Carter and the Fall of the Shah: The Inside Story," *Washington Quarterly* 3, no. 2（Spring 1980）: 11-12. William H. Sullivan, "Dateline Iran: The Road Not Taken," *Foreign Policy* 40（Fall 1980）: 175-86 補充（就某種程度而言也佐證了）Ledeen 與 Lewis 的說法。Sullivan 在革命前後擔任美國駐伊朗大使。參見 Scott Armstrong, "The Fall of the Shah," *Washington Post*, October 25, 26, 27, 28, 29, 30, 1980.

⑭ Hamid Algar, "The Oppositional Role of the Ulama in Twentieth Century Iran," in Nikki R. Keddie, ed., *Scholars, Saints, and Sufis: Muslim Religious Institutions Since* 1500（Berkeley, Los Angeles, and London: University of California Press, 1972）, pp. 231-55. 參見 Ervand Abrahamian, "The Crowd in Iranian Politics, 1905-1953," *Past and Present* 41（December 1968）: 184-210; 及其"Factionalism in Iran: Political Groups in the 14th Parliament（1944-46）," *Middle Eastern Studies* 14, no. 1（January 1978）: 22-25; 及"The Causes of the Constitutional Revolution in Iran,"*International Journal of Middle East Studies* 10, no. 3（August 1979）: 381-414; 和"Structural Causes of the Iranian Revolution," *MERIP Reports* no. 87（May 1980）, pp. 21-26. 參見 Richard W. Cottam, Nationalism in Iran（Pittsburgh, Pa.: University of Pittsburgh Press, 1979）.

⑮ Fred Halliday 的 *Iran: Dictatorship and Development*（New York: Penguin Books, 1979）尤其如此，但這本書仍是第二次世界大戰之後伊朗研究中的佼佼者。Maxime Rodinson 在 *Marxism and the Muslim World* 一書中完全未提及穆斯林的宗教反對力量。只有 Algar（見注⑭）掌握到這一點，成就斐然。

⑯提出這項論證的是 Edward Shils, "The Prospect for Lebanese Civility,"見 Leonard Binder, ed., *Politics in Lebanon*（New York: John Wiley & Sons, 1966）, pp. 1-11.

⑰ Malcolm Kerr, "Political Decision Making in a Confessional Democracy," in Binder, ed., *Politics in Lebanon*, p. 209.

⑱下列二書有極爲豐富的資料：Moshe Sharett *Personal Diary*（Tel Aviv: Ma'ariv, 1979）; Livia Rokach, *Israel's Sacred Terrorism: A Study Based on Moshe Sharett's Personal Diary and Other Documents*, intro. by Noam Chomsky（Belmont, Mass.: Association of Arab-American University Graduates [AAZG], 1980）. 參見前中情局顧問 Wilbur Crane Eveland 對於中情局在黎巴嫩扮演角色的揭露：*Ropes of Sand: America's Failure in the Middle East*（New York: W. W. Norton & Co., 1980）.

⑲ Élie Adib Salem, *Modernization Without Revolution: Lebanon's Experience*（Bloomington and London: Indiana University Press, 1972）, p. 144. Salem 同時著有"Form and Substance: A Critical Examination of the Arabic Language," *Middle East Forum* 33（July 1958）: 17-19. 其標題就顯示了文章的處理方式。

⑳ Clifford Geertz, "The Integrative Revolution: Primordial Sentiments and Civil Politics in the New States," in *The Interpretation of Cultures*（New York: Basic Books, 1973）, p. 296.

㉑ Paul and Susan Starr, "Blindness in Lebanon," *Human Behavior 6*（January 1977）: 56-61 對於「專家」在黎巴嫩內戰前夕抱持的幻想，有頗富興味的描述。

㉒我在 *The Question of Palestine*, pp. 3-53 以及書中各處討論了這個問題。

㉓ Ali Jandaghi（pseud.）, "The Present Situation in Iran," *Monthly Review*, November 1973, pp. 34-47 對這種集體的錯覺有精湛的闡述。並參見Stuart Schaar, "Orientalism at the Service of Imperialism," *Race and Class* 21, no. 1（Summer 1979）: 67-80.

㉔ James A. Bill, "Iran and the Crisis of '78," *Foreign Affairs* 57, no. 2（Winter 1978-79）: 341.

㉕ William O. Beeman, "Devaluing Experts on Iran," *New York Times*, April 11, 1980; James A. Bill, "Iran Experts: Proven Right But Not Consulted," *Christian Science Monitor*, May 6, 1980.

㉖與越戰時期更強調自身是「科學家」、全力爲國家效勞的學者對照之下，很值得探討爲何越南專家受到政府請益（結果同等悲慘）但伊朗專家卻乏人問津。見Noam Chomsky, "Objectivity and Liberal Scholarship," in *American Power and the New Mandarins: Historical and Political Essays*（New

York: Pantheon Books, 1969）, pp. 23-158.

㉗見薩依德 *Orientalism*, pp. 123-66.

㉘關於學術與政治的關聯對殖民世界的影響，見 *Le Mal de voir: Ethnologie et orientalisme: politique et épistémologie, critique et autocritique*, Cahiers Jussieu no. 2（Paris: Collections 10/18, 1976）. 關於研究「領域」對應國家利益的方式，見 "Special Supplement: Modern China Studies," *Bulletin of Concerned Asia Scholars* 3, nos. 3-4（Summer-Fall, 1971）: 91-168.

㉙見 Edmund Ghareeb, ed., *Split Vision: Arab Portrayal in the American Media*（Washington, D.C.: Institute of Middle Eastern and North African Affairs, 1977）. 英國的情形見 Sari Nasir, *The Arabs and the English*（London: Longmans, Green & Co., 1979）, pp. 140-72.

㉚ James Peck, "Revolution Versus Modernization and Revisionism: A Two-Front Struggle," in Victor G. Nee and James Peck, eds., *China's Uninterrupted Revolution: From 1840 to the Present*（New York: Pantheon Books, 1975）, p. 71. See also Irene L. Gendzier, "Notes Toward a Reading of *The Passing of Traditional Society," Review of Middle East Studies* 3（London: Ithaca Press, 1978）, pp. 32-47.

㉛對於巴勒維政權「現代化」的闡釋見 Robert Graham, *Iran: The Illusion of Power*（New York: St. Martin's Press, 1979）. 參見 Thierry-A. Brun, "The Failures of Western-Style Development Add to the Regime's Problems," 與 Eric Rouleau, "Oil Riches Underwrite Ominous Militarization in a Repressive Society," in Ali-Reza Nobari, ed., Iran Erupts（Stanford, Calif.: Iran-American Documentation Group, 1978）.以及 Claire Briére and Pierre Blanchet, *Iran: La Révolution au nom de Dieu*（Paris: Éditions du Seuil, 1979）；本書並附錄一篇對 Michel Foucault 的專訪。

㉜新聞媒體一直非常不願意談論以色列內部顯而易見的**宗教**形態、立場與政策，特別是關涉到非猶太人的時候。像「堅信派」（Gush Emunim）文學或各家拉比權威的宣示等等，一定能找到很有趣的材料。

㉝見 Carry Wills, "The Greatest Story Ever Told," subtitled "Blissed out by the pope's U.S. visit｜'unique,' 'historic,' 'transcendent'｜the breathless press produced a load of papal bull," *Columbia Journalism Review* 17, no. 5（January-February 1980）: 25-33.

㉞精彩而詳盡的研究見 Marwan R. Buheiry, *U.S. Threats Against Arab Oil: 1973-1979*, IPS Papers no. 4（Beirut: Institute for Palestine Studies, 1980）.

㉟這是一種特殊的美國症候群。歐洲的情形要好得多，至少就新聞界整體而言是如此。

㊱ Fritz Stern, "The End of the Postwar Era," *Commentary*, April 1974, pp. 27-35.

㊲ Daniel P. Moynihan, "The United States in Opposition," *Commentary*, March 1975, p. 44.

㊳ Robert W. Tucker, "Oil: The Issue of American Intervention,"*Commentary*, January 1975, pp. 21-31.

㊴ Tucker, "Further Reflections on Oil and Force," *Commentary*, January 1975, pp. 55.

⑩刊於 *Encounter*, 54, no. 5（May 1980）: 20-27.

⑪ Gerard Chaliand, *Revolution in the Third World: Myths and Prospects*（New York: Viking Press, 1977）.

⑫見 Christopher T. Rand, "The Arabian Fantasy: A Dissenting View of the Oil Crisis," *Harper's Magazine*, January 1974, pp. 42-54, and his *Making Democracy Safe for Oil: Oilmen and the Islamic East*（Boston: Little, Brown & Co., 1975）. 有兩部權威性著作討論石油業的眞實情況：John M. Blair, *The Control of Oil*（New York: Pantheon Books, 1976）, and Robert Engler, *The Brotherhood of Oil: Energy Policy and the Public Interest*（Chicago and London: University of Chicago Press, 1977）.

⑬ *Ayatollah Khomeini's Mein Kampf: Islamic Government by Ayatollah Ruhollah Khomeini*（New York: Manor Books, 1979）, p. 123. 對於何梅尼治理伊朗的鎭壓措施，見 Fred Halliday, "The Revolution Turns to Repression," New Statesman, August 24, 1979, pp. 260-64, 及其在 *The Iranian*, August 22, 1979 的注解，有細密、立場同情革命的批判。參見 Nikki R. Keddie, *Iran, Religion, Politics, and Society: Collected Essays*（London: Frank Cass & Co., 1980）.

⑭ C. Wright Mills, "The Cultural Apparatus," in *Power, Politics and People: The Collected Essays of C. Wright Mills*, ed. Irving Louis Horowitz（London, Oxford, New York: Oxford University Press, 1967）, pp. 405-6.

⑮見 Herbert I. Schiller, *The Mind Managers*（Boston: Beacon Press, 1973）, pp. 24-27.

㊻ Herbert Gans, *Deciding What's News: A Study of "CBS Evening News," "NBC Nightly News," "Newsweek," and "Time"*（New York: Pantheon Books, 1979）.

㊼ Gay Talese, *The Kingdom and the Power*（New York: New American Library, 1969）; Harrison Salisbury, *Without Fear or Favor. The New York Times and Its Times*（New York: Times Books, 1979）. David Halberstam, *The Powers That Be*（New York: Alfred A. Knopf, 1979）. Gaye Tuchman, *Making News: A Study in the Construction of Reality*（New York: Free Press, 1978）, Herbert I. Schiller, *Mass Communications and American Empire*（Boston: Beacon Press, 1969）, *Communication and Cultural Domination*（White Plains, N.Y.: International Arts and Sciences, 1976）, *The Mind Managers*; Michael Schudson, *Discovering the News: A Social History of American Newspapers*（New York: Basic Books, 1978）; Armand Mattelart, *Multinational Corporations and the Control of Culture: The Ideological Apparatus of Imperialism*, trans. Michael Chanan（Brighton, Sussex: Harvester Press, 1979）.

㊽ Robert Darnton, "Writing News and Telling Stories" Daedalus 104, no. 2（Spring 1975）: 183, 188, 192.

㊾ 相當令人信服的論證見 Todd Gitlin, *The Whole World Is Watching: Mass Media in the Making and Unmaking of the New Left*（Berkeley, Los Angeles, and London: University of California Press, 1980）.

㊿ 特別是參見 Sacvan Bercovitch, "The Rites of Assent: Rhetoric, Ritual, and the Ideology of American Consensus," 在 Sam Girgus, ed., *Myth, Popular Culture, and the American Ideology*（Albuquerque: University of New Mexico Press, 1980）, pp. 3-40.

⑤① Raymond Williams, "Base and Super-structure in Marxist Cultural Theory," *New Left Review* 82（November-December 1973）: 3-16.做了很好的描述。

⑤② 近來有一系列研究探討美國處理印第安人、不同的外國團體以及「無人居住」（empty）領土的經驗，充分呈現了這個重點。見 Michael Paul Rogin, *Andrew Jackson and the Subjugation of the American Indian*（New York: Alfred A. Knopf, 1975）; Ronald T. Takaki, Iron Cages; Richard Drinnon, *Facing West: The Metaphysics of Indian-Hating and Empire-Building*（Minneapolis: University of Minnesota Press, 1980）; Frederick Turner, *Beyond Geography: The Western Spirit Against the Wilderness*（New York: Viking Press, 1980）.

⑤③ 對於這種掩飾的探討，近來有 Chomsky and Herman, *After the Cataclysm*.

⑤④ 見 Herbert Schiller 與 Armand Mattelart 的作品，注 47。

⑤⑤ 同樣的言詞行動—反應範例，見 Franck and Wiesband, *Word Politics*.

⑤⑥ 對於穆斯林／阿拉伯社會西化菁英分子扮演的角色，見 John Waterbury and Ragaci El Mallakh, *The Middle East in the Coming Decade: From Wellhead to Well-Being?*（New York: McGraw-Hill Book Co., 1978）.

⑤⑦ Rodinson, "Islam and the Modern Economic Revolution," 刊於 *Marxism and the Muslim World*, p. 151.

58 出處同上，pp. 154-55.

59 一個特別值得注意的範例就是 Mohammed Arkoun: *Contribution á létude de l'humanisme arabe au IV/X siécle: Miskawayh, philosophe et historien*（Paris: J. Vrin, 1970），及 *Essais sur la pensee islamique*（Paris: Maisonneuve & Larose, 1973）; and "La Pensée" and "La vie," in Mohammed Arkoun and Louis Gardet, *L'Islam: Hier. Demain*（Paris: Buchet/Chastel, 1978）, pp.120-247.

60 Albert Hourani, "History," in Leonard Binder, ed., *The Study of the Middle East: Research and Scholarship in the Humanities and the Social Sciences*（New York: John Wiley & Sons, 1976）, p. 117.

61 此一主題做為美國在倚賴它的社會中影響層面，非常有益的分析見 Eqbal Ahmad, "Post-Colonial Systems of Power," *Arab Studies Quarterly* 2, no. 4（Fall 1980）: 350-63.

62 Michael M. G. Fischer, *Iran: From Religious Dispute to Revolution*（Cambridge: Harvard University Press, 1980）. 對於伊朗的這類活動提供了卓越的解釋。參見 Marshall Hodgson, *The Venture of Islam*.

63 最重要的意識形態文獻是 Bernard Lewis, "The Return of Islam"*Commentary*, January 1976, pp. 39-49; 我對這篇文章的討論見 *Orientalism*, pp. 314-20. 但是若與 Élie Kedourie 比較，Lewis 其實還算溫和。Kedourie 曾想盡辦法證明，伊斯蘭的勃興主要是「馬克思—列寧主義」的一種變形，見 *Islamic Revolution, Salisbury Papers* no. 6（London: Salisbury Group, 1979）.

64 W. Montgomery Watt, *What is Islam*? 2nd ed.（London and New York: Longmans, Green & Co., 1979）,

pp. 9-21.

⑥⑤對此問題特別令人信服的描述見Albert Hourani, *Arabic Thought in the Liberal Age*, 1798-1939（1962; reprint ed., London and Oxford: Oxford University Press, 1970）.

⑥⑥最近但是具黨派之見的例子是 Adonis（Ali Ahmad Said）, *Al-Thabit wal Mutahawwil*, vol. 1, AI-Usul（Beirut; Dar al Awdah, 1974）. 參見 Tayyib Tizini, *Min al-Turath ilal-Thawra: Hawl Nathariya Muqtaraha fi Qadiyyat al-Turath al-'Arabi*（Beirut: Dar Ibu Khaldum, 1978）. Saleh Omar 對 Tizini 的作品有卓越的闡釋，見 *Arab Studies Quarterly* 2, no. 3,（Summer 1980）: 276-84. 近來歐洲對此問題的觀感見 Jacques Berque, *L'Islam au défi*（Paris: Gallimard, 1980）.

⑥⑦ Hodgson, *Venture of Islam*, 1: 56 ff.

⑥⑧ Ali Shariati, "Anthropology: The Creation of Man and the Contradiction of God and Iblis, or Spirit and Clay," in *On the Sociology of Islam: Lectures by Ali Shari'ati*, trans. Hamid Algar（Berkeley, Calif.: Mizan Press, 1979）, p. 93.

⑥⑨ Shariati, "The Philosophy of History: Cain and Abel" in *On the Sociology of Islam*, pp. 97-110.

⑦⓪見 Thomas Hodgkin, "The Revolutionary Tradition in Islam"與 Adonis, *Al-Thabit wal Mutahawwil* 討論官方文化與反文化之間的衝突。

⑦①薩依德 *Orientalism*, pp. 41 ff.

⑫一直到最近，其他「東方」團體呈現的情況都沒有多大改變。見 Tom Engelhardt, "Ambush at Kamikaze Pass," *Bulletin of Concerned Asia Scholars* 3, no. 1（Winter-Spring 1971）: 65-84.

⑬ Eric Hoffer, "Islam and Modernization: Muhammad, Messenger of Plod," *American Spectator* 13, no. 6（June 1980）: 11-12.

⑭根據 L. J. Davis, "Consorting with Arabs: The Friends Oil Buys," *Harper's Magazine*, July 1980, p. 40.

伊朗事件

THE IRAN STORY

聖戰
Holy War

伊朗一直令美國民衆憤恨不平，原因不僅在於德黑蘭大使館被非法占領一事是奇恥大辱——伊朗學生在一九七九年十一月四日占領大使館，也在於媒體對事件鉅細靡遺、高度聚焦的報導，以及事件結束多年以來對伊朗持續的妖魔化。知道美國的外交官被劫持，而且美國人對解救他們似乎愛莫能助，這是一回事；然而每天晚上黃金時段看著事件在電視上發展，又完全是另外一回事。但是，我認爲我們已經到了適當時刻，必須批判性地衡量所謂「伊朗事件」（**the Iran story**）的意義，以理性、冷靜的態度了解事件在美國人意識中的呈現；特別是美國民衆近來對伊朗的認識，有將近百分之九十來自廣播、電視與報紙。美國人被劫持爲人質引發的傷痛與憤慨，以及伊斯蘭世界內部衝突造成的困惑，都是無法抒解緩和的。然而我認爲我們應該感到慶幸，因爲除了一項行動之外（譯注：指一九八〇年四月，美國出動特種部隊試圖解救人質，但任務失敗），美國並沒有對伊朗動武。無論如何，我們必須在美國及西方與伊斯蘭世界關係的整體脈絡中，評估美國民眾對伊朗印象的起源：伊朗的形象如何？媒體如何日復一日地將它呈現並再呈現於美國民眾之前？

大使館遭占領後，夜間電視新聞立刻開始大幅報導伊朗。連續好幾個月，ABC電視網每天晚上播出特別節目「美國遭劫持」（*American Held Hostage*），而公共電視台的「麥克尼爾／雷勒報導」（*MacNeil/Lehrer Report*）也針對危機推出一系列特別節目，集數之多史無前例。華特・克朗凱連續數月在他的口頭禪「就是這麼回事」之後，提醒觀眾人質已被劫持多少天：「第兩百零七天」等等。泰德・卡波（Ted Koppel）在ABC歷史悠久且頗為成功的節目「夜線」（*Nightline*）就是因為人質危機而開播。這段時期的國務院發言人侯丁・卡特（Hodding Carter），只花了兩星期就成為明星。另一方面，在一九八〇年四月底的救援行動失敗之前，國務卿范錫與齊畢格紐・布里辛斯基（Zbigniew Brzezinski，譯注：時為白宮國家安全顧問）都不常露面。與阿波哈珊・巴尼薩德（Abolhassan Bani-Sadr，譯注：人質危機時期的伊朗總統）、賽德・高布薩德（Sadegh Ghotbzadeh，譯注：當時的伊朗外交部長）、人質父母親訪談交替出現的是：伊朗人民示威；三分鐘伊斯蘭教歷史速成；醫院對遜王的病情報告；表情嚴肅的評論員與專家分析、思索、辯論、高談、宣揚各種理論與行動方案；預測後世人們對這些事件的詮釋；心理學；蘇聯的舉動；穆斯林的反應；但是五十多位美國人仍然遭到拘禁。

在整個危機中，伊朗人民顯然想利用媒體來滿足他們認定的自身利益，各大電視網也沒有忽略他們這項考量。占領大使館的伊朗學生會趕在衛星時限與美國夜間新聞播出之前安排「活動」，伊朗官員不時表明他們的計畫就是要促使美國民衆反對政府政策。這從一開始就是嚴重失策。後來伊朗的策略出現一種奇特、未必受歡迎的效果，刺激媒體採取更認眞的調查立場。不過我在這裡要討論的是，在危機最緊張的時期中，美國民衆對伊朗的印象如何；這事件的另一面向必須依屬於這項考量之下。

就如我在第一章所云，過去十年來最戲劇化的——通常也是惡劣的——新聞，不僅是伊朗，還有阿拉伯與以色列衝突、石油、阿富汗等等，都是「伊斯蘭教」新聞。最顯著的例證就是，在漫長的伊朗危機期間，美國的新聞消費者一直在接受關於一個民族、一項文化、一種宗教——其實不過是一種定義貧弱、誤解嚴重的抽象事物——的訊息，就伊朗案例而言，這個民族、文化與宗教，總是被再現爲好戰、危險、反美。

伊朗危機之所以會成爲檢視媒體表現的恰當時機，原因正是它讓如此衆多美國人民爲之苦惱的特質：危機的時間漫長，以及伊朗象徵的事物代表了美國與穆斯林世界的關係。但我仍然認爲，我們必須仔細審視，在危機最初的二或三個月，從媒體態度與做法中逐漸浮上檯面的因素，就是這些因素讓媒體的態度更牢不可破；儘管西方從此要面對的是新挑戰、史無前例的政治變遷與危機。後來沒有過多久，媒體的報導就出現變化，整體而言，比起危機剛開始的情勢，後來的變化稍稍令人振奮。

為了篩選德黑蘭美國大使館被占領事件製造出來的大量資料，就要遭遇一些事情。首先，「我們」似乎被圍困了，而正規、民主與理性的事物秩序也隨之受困。「伊斯蘭教」在源於自身的狂熱中翻滾，當時它的表現形式就是神經質而令人不安的伊朗。《時代》雜誌十一月二十六日當期一篇論伊斯蘭教什葉派的顯眼文章，標題是「烈士意識形態」（An Ideology of Martyrdom）；與此同時，彷彿是抄襲自同一篇證詞，《新聞週刊》也在十一月二十六日刊出一整頁標題為「伊朗烈士情結」（Iran's Martyr Complex）的文章。

相關的證據似乎屢見不鮮。十一月七日，《聖路易郵報》（*St. Louis Post Dispatch*）刊登了一場在聖路易舉行，關於波斯灣與伊朗討論會的會議記錄。其中一位專家說道：「失去伊朗並讓伊朗成立伊斯蘭政府，是美國近年來最大的挫敗。」換言之，伊斯蘭教從定義上就是會損害美國利益。《華爾街日報》（*Wall Street Journal*）在十一月二十日刊出社論表示：「文明退步」是來自於「首先散布這些（文明的）理念的西方強權已經衰微」，就好像是說，不當西方人——這是世界上大多數人口的宿命，穆斯林也是如此

——就無法擁有任何文明的理念。此外還有一位哥倫比亞大學教授修爾維茲（J. C. Hurewitz），十一月二十一日ABC記者請教他是否什葉派穆斯林都「反美」時，修爾維茲的答案是非常明確的肯定。

各大電視網的評論員——CBS的克朗凱、ABC的法蘭克・雷諾茲（Frank Reynolds）是其中最著者——經常會提到「穆斯林對美國的仇恨」，或者是較爲詩意的說「危機的新月，一股旋風橫越草原而來」（雷諾茲十一月二十一日在ABC所說）；在另外一個節目中（十二月七日），雷諾茲爲一幅畫面作旁白，其中的群眾正在頌讚「眞主至大」，但他卻解讀他們眞正的意思是「仇恨美國」。在同一集節目中，雷諾茲還告訴我們先知穆罕默德是「一位自命的先知」（哪一位先知不是如此？），然後又提醒說「阿亞圖拉」是「一個自封的二十世紀頭銜」，原意爲「對眞主的省思」（遺憾的是，兩種說法都不完全正確）。ABC簡短的（三分鐘）伊斯蘭教介紹，在畫面右方附上小標題，同樣又是在強調，我們大肆以對「伊斯蘭教」表達憎恨、懷疑與鄙夷：穆罕默德教、麥加、面紗（purda）、披風（chador）、遜尼派、什葉派（搭配年輕男性鞭撻自己的畫面）、毛拉（mullah）、何梅尼、伊朗。就在這些影像之後，節目畫面立轉移到威斯康辛州（Wisconsin）的占斯維（Janesville），當地健康快樂的學童——沒有面紗、自我鞭撻或毛拉——正在舉行一場愛國的「團結日」（Unity Day）活動。

〈好戰的伊斯蘭教：歷史旋風〉（Militant Islam: The Historic Whirlwind），一九八〇年一月六日的《紐約時報週日雜誌》如此宣稱。十二月八日的《新共和》也刊載了麥克・華爾澤的〈伊斯蘭爆炸〉。兩篇文章就和其他類似作品一樣，其意圖不僅是要證明伊斯蘭教是一個能夠被全盤掌握的不變實體——儘管全球有四十個伊斯蘭國家，約八億穆斯林散居於亞洲、非洲、歐洲與北美洲（蘇聯與中國也有好幾百萬人），其歷史、地理、社會結構與文化變化多端；而且還要揭示——如華爾澤所云——每當有特別恐怖的謀殺、戰爭、長期衝突發生，「伊斯蘭教顯然都扮演重要角色」。正規的舉證原則被擱置一旁，作者對他談論對象的語言與社會一無所知，常識一遇到「伊斯蘭教」討論就得退位，這些缺憾似乎都無關緊要。《新共和》的社論將伊朗化約爲「宗教熱情受挫後的激憤」以及「伊斯蘭教狂亂」，旁徵博引地論證伊斯蘭教法（Shari'a）「伊斯蘭教的神聖律法」必須規範間諜行爲、戰時安全通行權（safe-conduct）等等。這些議論都強化了一個主重點：如果伊斯蘭教對我們開戰，我們加入戰局時最好提高警覺。

還有一些比《新共和》更微妙的方法來讓「伊斯蘭教」入罪。其中之一就是找專家在民眾面前現身，然後要他或她暗示：就算何梅尼並不足以真正「代表伊斯蘭神職體系」（這是美國前任駐約旦大使、前任黎巴嫩特使、中東研究中心主席狄恩・布朗（L. Dean Brown），十一月十六日在「麥克尼爾／雷勒報導」上的發言），但是這個「剛硬頑固的」毛拉一心只想回歸更早期（顯然也更爲道地）的伊斯蘭年代。德黑蘭的暴民讓布朗聯想起紐倫堡的納粹動亂，其街頭示威同樣代表獨裁者慣於提供的「當做主要娛樂的馬戲」。

另一種方法是，暗示有無形的線索將中東的其他面向與伊朗的伊斯蘭教串連起來，然後一概譴責，語氣或明或暗則視情況而定。當前任聯邦參議員詹姆士・阿布瑞茲克（James Abourezk）前往德黑蘭，ABC與CBS的報導都提醒觀眾阿布瑞茲克是「黎巴嫩裔」。從來沒有人提及眾議員喬治・韓森（George Hansen）的丹麥血統，或是蘭姆西・克拉克（Ramsey Clark，譯注：卡特總統時期的司法部長）的白種盎格魯薩克遜新教徒（WASP）祖先世系。不知爲何，提及阿布瑞茲克背景中模糊的伊斯蘭色彩變成很重要的事，儘管他其實是出身黎巴嫩的基督教徒族群〔一個相關的現象是，運用冒牌的阿拉伯「酋長」當作公職人員受賄（Abscam）案例中的誘餌〕。

那些最具煽動性的暗示用法，有許多是來自《亞特蘭大立憲報》（Atlanta Constitution）十一月八日頭版的一篇小文章，作者丹尼爾・德魯茲（Daniel B. Drooz）指控巴勒斯坦解放組織是大使館占領事件幕後主謀，消息來源則是「外交與歐洲情報」當局。喬治・鮑爾在十二月九日的華盛頓郵報上言之鑿鑿地說：「有理由相信，整個行動是由訓練有素的馬克思主義者策動。」十二月十日，NBC的「今日秀」（*Today Show*）播出對阿摩斯・波勒穆特（Amos Perlemutter）與哈西・卡默爾（Hasi Carmel）的專訪，兩個受訪者在節目中的身分據稱是「美國大學教授」與「巴黎《快報》（*L'Express*）週刊的特派員」；事實上這兩位仁兄都是以色列人。主持人羅伯特・阿柏奈西（Robert Abernethy）質疑他們指稱蘇聯、巴勒斯坦解放組織與伊朗「激進的」穆斯林之間有「利益的契合」的說法，阿柏奈西問道，是否有眞憑實據顯示這三股力量**眞的**都涉入大使館事件？兩人回答是沒有，然而的確有利益的契合。當阿柏奈西禮貌地質疑，兩人的說法聽起來很像以色列某種「抹黑巴勒斯坦解放組織形象」的企圖，波勒穆特教授憤怒地抗辯，但也只能聲稱**他的**立場是根據「知識的誠實」。

CBS不讓他人專美於前，其十二月十二日的夜間新聞請來了國務院的馬文・考柏（Marvin Kalb），與一個月前的德魯茲一樣引述（也沒有指名道姓）「外交與情報」消息來源，一口咬定巴勒斯坦解放組織、伊斯蘭基本教義派與蘇聯在大使館事件中狼狽爲奸。考柏指稱巴勒斯坦解放組織成員負責在館區埋設地雷；他英明睿智地表示，這項內情會曝光是因爲大使館中聽得到「阿拉伯語音」（隔天洛杉磯時報對考柏的「故事」也做了簡短報導）。連「哈德遜研究中心」（Hudson Institute）專家康士坦丁・孟吉斯（Constantine Menges）這樣的人物也大力主張同樣的觀點，首先是在一九七九年十二月十五日出刊的《新共和》，然後兩度在「麥克尼爾／雷勒報導」指稱，共產主義的邪惡本質自然而然會勾結恐怖的巴勒斯坦解放組織與魔鬼般的穆斯林，除此之外，沒有任何證據。（人們會覺得奇怪，麥克尼爾與雷勒爲何不再度邀請孟吉斯上節目，評論蘇聯入侵阿富汗或伊朗官方對蘇聯行爲的批判。）

「什葉派到哪裡，麻煩就到哪裡。」德魯茲在十一月二十九日的《亞特蘭大憲政報》（*Atlanta Journal-Constitution*）上說道。《紐約時報》十一月十八日以較爲審愼的標題表示：「使館占領事件與什葉派授權以及對遜王的憤怒都有關聯」。十一月四日使館占領事件發生之後的一週內，何梅尼疾言厲色的照片不斷反覆出現，就和大規模伊朗暴民的照片一樣，都是要告訴觀眾某些訊息。憤怒的美國民眾焚燒（與販賣）伊朗國旗成爲休閒娛樂，新聞也忠實報導這類愛國行爲。有趣的是，經常有報導顯示出對於阿拉伯人與伊朗人的普遍混淆，例如《波士頓環球報》十一月十日報導春田市（Springfield）有一群民眾高喊「阿拉伯人滾回去」的口號。什葉派的特別報導四處可見，然而相較之下，卻沒有多少文章是討論伊朗**現代**歷史；或是提及自十九世紀後期以來，波斯教士對於外國干預以及君權制度非常重要的政治反抗；或是探討何梅尼推翻國王與一支無敵大軍時，主要的憑藉只是錄音帶與大部分都手無寸鐵的民眾。

克朗凱對一些伊朗人名的發音錯誤，或許可以做爲見微知著的象徵。高布薩德的名字幾乎每次念起來都不一樣，克朗凱通常是唸成「嘎布札代」。十一月二十八日，CBS將穆罕默德．畢海希提（S. Mohammed Beheshti，譯注：伊朗阿亞圖拉，基本教義派領袖）的姓氏念成「巴夏提」；不能遺漏的是，ABC在十二月七日將哈珊．蒙塔澤瑞（Husein Montazeri，譯注：伊朗阿亞圖拉，與何梅尼不和）改姓爲「蒙特梭利」。幾乎每一則伊斯蘭教的歷史介紹，若不是含混到荒謬的地步，就是非常不精確，只爲營造可怕的印象。舉CBS十一月二十一日夜間新聞關於伊斯蘭教的報導爲例：記者蘭迪．丹尼爾（Randy Daniel）將「穆哈蘭」（Moharram）描述爲什葉派「慶祝穆罕默德挑戰世界各地領袖」的一段時間——這種說法錯誤到愚蠢的地步。「穆哈蘭」是伊斯蘭曆中的一個月份，什葉派在這個月份的前十天紀念侯賽因（Hussein，譯注：先知穆罕默德外孫，什葉派早期領袖）的犧牲。後來這個節目又告訴我們，什葉派有被迫害情結，「難怪他們會造出一個何梅尼」；令人安慰但同樣錯誤的說法是，何梅尼並不代表伊斯蘭教整體。我也接受了這個節目的訪問，表達個人看法，但卻被誤認爲專門研究伊斯蘭的教授。十一月二十七日，一位CBS記者告訴我們，整個伊朗都苦於「革命的宿醉」，彷彿伊朗是個街角的醉漢。

但是，等到菁英的《紐約時報》也以其無上權威來對付伊斯蘭教，「美國被劫持」力量眞正令人沮喪的本質才顯露無遺。然而《時報》對伊斯蘭教的處理與《時報》的本質大有關聯。它不只是美國領袖群倫的報紙，而且其涵蓋面、專業報導水準、責任感，還有最重要的，它以國家安全爲著眼點寫出可信報導的能力，這些因素綜合起來，使《時報》的力量舉足輕重。換言之，《時報》可以一方面權威地報導某個主題，同時又使這個主題關涉到國家；它這麼做是刻意爲之，而且似乎相當成功。因此哈里遜・索爾茲伯里（譯注：前《紐約時報》副總編輯）回憶道，一九六一年春天甘迺迪總統曾告訴《時報》的特納・凱特利吉（Turner Catledge），如果《時報》在豬玀灣行動（Bay of Pigs invasion）之前多做一些相關報導（《時報》是自己挖到的新聞），「你們就能阻止我們犯下大錯」①。索爾茲伯里說，在豬玀灣事件之後，《時報》與全世界都還不明瞭，其實泰德・索克（Tad Szulc）的報導並非特例，而且就這事件而言，《時報》的成就也並無特殊之處，對《時報》而言只是例行公事。《時報》已經變成一個極爲強大的機構，其力量幾乎可以與國家分庭抗禮。

《時報》已經達到臨界質量，但所謂質量並非就讀者與廣告而言，雖然兩者之間有必然的關聯。現在《時報》是真正在報導全世界、報導華盛頓、報導美國與紐約市，用的是自家的男性與女性人員，這些人可不只是跑新聞而已，他們是業界能找到的最頂尖記者與編輯。他們齊聚在《時報》並不是為了金錢酬勞

——《時報》的待遇不錯，但談不上特別優渥。他們到這裡來，是因為《時報》提供了獨特的報導與編輯管道。《時報》對專業素養標準要求之高，舉世無雙。現今記者的臨界質量（豬玀灣事件之後）其規模與素質之優越，在運作時幾乎不需要明確的方向。《時報》成員縱橫全世界，懷著敏銳的新聞觸角，不斷探索、挖掘並詢問②。

因此在適當的時候行使決定性權力成爲報社的集體使命，而《時報》記者在報導時多少都是習慣成自然，「不需要明確的方向」。一九七一年《時報》開始刊載「五角大廈文件」（Pentagon Papers）時，距離它以公布相關政府文件將坦慕尼協會總部（Tammany Hall）大老特威德一幫人（Boss Tweed clique，譯注：坦慕尼協會爲十九世紀後期紐約市民主黨機關，因貪污腐化而惡名昭彰，威廉・特威德（William Tweed）爲其領袖，後遭判刑）拉下馬，已經有一百年之久。照索爾茲伯里的說法，《時報》這回又舊事重演，依循其堪爲表率的道德先見之明而超越法律，爲國家利益而行動③，彰顯其揭露眞相、推動政府的力量。《時報》在最近一任執行主編羅森陶帶領下獲致財務成功，原因是新闢了「家庭」、「生活」等版面，不過營收增加也使國外新聞報導得以擴大。

新的版面給予《時報》利基，使其地位更不可動搖，但在同一時期《紐約日報》（*New York Daily News*）與《紐約郵報》（*New York Post*）卻經營不善。現在，《時報》和國內其他報紙不一樣，它可以在一個月內花三萬元甚至五萬元以上，支付薪資與人員費用，來報導伊朗的淪亡，錢就在那裡，沒有限制④。

在伊朗「淪亡」的那一年年底，《時報》終於轉向伊斯蘭教。在十二月十一日用整整兩個版面來報導一場名為「穆斯林世界的爆炸情勢」的研討會。七位與會者包括三位來自穆斯林世界的學者，另外四人則是伊斯蘭世界現代史、文化與社會聲名卓著的專家。他們被要求討論的每一個問題都是政治問題，所有的問題都觸及伊斯蘭教對於美國利益的威脅。專家們不時會試圖指出伊斯蘭世界有不同的過去、不同的政治進程、不同形態的穆斯林。但是這些嘗試都被下列這類問題的力量壓制下去：「如果今日我們在許多穆斯林心目中是如此邪惡，那麼我們要如何與那些與我們較為親善的力量、領袖與政府打交道？巴澤干（Mehdi Bazergan，譯注：伊朗革命後第一任總理）與布里辛斯基握手，結果下台。巴尼薩德表示他願意到紐約來，這句話也毀了他。我們是否得到與其他政權打交道的教訓？是否得到自制之類的教訓？」《時報》顯然認為自身是直搗黃龍：如果穆斯林是被伊斯蘭教所「統治」，那麼就乾脆正面詰問伊斯蘭教。有趣的一點是，與會學者們試圖將伊斯蘭教再區分成更爲重要的組成部分，但《時報》又將這些部分重組爲對美國利益「敵視」或「友善」的力量。研討會最後的結果令人憤慨，《時報》的最後一組問題很明顯地暗示：勸說與講理都沒有用處，因此武力可能是最後的解決之道。

關於「我們」該如何思考伊斯蘭教的疑問，後來也被一掃而空，在一九七九年的最末四天，《時報》刊登了芙蘿拉・路易絲一系列四篇長文，這四篇文章都試圖認眞地探討危機中的伊斯蘭教（〈伊斯蘭教的勃興〉（Upsurge in Islam），十二月二十八、二十九、三十、三十一日）。路易絲的文章中有一些可圈可點之處——例如她成功地勾勒出複雜性與多樣性；但也有嚴重缺點，其中大部分是今日看待伊斯蘭方式固有的缺點。路易絲不僅在中東地區獨獨鎖定伊斯蘭教（猶太教、埃及與黎巴嫩的基督教的勃興幾乎都置而不論），而且她的一些說法，特別是在第三篇文章中，論及阿拉伯語（引述專家看法說阿拉伯詩歌是「辭藻華麗與適於朗誦的，而非私密而個人的」）以及伊斯蘭心智（無法運用「按部就班的思考」），這些說法如果用以描述其他任何一種語言、宗教或族群，都會被視爲種族歧視或荒謬絕倫。

十年之後，同樣是在《時報》，克里斯・海吉斯（Chris Hedges）寫了一篇標題爲「自我分歧的語言」（A Language Divided Against Itself），企圖說明穆斯林極端分子如何利用已經遭到民族主義腐蝕的阿拉伯語，創造出一種表達仇恨、過度簡化的規則、宗教狂熱的語言：「政治對話的粗暴化」，海吉斯做出結論，「使得能夠相互交談的阿拉伯人所餘無幾。」

路易絲訴諸的權威經常是人們早就知道他們的一般看法的東方學專家：艾里・坎度理（Élie Kedourie）在一九七九年後期對伊斯蘭革命做了一番研究，企圖說明這場革命可以與馬克思—列寧主義等量齊觀⑤，路易絲引述他的說法：「東方的混亂是根深柢固而且是當地特有」；伯納德・路易士（與路易絲並無親戚關係）聲稱伊斯蘭世界的「自由思考與研究已經終止」，原因則是伊斯蘭教「靜態」以及「決定論、機會論、威權的」神學。路易士運用他身爲老牌東方學專家的權威，在一九八〇到九〇年代持續對「伊斯蘭教」進行立場偏頗的全面攻擊。人們無法指望在讀過路易絲（或路易士）的作品後對伊斯蘭教得到一致連貫的觀點，她對資料來源的浮光掠影以及對主題的生疏，讓讀者覺得她是在對主題玩拾荒遊戲，而且她根本不該處理這個主題。畢竟，一個人要如何掌握數以億計其文字「是表達意願而非描述事實」的民衆？（比較《亞特蘭大立憲報》十一月十九日的說法：「波斯語微妙而難以捉摸的本質。」）伊斯蘭教無論如何都會被品頭論足，就算「它」是不清不楚，「我們」對它的態度（或者說「我們」肆無忌憚地歸咎於它的態度）卻是清清楚楚。

在《老爺》（*Esquire*）雜誌一九八〇年五月號刊載的一篇訪問中，路易絲可能是無意中洩露天機，描述了催生她伊斯蘭教文章的一些假定以及衍生的工作。東拼西湊的報導與倉促忙亂的方式，顯示出《時報》之所以能夠草草打發伊斯蘭教，原因在於伊斯蘭教就是伊斯蘭，而《時報》就是《時報》。以下是路易絲的話（注意「沒有人知道伊斯蘭教到底在搞什麼鬼」這句話中口語化的權威語調）：

譬如說，幾個月前，我參與了一項規模驚人的計畫。《紐約時報》給我一項特別任務，探討伊斯蘭世界的動亂。先前他們在紐約開會時，有人說道：「天啊，沒有人知道伊斯蘭教到底在搞什麼鬼，我們派芙蘿拉去吧。」因此他們連絡我，而我就去了。這件事真是瘋狂，我甚至連該怎麼運用蒐集的材料都還不知道。

我必須十萬火急做安排，先去見一些人士。我可沒有時間到某個地方待上三天。

我從巴黎與倫敦開始，然後前往開羅，因為著名的伊斯蘭大學就在那裡（譯注：指愛資哈爾清真寺），接著是阿爾及爾與突尼斯。我回來時帶了二十冊筆記簿和十磅重的文件，開始寫作。

當然，這一切都讓我受益良多，真的學到東西。就終身學習而言，《紐約時報》會授予你一個接一個的學位。

我儘量包辦所有報導，唯一的例外就是當我因為時間壓力，無法趕往某個地方時。例如在這趟伊斯蘭任務中，我需要關於菲律賓相當廣泛的資料。後來《紐約時報》的亞洲部門實在調不出人力來做——他們正為柬埔寨戰爭、南韓動亂與東京政治危機而焦頭爛額——因此紐約方面就得有人幫我準備好一套資料。

比較《時報》和法國《世界報》對「伊斯蘭教」的專題報導，結果發人深省。《時報》是由路易絲來急就章，她既沒有討論整個伊斯蘭世界對於重大神學、道德議題的爭論（今天人們在談論伊斯蘭教時，怎麼能夠完全不提伊智提哈德派——個人詮釋，與塔格里德（taqlid）派——倚重權威的詮釋，對於《古蘭經》詮釋模式的激烈爭執？）也沒有討論各個伊斯蘭學派的歷史與結構，這些學派升高了路易絲試圖記錄的「動亂」（upheaval）。她反而是倚賴隨意引用任意選擇人士的話語，她以軼事趣聞取代分析，對伊斯蘭生活實際內容的報導也不多，無論這些內容是關乎教條、形而上學、政治抑或經濟。

在這方面，比較美國與法國的菁英報紙是很有裨益的。正好一年**之前**（一九七八年十二月六日、七日、八日），《世界報》委請馬辛・羅丁森（一位卓越的法國馬克思主義東方學專家，路易絲也引用了他的話）來研究同樣的現象⑥，結果是霄壤之別。羅丁森完全掌握住主題，他通曉所需語言，他認識這個宗教，他了解當地政治。他的報導中沒有趣聞軼事，沒有煽動性的引述，沒有倚賴「親」與「反」伊斯蘭專家的「平衡」。他試圖點出：伊斯蘭社會與歷史中的力量與現今政治態勢合作，釀成了目前的危機。結果羅丁森作品呈現出的是連貫一致的經驗——帝國主義、階級衝突、宗教爭議、社會道德，而不止是一堆為了戒慎恐懼的讀者而陳列出來的看法。

失去伊朗

The Loss of Iran

任何人在飽受關於伊朗膚淺而冗贅的報導之後，可能會轉而向公共電視台夜間播出的「麥克尼爾／雷勒報導」尋求言之有物的見解。如同《紐約時報》在平面新聞媒體的地位，「麥克尼爾／雷勒報導」也被公認爲廣電新聞界的菁英節目。但是我發現，就其極爲局限甚至保守的節目安排，以及來賓與討論主題的選擇範圍而言，「麥克尼爾／雷勒報導」很奇特地令人無法滿意。首先來看節目安排；由於這樁新聞事件迥異於傳統，伊朗又是如此陌生地處於世界一隅，觀衆會立刻感受到一種強烈的不對等：一方是「那裡的」暴民，另一方是衣冠筆挺、角色平衡的來賓，其資格是清一色的專家，但未必具備洞見與理解。試圖理性地掌握某種事態，當然沒有什麼不對，這也是該節目的初衷；然而由來賓面對的問題來看，麥克尼爾與雷勒顯然有意爲當時國內高張的氣氛造勢助威：對伊朗人民憤慨不已，分析激怒伊朗人民緣由時不顧史實，企圖讓討論符合冷戰或危機處理的規範。極爲鮮明的例證出現於兩集節目（十二月二十八日與一月八日），來賓是兩群新近自德黑蘭返國的美國教士。這些教士表達出對於伊朗人民感受的同情，他們被巴勒維國王的暴政壓迫了二十五年；但雷勒顯然懷疑教士的說法。當伊朗前後任外長巴尼薩德與高布薩德先後出席該節目時（十一月二十三與二十九日），主持人質問他們的立場與美國政府亦步亦趨：只問人質何時獲釋，完全不提處理遜王罪行的讓步條件與調查委員會。諷刺的是，巴尼薩德曾在節目中首度表示伊朗不再堅持遜王必須返國，他提出一項方案，由數月後前往德黑蘭的一個聯合國委員會執行，但是在節目進行當時，麥克尼爾與雷勒兩位記者很典型地都無視於巴尼薩德的建議。

從一九七九年十一月初到一九八〇年一月中旬的來賓名單，更是饒富意義。伊朗人士出席了五次，理查・佛克（Richard Falk，譯注：普林斯頓大學國際關係與政治學教授）與伊克巴・阿合馬各出席一次，他們兩人向來支持第三世界與反戰運動；除此之外，出席來賓都是報社記者、政府官員、學術界中東專家、與企業界或半政府機構有關聯的人士、敵視伊朗革命的中東人士。同樣的不平衡現象也出現在一九九〇年波斯灣戰爭的四個月中。某些人士出現頻率之高，原因顯而易見。哈德遜研究中心的康士坦丁・孟吉斯出現兩次，前美國駐阿富汗大使羅伯特・紐曼（Robert Neumann）以及狄恩・布朗也出現兩次，其最終結果就是全面指責伊朗人的所言所行不道德；如此做法對我們的憤慨自是火上加油，然而並無助於我們了解新聞。這種情形令我感觸甚深，同時更覺得驚訝，麥克尼爾與雷勒居然都不曾探討巴尼薩德的意圖，例如當他以「世界上被壓迫的人民」爲號召並提出建議，只要美國表態，認同被壓迫的人民也有其怨懟，他們並不堅持一定要將遜王引渡回伊朗（換言之，並不是一味要求美國退讓）。

因此，就在進行調查探索的同時，「麥克尼爾與雷勒報導」似乎也將自己綁手縛腳，不願讓節目涉入更寬廣的人類經驗領域，這些領域在對立者或對話者眼中卻相當重要。節目讓來賓緊密地圍坐著桌子，以兩名咄咄逼人的主持人控制全局；觀點平衡面面俱到，但沒有一位來賓能眞正通曉那些遙遠地區受壓迫人民的「外國」語言，一直到現今，那些人民都還在默默忍受數十年來美國或當地暴政對他們生活的影響；節目中的問題總是針對如何處理危機，不會去試圖了解在非白種人、非歐洲人的世界中，新的地平線已經在各地區展開；對於地緣政治、教派紛爭、伊斯蘭復興與權力平衡，幾乎都是不加思索地訴諸現時既有的觀點；麥克尼爾與雷勒就是在上述這些限制之中運作。而且無論影響是好是壞，美國政府同樣也是在這些限制之中運作。

新聞工作苦於對伊朗的謹愼戒懼與自我強加的服從性，在由此而衍生的脈絡中，我們可以開始欣賞史東（I. F. Stone）先知先覺的一篇文章：〈接下來是伊朗國王遊說團？〉

（A Shah Lobby Next?），此文寫作於一九七九年一月十七日，發表在二月二十二日出刊的《紐約書評》，史東談到巴勒維國王能夠「召集一批位高權重的友人」，從大通銀行（Chase Manhattan Bank）到軍火工業、石油托辣斯、中情局以及「飢渴的學術界」。但是巴勒維「現在親臨美國」之後，某些誘人的可能性或許會升高，儘管「我們早就應該但始終未能學到：不要插手伊朗的內政。而我們也許很快就會得到對等的教訓：不要讓伊朗的政治影響到我們的政治。」為什麼？史東的神奇預測解釋了原因：「如果伊朗新政權提出要求……索討遜王與『巴勒維基金會』的海外股份以及銀行帳戶，該怎麼辦？如果伊朗新政權要求遜王回國接受掠奪國家罪名的審判，該怎麼辦？如果伊朗新政權指控他身爲大權獨攬的統治者，對於薩伐克（SAVAK，譯注：巴勒維時期的特務組織）祕密進行的酷刑與處決須負完全責任，該怎麼辦？」

我引述史東的文章，原因不僅是他的預言正好應驗，同時也是因爲他並非、也從來不曾冒充伊朗「專家」，更不是什麼以親伊斯蘭立場著稱的人士。你看過他整篇文章，不會找到任何提及伊斯蘭心態、什葉派烈士情結或其他充當伊朗相關「資訊」的類似謬論。史東了解政治；他對社會中驅策人們行動的力量知之甚深，不會刻意隱瞞；最重要的是，他不會懷疑，雖然伊朗人既非歐洲人也非美國人，他們還是有自身的怨恨、野心與希望，天經地義，西方人對此如果視而不見，那實在是愚不可及。史東的文章沒有拐彎抹角與誇大其詞，如果他不懂近代波斯語（Farsi），他就不會縱容自己做出「波斯語微妙而難以捉摸的本質」這樣的概括。

約瑟夫・克拉福特（Joseph Kraft）以典型的冥頑不靈在〈展現國力的時刻到了〉（Time for a Show of Power）一文中描述了他的看法，此文刊登於十一月十一日的《華盛頓郵報》。其內容遠遠超乎對於外交豁免權與大使館不可侵犯性的正規評論，正好說明了在媒體全盤表現之背後所潛藏的、甚至可能是不自覺的基本理念。克拉福特寫道，遜王的垮台是「美國國家利益的慘重損失。」遜王不僅能夠讓石油供應穩定，而且藉由「他的帝王之尊」維持了伊朗高原的秩序，這對美國有益：讓石油源源不絕、讓該地區以及「潛伏的民族主義分子」規規矩矩、讓「我們」保持強大的形象。克拉福特建議：「爲了那些感受到阿亞圖拉威脅的政權著想，找尋機會對美國力量做一清二楚、最好是出奇不意的宣示。」做爲「重建美國對伊朗政策」工作的一部分。這項工作要如何完成？

> 可以考慮支持伊拉克，煽動伊朗國內的地方性反抗力量。可以考慮軍援土耳其其……為了找尋並利用這些機會，華府內部必須進行重大變革。美國需要一股戰力，在派遣陸戰隊與進行轟炸之外另闢蹊徑。美國必須重建幾年前自行摧毀

的戰力——祕密進行干預的戰力。

克拉福特的文章中有一點十分明確，他從一開始就不願接受伊朗革命是已經發生的事實，因此革命本身以及與革命相關的事物——阿亞圖拉、伊斯蘭教、伊朗人民——都必須「改頭換面」爲光怪陸離的形態，好讓讀者信以爲眞。換言之，克拉福特將其個人版本的現實，投射在相當複雜的伊朗以及美國的現實上，並取而代之。克拉福特的版本還有完全不涉及道德問題的額外優點：它的重點在於力量、美國人要求世界任「我們」擺布的力量；這就好像干預伊朗二十五年的事實沒有給我們帶來任何教訓。如果克拉福特在過程中發現自己否定了其他民族有權改變自家政府的形態，甚至否定這種改變已然發生，那也無所謂。他期待美國能藉由其自身的力量、需求與願景來認識世界，同時也如此被世界認識。除此之外都是大逆不道。

這種觀點的麻煩在於：就算是立足於實際且全然自私的立場，這種觀點也是既粗糙又盲目。就在克拉福特之流人物抨擊伊斯蘭革命、哀嘆遜王去國的同時，伊朗的局勢變化劇烈、前途未卜。推翻遜王政權的群衆是一個政治聯盟的前鋒，追隨何梅尼的領導。只有何梅尼才擁有權威以及精神與政治正當性來號令全國，但是就在他主宰大局的表象之下，數個集團正纏鬥不休，其中有教士〔其追隨者後來組織成「伊斯蘭共和黨」（Islamic Republican Party）〕；立場中庸的自由派（巴澤干是其中代表）；自由派與左派伊斯蘭政黨、左派人士的廣泛結合（巴尼薩德出身於此），以及包括許多不同政黨與團體的非伊斯蘭左派勢力。革命之後的一年多——就是從一九七九年二月到至少一九八〇年三月或四月——不同黨派之間一直在進行權力鬥爭，有時巴尼薩德似乎占上風，有時——主要是一九七九年冬末到一九八〇年初春——則是教士（畢海希提阿亞圖拉是其領袖）掌握大局。**在這場鬥爭進行時，美國極少出現相關報導**。認定伊斯蘭教冥頑不靈的觀念，其意識形態信念是如此強烈，以致於伊朗或任何一個伊斯蘭國家**之內**的政治發展，完全無人關注。然後，等到保守的伊斯蘭黨派在鬥爭中脫穎而出，早先對於伊斯蘭教的描述似乎也隨之應驗。再等到直昇機救援人質任務失敗，而且卡特政府決定暫時冷卻伊朗問題之後（可以說是爲時已晚），新聞媒體開始盡責地報導畢海希提與巴尼薩德之間的權力鬥爭。巴尼薩德很典型地被描述爲我們**能夠**與之打交道的人物，前提是畢海希提不要從中作梗。但事實上當巴尼薩德在一九七九年後期竄升時，美國媒體對他若非忽視就是鄙視。

力量當然是一種複雜、未必有形且十分多變的事物，除非完全只從軍事觀點考量。但是在某些情況中，正如克拉福特一語中的，力量並非一望即知，也無法直接施展（突襲、中情局顛覆、某種懲罰性攻擊），只能間接運用（由似乎坐擁無限資源的資訊機制呈現與再呈現的「美國被劫持」）。很久以來，媒體就對伸張**他們的**直接權力與致勃勃。我認爲這種說法並不誇張，克拉福特所云「全國性的無能」的感受，是源於一種美國力量蓋過了另外一種：媒體力量蓋過了軍事力量。大使館遭占領之後，一股似乎是美國國威所不及的力量令軍方一籌莫展（一九八〇年四月底半途而廢的救援嘗試是其明證）。

然而，在面對媒體豐富的象徵化能力所施加的限制時，這股力量仍然十分脆弱。一個伊朗人無論從遜王與美國掙得多少自由，他或她在美國人的電視螢幕上，仍然是一大群無名暴民中的一分子，不具個體性，不具人性面，再度被判定爲一種結果。然而，無論新聞媒體的做法是自覺抑或不自覺，它們實際上都是在運用再現的力量來達成目標，而且與以往美國政府的目標不謀而合：延伸美國勢力，或者就伊朗人民而言，即等於否定伊朗革命。這裡主要的指涉對象並非新聞的呈現，也不是對美國外交關係重大新生危機的分析或反思。除了極少數例外，媒體的目標似乎是要對伊朗掀起某種戰爭。

《華盛頓郵報》的華特・平克斯（Walter Pincus）與丹・摩根（Dan Morgan）在一九七九年十二月、一九八〇年一月到三月間一系列精彩調查報導，正是極少數例外。他們對讀者提出如山鐵證，揭露遜王與美國軍火業的大筆交易，他在巴勒維基金會的持股，他對人民的操縱與壓迫〔部分細節見於羅伯特・葛蘭姆（Robert Graham）《伊朗：權力的幻影》（*Iran: The Illusion of Power*）一書〕。但是這類比較遜王與何梅尼的文章，伯納德・諾西特（Bernard Nossiter）一九七九年十一月二十六日刊載於《紐約時報》的文章也是其中之一，相較之下畢竟只是少數，占多數的還是媒體反覆宣揚的憤慨情緒。奇特的是，在觀察美國對伊朗的政策時，沒有人想到要參照實行已一世紀的所謂投降協定（capitulations）背景，這種做法濫觴於以英國爲首的諸多強權，它們在伊朗獲得治外法權的經濟、外交與司法特權（何梅尼在在一九六四年曾說：「如果伊朗國王開車輾過一隻美國狗，他必須負起責任，但是如果一個美國廚師開車撞倒了伊朗國王……沒有人能對他採取法律行動⑦。」），媒體對此一字不提。但這個背景顯然能解釋伊朗人民對於所有「外國魔鬼」——尤其是外交官員——格外強烈的反感，美國不是伊朗人民唯一的目標。這一點或許可以讓許多評論家道貌岸然的抗議噤聲，他們認爲美國被伊朗嚴重冤枉，而且美國對伊朗人民滿懷善意、完全無辜。

因此，無怪乎人們從危機前三個月的媒體報導中學不到多少東西，媒體提供的是**堅決要求**（insistence），而不是對事件豐富複雜性的分析或深度報導。我想美國人會說，媒體在德黑蘭充分展現了它們的力量，以及將事件湊合成可讀但原始形態的報導技巧。然而媒體並無助於分析當時正在進行的複雜政治情勢；而且顯然也不會有人覺得，媒體是在記錄錯綜複雜而且有時令人困惑的歷史進程。但是我們仍然可以從媒體的運作方式獲得一些教訓。

除了積極地描述我前述的衝突性經驗，報導伊朗新聞還有數量與花費的問題。我曾連續十星期密切觀察八家日報、三大電視網、《時代》、《新聞週刊》與公共電視台。美國幾乎每一家主要報紙都大幅報導伊朗事件，再加上「背景資料」（backgrounders）與連帶的專題特寫，《紐約時報》的約翰・齊夫納在一九七九年十二月十五日寫道：德黑蘭當地至少有三百名外國記者（絕大多數甚至全部都需要翻譯人員）。《澳大利亞人報》（*The Australian*）的柯爾・艾倫（Col Allen）一九七九年十二月十六日報導，美國三大電視網在德黑蘭每天要花費一百萬美金；CBS除了辦事處主任之外，「還有二十三名記者、一名攝影師、一名音效師、數名拍攝與技術專家，十二名伊朗翻譯、駕駛與嚮導協助他們。」指揮中心是一個月六千美金的旅館套房，外加三十五間日租七十美金的房間供記者、駕駛與翻譯居住。再加上私人飛機、電傳機、汽車與電話的費用，還有每分鐘收費一百美金、每天要用上四個小時的通訊衛星，整個成本急遽昇高。

《華爾街日報》記者佛蒙特・洛伊斯特（Vermont Royster）回到美國之後，在一九七九年十二月十九日的一篇文章中說，他瀏覽過的大量報紙與電視節目充分顯示了：

儘管有堆積如山的報導，然而我還是不知道自己對伊朗危機的所知是多麼有限。回國之後，我很驚訝地發現，每天要面對排山倒海而來的電視、廣播與報紙的伊朗報導。報紙在巨大的頭條標題下刊載長篇報導，電視晚間新聞撥出大部分時間來處理這個主題，而且幾乎每天深夜都播出特別節目。

這幅景象令我興起一種異端的想法，覺得新聞媒體已經走火入魔。對於重要性如此明顯的事件，這種想法可能很奇特……但是報導事件的字數多寡並不等同於傳達的資訊。事實上，在許多長篇大論中，其實並沒有真正的新聞可言。

第二十八天……第三十八天……第四十天，日復一日的報導大部分是如出一轍。

或許眞正令洛伊斯特心有所感的還不是新聞的千篇一律，而是媒體追新聞時依循的狹隘且很快就了無新意的一系列假定。對於那些憂心人質處境、對事態憤憤不平的記者或專家，倚賴他們來獲取新穎的資訊、新聞與分析，這種可能性還能夠維持多久？如果你讀到十一月十八日《芝加哥論壇報》（*Chicago Tribune*）——詹姆士·元格（James

Yuenger）在一篇冗長文章中引述專家意見說：「這事件無法以理性來討論」，或者說伊朗人「渴望成爲烈士」而且有「一種尋求代罪羔羊的傾向」，接著看一週後的《時代》或《新聞週刊》，再一週後《紐約時報》的幾篇專題報導，你會不斷接觸到這類資訊，說伊朗人是期待殺身成仁的什葉派信徒，由不可理喻的何梅尼所領導，他們痛恨美國，決心要摧毀撒旦的間諜，絕不妥協等等。難道在大使館被占領**之前**，沒有發生任何事件足以說明後來的發展？難道關於伊朗歷史或社會所有的論述，都要擬人化爲瘋狂的伊朗無端辱罵善良的美國？最重要的一點，媒體是不是只想散播符合美國政府政策的新聞，這政策就是要讓全美「團結一致」要求無條件釋放人質，這個要求——哈佛大學的羅傑・費雪（Roger Fisher）在十二月三日的「今日秀」節目中做了敏銳的評估——本身隸屬於眞正的當務之急：不是釋放人質，而是「保持美國的強大」？

弔詭地是，政府與媒體有時看起來是針鋒相對，因此有政府抨擊ＮＢＣ播出威廉・葛列哥斯（William Gallegos）專訪而引發的爭議⑧（譯注：葛列哥斯爲美軍陸戰隊下士、德黑蘭大使館警衛，亦爲人質之一，在遭劫持期間曾接受ＮＢＣ專訪）。還有那些爲政府張目人士不斷發出的議論，就如喬治・鮑爾在十二月十二日的「麥克尼爾／雷勒報導」中所說：「全球最偉大的通訊網絡，事實上一直在爲所謂的伊朗政府而服務。」與這個主題相關，由媒體播放、印行、散布與描繪的證詞、聲明與宣言經常受到詆毀，說某某人在發言時已經被洗腦，或者說某某伊朗人士是在進行宣傳或是瘋狂的敵人。詹姆士・寇提斯（James Coates）十一月二十二日爲《芝加哥論壇報》報導：「政府官員表示，德黑蘭美國大使館的人質正經歷的心理壓力，很類似韓戰與越戰時期敵方對美國戰俘的洗腦。」那些官員後來承認：「他們擔心的是人質獲釋後的某些聲明。」羅伊斯・提姆尼克（Lois Timnick）十一月二十六日爲《洛杉磯時報》報導，根據一位專家的說法：「全世界必然將看到並聽到爲個別人質錄製的訪談，他們在訪談中會『承認』各種罪行，並做出傷害他們自身也傷害美國的聲明。」

另一個同樣是兄弟鬩牆的案例則是對聯邦參議員愛德華・甘迺迪（Edward Kennedy）的攻擊（例如，《紐約郵報》十二月五日報導：「愛德華・甘迺迪大受德黑蘭當局歡迎」），因爲他在政府與媒體的觀點之外，提出一個另闢蹊徑的觀點。還有對聯邦衆議員喬治・韓森的無情批判，他的過去被全盤托出，只爲了坐實衆議院議長湯瑪斯・歐尼爾（Thomas O'Neill）對他的指控（譯注：喬治・韓森曾於一九七九年往訪伊朗，並批評巴勒維的暴政）。

我並不是說媒體與政府之間有直接勾結之嫌；也沒有說**全體**關於伊朗的報導從根本上都被我討論的意識形態困境所扭曲。我當然也不相信有任何方式可以爲挾持人質的行爲開脫；就連何梅尼派駐聯合國大使曼索爾・法杭（Mansour Farhang），在十一月五日的

「麥克尼爾／雷勒報導」中都坦承這一點，只不過幾個月後他的立場就幡然改變。然而，沒有人能夠懷疑，在伊朗持續革命的複雜動蕩態勢中，人質危機依然扮演一個至今未透徹分析的角色；儘管目前看來，伊朗社會守舊勢力的主張，已因爲大使館長期占領事件而漁翁得利。現在危機已接近尾聲（主要是因爲伊朗與伊拉克開戰後，人質對於伊朗國內政治已無用處），新的情勢逐漸浮現。雖說如此，我仍然要強調，今日我們的世界太過於複雜、歧異，太有可能出現前所未聞的情勢（無論這些情勢是多麼受美國排斥），因此不能再完全以抵抗抑或增強美國力量的觀點來看待。美國人不能再執迷不悟，面對「伊斯蘭教」時只在乎它是親美抑或反美。對於世界如此仇外、化約的觀點，保證會讓美國與不肯妥協的人群繼續衝突；也會衍生出延續冷戰時期的杭亭頓式政策，意圖涵蓋全球大而無當的區域。我想這種政策可以被視爲對「西方生活方式」的積極倡導；但是我相信一個同樣有力的論點：西方生活方式並不一定要激起敵意與衝突，才能澄清我們對自身世界地位的覺察。

對於我所提出的新興全球政治態勢（伊朗是其大前鋒），我自己的假定必須在此簡單扼要地說明。雖然有些人認爲美國的國力已今非昔比，但我要指出，今日世界上已有更多地區發展出政治自覺，因此比較無法滿足於繼續當一個衛星殖民地或唯命是從的盟國。今日的伊朗、土耳其、西歐都說明了我的理念：他們不願意接受美國對伊朗片面實施的貿易制裁。進而言之，相信伊朗人民會歡迎美國對遜王的支持，就跟相信阿富汗人民希望蘇聯入侵一樣荒謬。我認爲將「伊斯蘭教」視爲一個整體是既錯誤又愚蠢的觀點，正如同我也認爲將「美國」視爲一個受傷害者而非複雜的體系，也是低劣的政治判斷。因此我相信我們必須增進而非減少對世界的了解；我們應該期待更高標準的報導、更細密複雜的資訊；對於進展中事件的解釋，要比我們現在所得到的更爲敏銳準確，就此點而言，一九九一年的波斯灣戰爭與一九九三年的奧斯陸協定是最戲劇化的開始，媒體對事件的解釋全然遵循美國外交政策反伊斯蘭、反阿拉伯的立場。不過我的看法定非一般新聞工作者所能接受，他們是在這樣社會中工作：(a)對非西方世界的覺察基本上是由危機或無條件的民族優越感所主宰；(b)十分精於從草率蒐羅的陳腔濫調與定義狹隘的利己心態之中，建構出複雜的資訊架構；(c)與各個伊斯蘭民族互動的歷史過程，是直到最近才藉著石油開採與統治者（例如伊朗遜王）形成，那些統治者與美國結盟，而所得獎賞就是引進了有限的、亟待檢討的「現代化」與反共。

要超越這一切的確並非易事。美國大部分主要報紙與電視網的特派員，有時要英勇地奮鬥才能完成紛至沓來的報導工作。但是他們通常不懂報導地區的語言，也沒有與該地區相關的背景閱歷，上任沒有多久就會被調走，有時甚至是在他們剛開始做出重大貢獻時就調走。無論一位特派員多有才幹，在報導伊朗、土耳其或埃及這類複雜的地區時，都需要事先訓練並在當地居留一段時間。例如，幹練而才華洋溢的詹姆士・馬漢（James Markham），曾在一九七五年至七六年爲《紐約時報》報導黎巴嫩內戰，那時他剛離開越南，而且在近東地區僅僅待一年之後就前往西班牙。約翰・齊夫納不在德黑蘭的那段時間，《時報》對整個地中海東岸地區（Levant）的報導是由亨利・譚納（Henry Tanner）斷斷續續地進行，而他的駐地是羅馬。《時報》前任駐貝魯特的特派員瑪文・郝薇（Marvine Howe，她的責任區還包括約旦、敘利亞、伊拉克和波斯灣國家）在貝魯特待了一年，先前她在葡萄牙也只待一年，一九七九年秋天她被調往安卡拉，工作則由尼可拉斯・蓋吉（Nicholas Gage）代打。與一些歐洲媒體相比較，美國這種做法對自身的傷害顯而易見：法國《世界報》有艾瑞克・盧婁，他能操流利的阿拉伯語，報導阿拉伯地區長達二十五年；英國《曼徹斯特衛報》（*Manchester Guardian*）有大衛・赫斯特（David Hirst），他通曉阿拉伯語，也是至少三十年經驗的老手（但是在其他大部分層面，歐洲的外國事務新聞就與美國一樣薄弱）。電視網記者報導工作遭遇的問題更多，他們通常比平面媒體記者更具流動性，相較之下，平面媒體記者就像知識的百科全書與中流砥柱。

我懷疑，美國媒體對於東方與「伊斯蘭」報導的極度不均衡早已司空見慣，而這一點在他們對西歐的報導工作上卻不會被輕易容許，不過這並不是說西歐的報導就毫無問題。無論如何，我發現有一點很難了解，爲何廣播、電視與報紙的主管似乎全都認爲，初出茅廬的記者要比在該地區有豐富報導經驗的記者更值得信賴。伊朗危機期間，人們看到幹練的電視記者像摩頓・狄恩（Morton Dean）、約翰・柯克蘭（John Cochran）與喬治・路易斯（George Lewis）在我們眼前搖身一變成爲「專家」，這並不是因爲他們懂得比較多，而只是因爲大家認定：如果你曾在一個地方待上一小段時間，你對當地就無所不知。事實上，人們看到的是記者越來越倚賴照單全收的報導需求——例如NBC夜間播出，紐約的約翰・錢斯勒（John Chancellor）與德黑蘭的路易斯以及柯克蘭對談——也越來越忽略分析與切實的新聞蒐集工作。爲了做出報導，準確性——向來不是媒體的優點——通常會被犧牲，而且還不論到底有沒有值得報導的新聞。

然而還有其他壓力扮演重要角色。平面媒體記者都知道，電視網的特派員每天晚上都能製造出令人眼界大開的節目，因此他們也得考慮如何才能吸引顧客，到最後就全然不顧確實的報導、準確性或眞正的重要意義。平面印刷與聲光影像的競爭，導致對伊斯蘭教什葉派特異現象以及何梅尼心理層面的過度強調，也造成對影響伊朗其他人物與力量的忽略。更重要——也更爲扭曲——的事實是，媒體被當成外交管道來運用，「伊朗事件」的這個層面在一九七九年十二月二十四日的《廣播》（*Broadcasting*）雜誌中有深入的探討。伊朗人與美國政府都一清二楚，在電視上發表的聲明不僅是針對那些想知道新聞的觀衆，同時還針對政府、黨派人士、新興政治群體。沒有人研究過這種情形對於「決定什麼是新聞」的影響，但是我相信，對於這種情形的普遍自覺，會驅策美國記者依循「我們對抗他們」的二分法來局限並化約其思考。將這種群體感受轉化爲文字，只會更加彰顯記者的無能與含糊。

未經檢驗且隱藏的假定

Unexamined and Hidden Assumptions

含糊的確是很不好，但我認爲，根據對現狀的假設來做報導更糟。一九七九年一月至二月號《哥倫比亞新聞評論》上有一篇文章，討論美國媒體如何報導伊朗國王的政權。這篇見解獨到文章的作者們令人信服地說明了：「整體而言，新聞媒體大致上都接受了伊朗國王的未明言的論點，認爲他的人民在意識形態資源方面頂多只能得到宗教狂熱與共產主義⑨。」《科學》（*Science*）雜誌在一九七九年十二月十四日也談到這種理解的失敗，但是將原因歸咎於整個國防與情報界；在《財星》（*Fortune*）一九七九年三月十二日赫曼・尼克爾（Herman Nickel）的文章中，這種觀點得到最深思也最透徹的呈現。但是，尼克爾睿智的結論沒有引起多少注意：

> 美國（在伊朗）失敗的根本原因，比策略的失誤更為深層，更深入到歷史內

部。

只有平心靜氣而且耐心地追溯這些根本原因，才能夠引導出真正有益於未來的調查探討。再如何重申也不為過：美國對於此事的自我檢討工作，不能重蹈嚴重影響一九四〇與五〇年代政壇「誰弄丟了中國？」的情緒化與分裂對立的反控指責。近年來美國對伊朗政策的演變歷史並不是那麼顯而易見，可以讓那些飽受冷落的先知事後再來大發議論、指責各方。實則，失敗責任的分布似乎相當廣泛，足以激發出人們的謙卑之情。對於巴勒維國王本人統治伊朗力量的嚴重誇大是一項誤判，而共和黨與民主黨政府都曾以同樣的信心接納。國會聽堂與白宮各項會議上，質疑或異議的聲音同樣是微乎其微。

要展開著重於衡量建設性政治問題而非流彈四射人身攻擊的論辯，可能必須先建立新的自覺，體認別的國家畢竟並非我們所能「失去」。如果美國能從越南悲劇學到一項教訓，應該就是對於那些深受自身歷史、文化與宗教影響的古老國家，我們並未擁有裁決其事態發展的能力。如果佛教在東南亞地區政治的角色經常令人感到疑惑，那麼對美國決策階層而言，伊斯蘭教在伊朗的角色已經證明為更加顯著、更令人困擾。

差不多過了一年之後，專斷、交相指責的心態依然盛行不退；而且還多加了一絲諷刺，整個媒體界似乎發現它很難承認，在那些美國認為隸屬於它的勢力範圍的國家之中，變化是可以容許的。一九九六年土耳其大選結果，溫和的伊斯蘭政黨執政，《紐約時報》的專家湯瑪斯・佛里曼（Thomas L. Friedman）在八月二十一日寫了一篇〈誰丟掉了土耳其?〉（Who Lost Turkey?）就好像土耳其與伊朗原本是「我們的」，後來才會丟掉。

就伊朗的情形而言，大部分記者提及巴勒維時仍然習慣於稱他為「國王」（the shah）而非「遜王」（the ex-shah）。另一方面，一直到一九八〇年代中期（當時情勢逐漸明朗，革命陣營的右翼勢力占了上風），對於伊朗政府暴政、處決的報導，遠多於其國內極具流動性而且相當開放的政治鬥爭。伊朗在數十年嚴厲鎮壓之後，能夠有十餘個政黨競逐影響力與權力，而且大致上免於酷刑和囚禁的威脅；人們應該會認為，這種情形對國家生存的意義值得做詳細報導。何梅尼儘管頑固，而且在許多方面都令人敬而遠之，但是只有一個定位不明的官方職位；對中央政府不甚感興趣；顯然受到崇敬；手腕非常高明，能夠讓十餘個派系忙於內鬥，同時仍掌控全局；能以如此的信心與嚴峻談論"almostazafin"（被傷害與受壓迫的人民）；一個國家有這樣的領導人意謂著什麼?在人質危機的初期，很少報導能夠說明，伊朗政府頂多只能算是臨時性質，是建立新國家的前奏；在一九七九年大部分時期，伊朗內部對於憲法與政府結構有許多爭議；伊朗有許多黨派

（宗教與世俗，右翼與左翼）在激烈地抗衡；伊朗有數十種報紙定期出刊；伊朗有實實在在的政治議題（絕不單單只是黨派、種族或宗教的派系鬥爭）能夠動員大批民眾；幾位阿亞圖拉之間的衝突（何梅尼與穆罕默德─卡贊姆・夏里亞特─馬達里（S. Mohammad-Kazem Shariat-Madari）等其他人）同時關涉到對於伊斯蘭原則的政治以及宗教詮釋；伊朗的前途發展，未必會依循在美國報紙中產階級記者眼中可取或不可取的模式。

媒體的社論與專題特寫部分最令人難以理解的是，幾乎毫無例外地，它對於推翻巴勒維王朝並且引進不一樣──可能也更受人民歡迎──團體的運動，抱持著如此深沉的蔑視與懷疑。「伊朗新蠻族無法無天」（The New Barbarians are loose in Iran），哈爾・古利佛（Hal Gulliver）一九七九年十一月十三日在《亞特蘭大立憲報》上如此寫道，他指涉的不只是劫持人質的學生，還涵蓋了所有的伊朗人。尤賽夫・易卜拉欣（Youssef Ibrahim）一九七九年十月十四日在《紐約時報週日雜誌》發表一篇冗長且看似專業的文章，讀過之後你會相信伊朗的革命已經失敗，到處充斥著對於革命的怨恨、恐懼與厭憎，猶如悶燒蔓延的火山熔岩。證據是：基本上是一些得自兩名政府閣員的印象與說法，大部分是來自與一名銀行家、律師與廣告業務員的討論。

我並不是說記者不應該有個人意見，或者不應該讓讀者知道這類意見的內容。而是認爲，當意見變形爲現實時，新聞也就搖身一變化爲自我實現的預言。如果你假定伊朗革命是壞事，因爲它運用極爲陌生的（對西方人而言）宗教語言和政治反抗來對抗暴政，那麼你就會刻意去尋找並且必然會發現非理性狂熱。瑞・莫斯里（Ray Moseley）十一月二十五日在《芝加哥論壇報》的一篇文章〈服從、偏狹扼制了革命伊朗〉（Conformity, Intolerance Grip Revolutionary Iran）中寫道：

> 視死亡為榮耀的人，在定義上就是狂熱分子。復仇殺戮的欲望與殺身成仁的嚮往，在伊朗什葉派穆斯林身上似乎格外鮮明。這股力量驅策了數以千計的民眾在革命時期，手無寸鐵地正面對抗擁有自動武器的部隊。

這段的每一個句子都包含僞裝成事實的高度爭議性假設，但是卻似乎能夠被廣泛接受，因爲探討的對象是一場伊斯蘭革命。這些假設在一九九〇年代關於伊朗以及大部分黎巴嫩眞主黨運動（總是被描述爲「受伊朗支持」）的報導中，仍然陰魂不散。大多數美國人並不會因爲派屈克・亨利（Patrick Henry）說過「不自由、毋寧死」（give me liberty or give me death）而將他視爲狂熱分子；殺害法國通敵納粹公民的欲望（有數千名這類人士在短短幾天之內遇害）並不會被用來描述全體法國人；還有那種屢見不鮮、對於以道德勇氣壓倒武裝大軍的人民的景仰，又該如何解釋？

莫斯里對伊朗的攻擊，在同一家報紙同一天的社論中得到支持，這篇社論的確是涵蓋一切，指控何梅尼根本就是要「對全世界發動一場聖戰」。「聖戰」這個主題也被《洛杉磯時報》十二月十二日艾德蒙・鮑斯渥斯（Edmund Bosworth）的一篇文章大肆炒作了一番，同時還成爲西方文化再現伊斯蘭教獨一無二最重要的主題。法茲勒・拉曼（Fazlur Rahman）曾經論述過：「在晚近的穆斯林律法學派之中……只有狂熱的哈瓦利吉派（Kharijites，譯注：伊斯蘭教早期教派，以其戰鬥性著稱）才會宣稱『聖戰』是『信仰的支柱』（pillars of the Faith）之一⑩。」但鮑斯渥斯全然不顧這項事實，一味引述大量歷史「證據」來支持一種理論，認定過去一千兩百年間，在跨越土耳其、伊朗、蘇丹、衣索比亞、西班牙與印度的廣大地區之中，**所有**的政治活動都可以視爲衍生自穆斯林所謂的聖戰。

如果攻擊性的誇大其詞是一種經常用來描述伊朗與伊斯蘭教的新聞模式，那麼另一種模式就是誤用的拐彎抹角（euphemism），大多是源於無知，不過也經常是來自幾無掩飾的意識形態敵意。它最常見的形式是一種手法，以記者自身看似合理的「解釋」來取代眞實。在大使館被占領的前三個月，報紙與電視只粗淺地探討了一個主題，也就是伊朗前政權：有相當長的一段時間，媒體不願意認眞處理伊朗人民對於遜王以及美國長期無條件支持遜王政策的怨恨。另一方面，美國在一九五三年八月侵犯伊朗主權的行徑也乏人問津，當時（克米特・羅斯福在他最近出版的《反政變》（*Countercoup*）一書做了敘述，不過這本書有相當多的保留）中情局與英國—伊朗石油公司（Anglo-Iranian Oil Company）聯手，推翻穆罕默德・莫沙德（Mohammed Mossadegh）總理⑪。其背後的假定是，身為強權的美國可以隨意撤換他國政府，並原諒施加在那些文盲非白種人身上的暴政。一名執業的精神病醫師喬治・葛羅斯（George E. Gross）在一九八〇年一月十一日《紐約時報》專欄版的一篇文章中推論，美國容許遜王入境紐約，實質上等於是赦免了他，這種行為「缺乏道德原則」，正如同福特（Gerald Ford）總統冠冕堂皇地赦免尼克森一樣，顯示出「在道德框架中做出判斷的能力受到損害，無法體會其他人群的道德義憤。」

像這樣的觀察直如鳳毛麟角，大部分的專題報導作家與社論家都滿足於拐彎抹角。大家似乎有共識，認定伊朗人民占領美國大使館的行為形同開戰；幾乎沒有人會想到，一九五三年的美國推翻莫沙德也是戰爭行為。厄尼斯特・康南（Ernest Conine）一九七九年十二月十日為《洛杉磯時報》寫的一篇社論就非常典型：

新聞報導似乎證實了研究中東學者的主張，我們真正看到的是一場蔓延甚廣的反叛，對象是伴隨著近年來西式現代化而來、引發不安的影響。

伊朗國王之所以受到憎恨，並不只是因為他的警察以酷刑對付人民，同時也是因為剝奪了政府對穆斯林神職人員（holy men）的津貼，並且推動工業革命，將伊朗民眾從鄉村傳統生活方式之中連根拔起。

「撒旦美國」之所以被標舉為頭號惡棍，不僅是在伊朗，還有別的地方，原因在於過去二十五年來，美國是該地區最顯著的強權，因此也順理成章地象徵著帶來不受歡迎改變的外界力量。

這種議論之中有許多成分是藉由未言明的假設，衝著伊朗人民而來，所以必須仔細解讀。首先康南暗示：「西式現代化」帶來的「引發不安的影響」，是基於善良信念、試圖協助伊朗與伊斯蘭教從過去走向現代的結果。換言之，伊斯蘭教與伊朗是落後的，而西方則是先進的，難怪落後的人民在急起直追時會嘗到苦頭。這些都是極具爭議性的價值判斷，而且正如我在〈第一章〉中指出的，是源自於現代化的意識形態。更有甚者，康南假定，除了種族優越感偏見之外別無理由，酷刑帶給伊朗人民的痛苦，還不如政府對神職人員的侮辱來得深，康南刻意用"holy men"這個詞彙，有暗示原始民族與巫醫的意味。此外他還暗示，伊朗人與「我們」的感受可能不同。他最後的重點是以聯想方式串聯其他重點，怪罪反動的伊朗人民無法體會美國與巴勒維帶動伊朗進步的用心良苦。這麼一來，不但使「我們」得以脫罪，而且做爲一個民族的伊朗人也很微妙地遭到控訴，罪狀是他們不懂我們自家現代化的價值，這也是爲什麼遜王終究是個高貴的人物。

有一樁事實很少被提及，雖然它既不難以理解，也不難獲取：美國企業在伊朗地區搜括的鉅額利益（過去幾年來，石油公司利潤百分之兩百的巨幅增加，很容易讓人聯想到巴勒維家族的財富），而且大部分伊朗人民，就像那數百萬無法直接受惠於石油業的阿拉伯人民一樣，會將與美國有關的財富視爲一種負擔。如果有謠傳說巴勒維國王偶爾會動用一些酷刑，那麼，十二月十六日的《華盛頓郵報》寫道：「可以這麼認爲，這完全是伊朗歷史中的傳統。」這種說法似乎暗示，既然伊朗人民一直在承受酷刑，任何改變他們宿命的嘗試都等於背叛他們自身的歷史、自身的天性。

這看似無可辯駁的立論也出現在一九七九年十二月五日《洛杉磯時報》唐恩・先奇（Don A. Schanche）的文章中，他主張：因爲伊朗新憲法是「現代史上最怪異的政治文獻」，而且因爲這部憲法並不是和美國憲法一個模子印出來的（居然沒有制衡！），可見何梅尼的登上大位至少和遜王一樣糟糕。這部憲法在理論上至少提供了「關於總統與國會議員民選以及組織化司法體系的條款」，但是先奇嗤之以鼻說那是「民主的表面功夫」。他全然不提艾瑞克・盧妻一九七九年十二月二日至三日在《世界報》上分析的：

對於伊朗新憲法的熱烈、針鋒相對的論辯，對何梅尼確實角色的爭議等等。也就是說，先奇比較感興趣的是讓自己這篇社論化身爲伊朗憲法的眞相詮釋，反而對眼前正在發生的事態視而不見。雖然伊朗在一九八○年代中期浮現的新秩序前景十分黯淡，但那只是巧合與一場激烈鬥爭的結果，許多支持革命的伊朗人（與非伊朗人）都對鬥爭結果感到失望。然而在美國，一名共和黨極右派總統候選人（譯注：指雷根）的出現也是同樣不幸的巧合！

除了安德魯・楊格（Andrew Young）是顯著特例之外，一九七九年時沒有一個重要公衆人物曾論及——在大使館中舉行聖誕禮拜的三名傳教士以及在德黑蘭待到十二月底的其他教士團體（後來他們分別在十二月二十八日與一月四日的「麥克尼爾／雷勒報導」中現身），都曾經做過觀察——伊朗人民在對抗美國時，前政權在他們心目中的意義。而媒體也合作地保持沉默，至少在遜王獲准入境美國之後的二十天中，將他視爲需要慈善援助的特殊案例。遜王的政治過往被剝除殆盡，看似與當時伊朗大使館發生的事件毫無關聯。有幾位記者——最著者爲《華盛頓郵報》的唐恩・歐伯多佛（Don Oberdorfer）——試圖重建大衛・洛克斐勒（David Rockefeller）、亨利・季辛吉（Henry Kissinger）與約翰・麥克洛伊（John McCloy）迫使美國政府允許遜王入境的狡滑伎倆。不過這些事實，還有遜王與大通銀行之間的長期關係——有助於解釋伊朗人民對美國的敵意——

並沒有與大使館占領事件建立因果關聯。相反地，我們得到的是許多拐彎抹角的解釋，說人質危機是肇因於何梅尼一手操縱、他要分散人民的注意力、國內的經濟困難等等因素（見十一月二十五日、二十七日與十二月七日、十一日的《洛杉磯時報》，以及十一月十五日的《華盛頓郵報》）。

我終於相信，這麼說應該不算太憤世嫉俗，美國政府對於伊朗的整體立場（其象徵就是卡特總統拒絕談論過去美國與伊朗的互動關係，稱之為「古老的歷史」）是一種很有用的工具，能夠將媒體對於伊朗人民、伊斯蘭教、一般而言的非西方世界的普遍敵意，轉化為選舉年的政治資本。因此總統似乎是要讓美國保持強大，以防外國卑鄙的攻擊；而這一點反過來說，正是何梅尼在伊朗的立場。卡特總統的拒絕動用武力雖然偶爾會招惹威廉・薩菲爾（William Safire）與約瑟夫・克拉福特的鄙夷，但整體而言，卡特卻等於是向民眾保證，與那些伊斯蘭「恐怖分子」——他們就是如此被稱呼——相較，他堅守西方對於文明行為的標準。伊朗危機的另一個效應是，像埃及總統沙達特（他關於何梅尼是狂人與伊斯蘭教之恥的說法，被反覆引述到令人作嘔）這類統治者被塑造成為可取的伊斯蘭正道。對於紹德王室的態度也是如此，儘管在此同時，有相當多令人困擾的消息並沒有見諸報導；在伊朗方面，危機的落幕仍遙遙無期。

首先來看沙達特與紹德王室。從一九七八年的大衛營協議簽訂之後，沙達特就普遍被視爲我們在中東地區的友人，他與以色列總理比金公開宣稱，願意擔任該地區的警察，讓美國在埃及設立基地等等。結果，媒體絕大部分關於埃及的報導，都將沙達特對於埃及、阿拉伯、與區域性事務的觀點奉爲金科玉律。現在對於埃及與阿拉伯世界的報導，目的都是要證實沙達特的看法觀點，雖然穆巴拉克——他的接班人，而且仍屬美國陣營——並不像沙達特那麼百依百順、身段柔軟。在沙達特遇刺之前，相較之下關於他本人的報導非常少，大家普遍認定他既是政治正軌，也是新聞的主要來源。當然，完全一樣的情況發生在巴勒維掌權時期，除了柏克萊學者哈米德・奧嘉獨具先見之明的一篇文章之外⑫，沒有任何人曾注意到反對國王的宗教與政治力量。美國的政治、軍事、戰略與經濟投資有許多是透過沙達特而進行，同時也是依循他對事物的觀點。這種現象的原因一部分要歸咎於媒體的無知；對特異「名人」的偏好；對於在埃及與中東運作的意識型態共識，幾乎完全沒有做探究性的報導。

還有其他一些原因。其中之一是中東地區敏感的**內政**層面。例如，在水門（Watergate）事件之後，來自中情局與資訊自由法（Freedom of Information Act）的多項內幕曝光之中，關於美國中東事務的重大揭發只有伊朗門（Irangate）事件，這並不令人意外。對伊朗而言，原因十分明顯；不僅因爲有許多美國人非法涉入其中，藉以支持尼加拉瓜反桑定政權游擊隊（contras）；更因為以色列與美國在伊朗極度密切的合作，無論是巴勒維國王掌權時期或下台之後都是如此。巴勒維建立特務組織「薩伐克」時，以色列情報組織「莫薩德」提供直接協助；在其他許多案例中，中情局和聯邦調查局都曾經十分樂意地與以色列特務組織合作⑬。一九七九年至一九八〇年初以色列媒體上出現了一系列揭發內幕的文章，作者是烏瑞・盧布蘭尼與其他在伊朗革命之前，涉入以色列與伊朗合作計畫的人士〔見一九八〇年三月二十日的《話報》（*Davar*）與一九七九年一月十日的《國土報》（*Ha'aretz*）〕，但是這些報導無一見諸美國媒體，也許是因為它們會令以色列民主且愛好自由的形象蒙羞。以色列在伊朗—尼游（Iran-Contra）事件中的涉案情節被低調處理。就在整個美國體制全力打壓任何關於遣返遜王言論的同時，一名可憐的巴勒斯坦青年齊亞德・阿布・艾因（Ziad Abu Ain）卻在美國國務院的積極介入之下，飽受漫長遣返程序的煎熬（外加不得保釋與剝奪人身保護令），原因正是（也只是）以色列政府指稱——根據是以色列監獄中另一名巴勒斯坦人先前所做、後來撤回的第三者自白，而且這份自白是以當事人根本不懂的希伯來文寫成——他是恐怖分子，涉及兩年前一樁炸彈攻擊事件。除了《新政治家》（*New Statesman*）的克勞蒂雅・萊特（Claudia Wright）一九八〇年一月七日、二十一日在《探索》（*Inquiry*）雜誌上一篇很重要的文章〈玩弄遣返〉（Toying with Extradition）之外，這件事幾乎沒有引起媒體注意。

此外，對於沙烏地阿拉伯、科威特這類地區穩定性的普遍憂慮，並沒有激發出能與這份憂慮相稱的新聞報導，只有一些畫地自限、高度選擇性的批評，針對沙烏地阿拉伯弱點而發，我在〈第一章〉已做過描述。各大電視網與報紙中，只有CBS的艾德・布萊德禮（Ed Bradley）在一九七九年十一月二十四日提到，所有關於麥加清眞寺遭占領的新聞全部來自沙國政府，其他消息來源一概封鎖。但是《基督教科學箴言報》的海倫娜・柯班（Helena Cobban）十一月三十日從貝魯特報導，淸眞寺占領事件具有非常明確的**政治**意義；攻擊者絕不是單純的伊斯蘭狂熱分子，而是一個政治網絡的一部分，兼具世俗與伊斯蘭的綱領，尖銳地指向紹德王室對權力與財富的壟斷；這個政治網絡近年來大幅擴張，一九九五年末與一九九六年夏天的利雅德與霍巴塔爆炸案是其明證。幾週之後，柯班的消息來源——一名住在貝魯特的沙烏地阿拉伯人——消失無蹤，沙國的情報單位據信主導這椿失蹤案。

蘇聯入侵阿富汗之後，我們對好穆斯林與壞穆斯林可能就會有更鮮明的區分；有更多新聞讚揚好穆斯林的成就，諸如穆巴拉克、班娜姬・布托、以及阿拉法特的反哈瑪斯的安全部隊；更常將伊斯蘭教好的一面視同「溫和中庸」，如果可能，還可以視同自由民主，後者主要意謂著「自由」市場經濟，而非改善沙烏地阿拉伯、科威特、埃及與約旦等國家的人權狀況。很少人會將阿富汗對蘇聯的反抗比擬爲巴勒斯坦對以色列占領的反抗，約旦國王胡笙一九八〇年一月二十二日在「會見新聞界」（*Meet the Press*）節目中闡述了這一點。在沙烏地阿拉伯方面，美國對沙國大規模投資的風險，只會引起（不足爲奇）以色列支持者的關注，他們認爲美國的協助不應該從以色列轉移到阿拉伯人。彼得・魯賓（Peter Lubin）一九七九年十二月二十二日發表在《新共和》上的〈我們不了解的沙烏地阿拉伯〉（What We Don't Know About Saudi Arabia）正說明了這一點。魯賓的論調大致合理，但稍嫌誇張，他將大學院校對於波斯灣產油國家的著作與教學嗤之爲統治王族的宣傳或是無知。然而，他卻完全無法將自己的批評延伸至關於以色列的著作；或者是延伸至各大學許多中東研究計畫中不甚含蓄的親以色列偏見。同樣的，魯賓雖然正確地要求記者對於我們富有的產油盟邦傳來的資訊，必須更加嚴格要求；但是他應該說而沒有說的是：在與以色列相關的報導中，嚴謹與公平早已被棄若敝屣。

另一個國家

Another Country

對於媒體在人質危機最嚴重、痛苦的前幾個月中處理伊斯蘭教與伊朗的方式，我的探討可以歸結為幾個要點。闡述這些要點最有效的方法，就是以美國呈現伊朗事件的版本對照歐洲的版本——艾瑞克·盧婁在法國《世界報》每天刊載的系列文章，從危機的第一個星期一直寫到一九七九年十二月底。當大部分美國記者於隔年一月被伊朗攆走之後，《紐約時報》也刊載了幾篇盧婁的作品。當然，我們必須謹記，盧婁不是美國人；沒有法國人遭劫持；伊朗從來沒有落入法國的勢力範圍；而且除了盧婁的文章之外，法國媒體對外交政策的報導並不比美國同業高明多少。同時還必須重申，由於媒體報導數量過於龐大，因此誕生了不少極有價值、經常（不完全）是違反共識的作品。像《洛杉磯時報》與《波士頓環球報》的專論版文章；討論動武之外的可行方案、試圖嚴肅面對伊朗現實而且頗具想像力的作品（例如理查·佛克在十二月九日的《亞特蘭大立憲報》、羅傑・費雪在一月十四日的《新聞週刊》）；討論遜王獲准入境美國的卓越的背景報導；偶爾出現的精湛政治分析以及敘述精彩的新聞故事（《洛杉磯時報》的道依爾・麥克梅納斯（Doyle MacManus）、《紐約時報》的齊夫納）：在人質危機最初的幾個星期，對於想尋找超越一般狹隘愛國主義論調的讀者，這些都是高水準的新聞報導。此外也應該提到《探索》雜誌上兩篇強有力的文章（十二月二十四日與一月七日至二十一日），討論美國人佩戴寫著「伊朗爛透了」（Iran Sucks）與「核子彈炸伊朗」（Nuke Iran）鈕扣所流露的窮兵黷武精神。還有佛瑞德・庫克（Fred J. Cook）十二月二十二日在《國家》雜誌的一篇報導中適時透露，國會於一九六五年展開的伊朗回扣案調查，後來神祕地無疾而終；而且同樣神祕的是，現在這個案子雖然事關重大，但卻無法重新展開調查。庫克的報導先知先覺，預示了一九八六年羅伯特・麥克法蘭（Robert McFarlane，譯注：雷根時代白宮國家安全顧問）以及奧利佛・諾斯（Oliver North，譯注：前白宮國家安全會議中校軍官，伊朗—尼游事件主角）與伊朗的祕密協議，非法以美國軍火交換伊朗的黎巴嫩盟友釋放人質。

但是總的說來，美國電視、日報與新聞週刊上的伊朗報導，對於當地情勢的洞見與深入了解，都遠遠比不上盧婁同一時期發表於《世界報》的一系列文章。如果以強烈的語氣來表達，我會說盧妻筆下的伊朗與美國媒體再現的伊朗，直如兩個不同的國家。盧妻從來不曾忽略伊朗當時仍然在歷經巨大的革命變化，而且由於當時的伊朗沒有政府，所以會進入創造一套全新政治體制、程序與實體的過程。因此，美國大使館危機必須放在這種經常令人困惑而且總是錯綜複雜的過程中觀察，而不是視爲孤立的事件。盧妻從來不利用伊斯蘭教來解釋事件或人物，他似乎認爲自己身爲記者的職責包括對政治、社會與歷史的分析——已經是相當複雜——但不包括訴諸意識形態的概括與故弄玄虛的辭令；儘管到了後來，伊朗的事態發展不盡如人意，而且發展過程也難以理解。沒有任何美國記者肯報導伊朗國內對憲政公民投票的長期辯論；對於各個黨派的分析也少之又少；幾乎不曾提及導致畢海希提、巴澤干、巴尼薩德與高布薩德分道揚鑣的意識形態鬥爭；從未報導伊朗鬥爭所運用的各種策略；沒有詳細列舉（至少到一九八〇年中期都是如此）爭逐權力與注意力的眾多政治人物、理念與機構；在革命與人質危機之後將近十年，沒有一位美國記者曾經指出，除了人質是否獲釋、某某人是親美抑或反美等問題之外，伊朗人政治生活在本質上足以激發出探究的興趣。就連重大事件也被忽略，例如巴尼薩德曾在一九七九年十二月五日造訪占領大使館的學生；同樣地，也沒有人提到哈吉托利斯蘭・侯艾尼（Hajitolislam Khoeiny）在大使館事件中的重要角色，當時他正好也是伊朗總統候選人之一。但是上述這些事件都曾經見諸盧妻的筆墨。

更重要的是，盧斐似乎能夠事先就承認，在危機中運作的人物與觀念潮流可能會扮演非常重要的角色。他不會魯莽地下判斷，沒有先入爲主的成見，不曾因爲官員的慫恿就倉促做出結論，從不留下未經查證的故事。從盧斐的報導看來，韓森衆議員往訪德黑蘭遠比一般人的想像來得成功。盧斐一九七九年十一月二十四日的文章甚至提供具體事證，顯示白宮（與美國媒體）刻意低調處理韓森與伊朗人的成功交涉，當時國會正考慮調查美國與伊朗之間的金融往來（這是應伊朗的要求，可能也是釋放人質的交換條件），白宮卻一口回絕調查。巴尼薩德是堅定的社會主義者與反帝國主義者，高布薩德對於政治與經濟議題立場較爲保守，盧斐詳細報導了這兩人在一九七九年下半年的鬥爭，也記錄了十一月至十二月間他們對於人質危機看似矛盾的立場（巴尼薩德想解除危機，但高布薩德企圖升高危機）。

我們還可以猜測——儘管當時沒有任何美國記者提及——美國比較喜歡與高布薩德打交道，而且似乎對巴尼薩德的離開外交部推波助瀾（方法是：不把他當一回事、貶抑他的建議、罵他是個「瘋子」（kook））。鑑於巴尼薩德後來輕而易舉贏得總統大選，未來美國對伊朗的立場（以及寧可與保守派而非社會主義人士來往的態度）顯然與這個時期大有關聯。還有巴澤干下台的眞正原因：絕非因爲巴澤干是美國媒體宣稱的自由民主人士，也不是因爲他曾與布里辛斯基在阿爾及爾握手致意，而是他缺乏效率與能力來實現其政府宣示的「伊斯蘭」政策。盧斐在他最重要的一篇文章（《曼徹斯特衛報》一九七九年十二月二日曾刪節轉載）中點出，美國早在大使館於十一月遭占領之前，即對伊朗展開長期的經濟戰；相關事件中醜陋的一面是，大通銀行繼續扮演對付伊朗的主角。

盧斐之所以會有如此的表現，原因一部分在於他的幹練，一部分在於他對中東地區的歷練豐富；另一部分原因則是他和美國的同業一樣，在報導時對於本國的讀者念茲在茲。《世界報》畢竟不止是一分法文報紙，它還是法國的新聞記錄；《世界報》顯然認定它在呈現這個世界時，是依循界定法國利益的特定觀念。這個特定觀念部分地解釋了爲何盧斐筆下的伊朗會與——舉例而言——《紐約時報》報導的伊朗大不相同。法國的觀點是一種自覺地**另類的**觀點，與超級強權或歐洲其他國家的觀點都不一樣。而且，法國（可以延伸爲《世界報》）對於東方有一種歷史悠久且經驗豐富的態度：對待昔日殖民地與保護國時是認眞的後殖民主義者，但仍帶有殖民主義者心態；比較在意的不是蠻橫強權，而是部署、策略與過程；焦點鎖定於利益的培養，而不是保護那些對孤立政權的過度投資；決定何者應贊同或應批判時具選擇性，與時俱進，並注意細微差異。畢竟《世界報》是集體所擁有，它是法國中產階級的報紙，而且就法國之外的世界而言，

《世界報》呈現的政治面相變化多端，可以描述爲傳教士作風、田園、溫和專制、「有靈魂的社會主義」（socialism with soul）、十八世紀啓蒙主義，以及開明進步的天主教徒〔見《基督教科學箴言報》一九八〇年五月十三日路易斯・維茲尼澤（Louis Wiznitzer）以及《紐約客》（*New Yorker*）雜誌一九八〇年六月三十日珍・克拉瑪（Jane Kramer）的文章⑭〕。無論如何，最重要的是：《世界報》如何試圖——無疑是自覺地——報導整個世界。相較之下，《紐約時報》的報導似乎是由危機與新聞價值主宰，但《世界報》則試圖記錄——或者至少是提及——國外發生的大部分事件。《紐約時報》對意見與事實似乎並未嚴格區分（至少在形式上如此）：一旦遇上異常複雜的事件或議題，其結果就導致報導的長度、細節與曲折變化出現更大的彈性。《世界報》的報導流露出世故心態，《紐約時報》則是嚴肅而高度選擇性的關切。現在來看看一九七九年十二月二日與三日盧斐的報導。

盧斐首先提到，過去三個月以來，伊朗「制憲大會」（Constitutional Assembly）進行的討論非常受到矚目；召開了數百場公開會議，其中有多場以電視轉播；新聞媒體與黨派刊物對議題進行分析，耗費許多時間批判憲法草案中「反民主」的成分（附帶一提，美國媒體很少提到這些事件）。其次，盧斐討論何梅尼與伊朗**政治階層**主流之間弔詭的分裂，然後以詳盡的推論顯示：雖然何梅尼冒風險直接訴諸全國民意，而不是敷衍拖延，但他仍然成功地立刻遂行了自己的意志。在這方面，盧婁當然必須分析憲法爭議（其議題、黨派與方式）以及眞正涉入其中的**力量**，釐清權力與憲法之間的巨大差別。最後，何梅尼的伊斯蘭黨派被視爲一個異質的團體，其聚集與散播都是透過一個由何梅尼強烈的「永恆革命」意識所形塑的政治實體，也只有天性上是「吹毛求疵的法律學家」（fastidious legalist）的何梅尼才能相當弔詭地操控這個政治實體。盧婁聆聽左派與右派不同團體的聲音，並引述其立場聲明，然後找出憲法草案中的矛盾：婦女不再只是性愉悅與或經濟利益的對象，然而草案並未明確界定她們的權利；工會被譴責爲馬克思主義的產物，然而工人會議卻在經濟生活中扮演重要角色；所有公民權利平等，然而什葉派被定爲國教等等。探討過上述這些現象之後，接著才有下面這兩段的文章：

> 立刻採行討論空間如此之大的憲法，對何梅尼伊瑪目（Imam，譯注：什葉派領袖）而言是責無旁貸的。許多人建議他將公民表決延擱至伊朗與美國的角力結束之後，他們認為一個革命中的國家大可以長期維持過渡性政權。然而伊瑪目全然排除了這些建議與反對。
>
> 弔詭地是，對於那些並不熟悉何梅尼的人士而言，這位庫姆城（Qum，譯注：伊

朗中部城市，何梅尼的家鄉）的長老是一位吹毛求疵的法律學家，他堅持其權力必須具備法律基礎。何梅尼過去幾週以來獲得的高度民意支持，已經令他十分滿足。至於未來，調控這股民意支持的主要力量不應是憲法條文，而是從現正進行中的「第二次革命」浮現出來的政治力量平衡。

盧婁在這裡並沒有試圖做刻意的判斷（比較前引唐恩・先奇在《洛杉磯時報》的膚淺分析），反而顯示出表相與權力、文本與讀者、人物與黨派之間的斷裂，並將它們全都定位於動蕩不安的情勢背景之中。盧婁想傳達的某些意義不僅詮釋此一過程，還詮釋了過程中的強調重點與爭議。盧婁最多只願提供一份謹慎的評估，他從來不曾訴諸愛國主義的比擬或是無知的價值判斷。

從《世界報》退休之後，盧婁接受法國總統富杭索瓦・密特朗（François Mitterand）的任命，先後出使突尼西亞、阿拉伯聯盟與巴勒斯坦解放組織，並在一九八九至九一年間擔任法國駐土耳其大使。之後他卸下公職，成為中東事務的自由投稿專家。盧婁似乎是要延續他在人質危機時期見解微妙的分析，於一九九五年初走訪伊朗，其成果是一篇權威的調查報告，內容涵蓋伊朗社會在何梅尼過世之後發生的複雜變化（《世界外交》（*Le Monde diplomatique*）月刊，一九九五年五月）。他報導了許多美國主流新聞媒體根本未觸及的事物，提到電腦與網際網路對於庫姆城傳播、詮釋與取得宗教經文的影響。盧婁還描述了他所謂的「伊斯蘭第二共和」正在經歷一系列顯著變化，原因則是來自國內的各種爭議與衝突：伊朗現在有六十個旗幟鮮明、人員充足的婦女組織，爲婦女爭取權益；有一大群鼓吹者、電影製片人、學者與思想獨立的的神職人員，挑戰固若金湯的「教法學家治國」（vilayet el faqih）政府體制。整體而言，盧婁爲讀者呈現出一個變化多端的伊斯蘭國家，比其大多數阿拉伯鄰國都來得民主。這樣的形象堅定地反對——或者至少是反駁——美國媒體惡魔化伊朗所用的公式與刻板印象。

總而言之，盧婁爲《世界報》所做的伊朗報導，呈現了「政治性」這個字眼最好的意涵。而美國媒體就是做不到這一點，或者可以說它們呈現的是「政治性」惡質的一面。美國（或其他西方的）記者覺得陌生或奇特的事物都被烙上「伊斯蘭」的標記，並待之以等量齊觀的敵意或譏嘲。伊朗是一個歷經滄海桑田變化的當代社會，但西方媒體一般而言對此無動於衷。伊朗歷史——至少是革命第一年的歷史——很少得到整體性的呈現。陳腔濫調、嘲弄醜化、無根據的種族優越感以及模糊曖昧甚囂塵上。此外還有對政府立場觀點的百依百順，認定唯一重要的就是無論人質是否獲釋，「不要屈從於恐嚇勒索」。結論是隨意做成，發展中的爭鬥會被記者輕率地判定結果；其結果就是完全無法展現伊朗人民革命生活中最具特色的連續性與斷裂現象。與之併發的是一個令人困擾的假定：如果美國要原諒遜王，並宣稱他是需要幫助的個案，那麼就不要理會伊朗人民（或伊朗歷史）對遜王的觀感。在這段時期中，史東曾勇敢地直言美國必須向伊朗道歉，因爲「我們在一九五三年扶植遜王復辟……對伊朗人民而言並非古老的歷史，對我們而言恐怕也不是。」〔一九八〇年二月二十五日《村聲》（*Village Voice*）雜誌〕

媒體在一九七九年間對伊朗與伊斯蘭教的報導是如此乏善可陳、滿懷敵意，解決人質危機的幾次良機可能即因此而喪失；這大概也是爲何伊朗政府在一九八〇年初表示，減少伊朗的外國記者可能有助於紓緩緊張情勢、創造和平解決方案。媒體最嚴重而且後患無窮的敗筆在於，對危機惡化時期中的急迫性國際事務，媒體會不甘於也很難只從事獨立的、眞正提供資訊的工作。我們似乎很少覺察到，在一九八〇與九〇年代展開的新紀元，並不能夠肆無忌憚地再現爲衝突性的二元對立——「我們」對抗「他們」、美國對抗蘇聯，然後是西方對抗伊斯蘭教，而媒體總是站在「善良」的一方——除非我們會相信，對立的兩方超級強權必然會毀滅世界。

爲了公平起見，我們也要提到在一九八〇年人質危機懸宕期間，媒體發生的變化。媒體對於美國在伊朗扮演的角色做了更深入的調查：例如CBS電視網有兩集「六十分鐘」（*Sixty Minutes*）節目，分別揭露巴勒維政權施行的酷刑，以及季辛吉爲巴勒維策畫的密謀。《紐約時報》與《華盛頓郵報》盡職地報導（分別在三月七日與六日）華府試圖阻撓CBS播出節目。還有一如衆人預期的，主要報紙都對四月末救援行動做了質疑、理性的報導。媒體的共識比以往更願意放寬眼界，承認我們對伊朗可以有不同的觀點。對於政府冥頑不靈立場的批判與日俱增，也有越來越多民衆察覺（主要表現爲讀者投書），其實我們並未完全得知伊朗事件的來龍去脈。然而，對於伊斯蘭教的敵意與誤解依然根深柢固，頭號倡導者（可以想見）是《新共和》之類的保守派刊物：艾里・坎度理在一九八〇年六月七日當期的《新共和》中斷言「西方低頭了」（The West Defers），他主張「西方」強權必須「彰顯自身、獲得尊重」，否則具傳染性的混亂會持續蔓延。每隔一段時間，強硬的共識會以令人沮喪的方式凸顯其存在。蘭姆西・克拉克參加過德黑蘭的「美國罪狀」（Crimes of America）會議並返國之後，接受ABC電視網「議題與答案」（*Issues and Answers*）節目的訪問（一九八〇年六月八日），那些訪問者完全沒有提到**任何真正具探討性的問題**，所詢問的內容都非常不友善，反映出他們毫不猶豫地迎合政府的立場，認定克拉克參加那場會議的行逕有如叛國⑮。

讀者有時能看到嚴肅、反思的報導，試圖去理解這場持續進行的革命，其中的能量無法以單純的觀念或嚴格的經驗法則來掌握。例如齊夫納四篇對伊朗革命的睿智報導（《紐約時報》一九八〇年五月二十九、三十日、三十一日、六月一日），以及蕭爾・巴赫許（Shaul Bhakhash）在《紐約書評》上一篇論伊朗革命的文章（一九八〇年六月二十六日）。但是我相信，如果人質已經獲釋，這類文章恐怕根本不會出現。占領大使館事件——不道德、非法、粗暴蠻橫、在政治上有短期效用，但長期而言只會消耗伊朗國力——實際上已在美國引發了一場自覺的危機。伊朗從一個幾乎無人記得、被視爲理所當然的亞洲殖民地，間歇性地變成美國自我檢討的機緣。伊朗事件本身的頑強難纏與令人焦慮的延宕不決，逐漸將媒體早先的一廂情願與狹隘焦點，轉化爲更具批判性、更有裨益的事物。簡而言之，占領大使館啓動了一種**過程**，其中只有靜態停滯的憤怒；一段時間之後，過程本身也具備了歷史，藉由這段歷史，媒體——與美國民眾——對自身的觀察所得更勝於以往。至於這樣的結果是否合乎伊朗好戰分子的意圖，或者它是否延遲而非促進伊朗回歸常態，目前尚難以判定。顯然現在有更多美國人了解了權力鬥爭的意涵（有誰無法察覺巴尼薩德與畢海希提的衝突，而何梅尼神祕地藏身幕後？）而且顯然也有更多的美國人體會到，想要將「我們的」秩序強加在伊朗動亂——或者伊拉克與伊朗戰爭——之上，終將是徒勞無功。許多問題都尚未找到答案——畢海希提權勢上升的經過、左派與右派鬥爭的模式、伊朗經濟狀況——而且許多可能的結果即將揭曉⑯。

我們尚未探討但現在必須開始探討的，是潛藏在伊朗危機背後的問題。伊朗爲何重要？伊斯蘭教爲何重要？我們對兩者能得到什麼樣的知識與報導？這個三合一問題並不抽象，它不能僅僅被視爲當代政治整體中的一個單元，還必須視爲涉及其他文化知識的學術追求與詮釋行爲中，非常重要的一部分。但是，如果沒有徹底釐清這個脈絡中權力與知識的關係，我們就會錯失事物的精髓核心。這也正是我們下一階段探討的方向所在。

注釋

①Salisbury, *Without Fear or Favor*, p. 158.

②出處同上，p. 163.

③出處同上，p. 311.

④出處同上，pp. 560-61.

⑤Kedourie, *Islamic Revolution*.

⑥這些文章很容易找到翻譯：Rodinson, "Islam Resurgent?" *Gazelle Review* 6, ed. Roger Hardy（London: Ithaca Press, 1979）, pp. 1-17.

⑦引述自 Roy Parriz Mottahedeh, "Iran's Foreign Devils," *Foreign Policy* 38（Spring 1980）: 28. 參見 Eqbal Ahmad, "A Century of Subjugation," *Christianity and Crisis* 40, no. 3（March 3, 1980）: 37-44.

⑧見 Robert Friedman, "The Gallegos Affair," *Media People*, March 1980, pp. 33-34.

⑨ William A. Dorman and Ehsan Omeed, "Reporting Iran the Shah's Way," *Columbia Journalism Review* 17, no. 5（January-February 1979）: 31.

⑩ Fazlur Rahman, *Islam*（Chicago: University of Chicago Press, 1979）, p. 37.

⑪ Kermit Roosevelt, *Countercoup: The Struggle for the Control of Iran*（New York: McGraw-Hill Book Co., 1979）.

⑫ Hamid Algar, "The Oppositional Role of the 'Ulama in Twentieth-Century Iran," 刊於 Keddie, *Scholars, Saints, and Sufis*, pp. 231-55.

⑬見 Richard Deacon, *The Israeli Secret Service*（New York: Taplinger Publishing Co.,1978）, pp. 176-77.

⑭對於《世界報》另類觀點的探討見 Aimé Guedj and Jacques Girault, *"Le Monde": Humanisme, objectivité et politique*（Paris: Éditions Sociales, 1970）,與 Philippe Simonnot, *"Le Monde" et le pouvoir*（Paris: Les Presses d'aujourd'hui, 1977）.

⑮見克拉克對於解決伊朗—美國危機的建議‥"The Iranian Solution," *The Nation*, June 21, 1980, pp. 737-40.

⑯幾乎只有「中東研究與資訊計畫」（MERIP）曾嘗試這項工作，見 *MERIP Reports*, no. 88（June 1980）, "Iran's Revolution: The First Year," pp. 3-31, 或是 no. 89（July-August 1980）, pp. 3-26 對阿

富汗的研究。

知識與力量

KNOWLEDGE AND POWER

詮釋伊斯蘭教的政治學：正統知識與對立知識

The Politics of Interpreting Islam: Orthodox and Antithetical Knowledge

以當今的情況來看，無論「伊斯蘭教」抑或「西方」都無法平心靜氣對待彼此或看待自身，因此探討這個問題可能會格外地徒勞無功：一個文化的成員是否能夠眞正獲取關於其他文化的知識？一句著名的伊斯蘭格言說：知識就算遠在中國，也要去追尋。而西方自希臘時期以來就習慣於認定，只要是關涉人類與自然的知識，就必須努力追求。但是這種追求的實際成果，就西方思想家的觀點來看，通常被認定爲有瑕疵缺憾。就連培根（Francis Bacon）——其《學術的進展》（*Advancement of Learning*）一書以最熱忱與自我激勵的方式開啓了西方現代思想——對於知識的各種障礙「假相」（the Idols，譯注：使人陷於謬誤的不良心理習慣和虛妄觀念）是否眞的能清除殆盡，他事實上也是滿腹疑慮。景仰培根的維科（Giambattista Vico）曾明白指出，人類的知識其實是由人類製造出來的，因此外在眞實不過只是「人類心靈的修飾」（modifications of the human mind①）。獲取遙遠、異國事物客觀知識的希望，在尼采之後又變得更爲黯淡。

然而西方研習伊斯蘭教的人士（伊斯蘭世界中研習西方的人士也是如此，但我不打算討論他們）與這股懷疑與悲觀的潮流背道而馳，他們仍普遍表現出令人不安的樂觀與自信。早期歐洲的現代東方學專家似乎深信不疑，針對東方——包括伊斯蘭世界——的研究是通往普遍知識（universal knowledge）的帝王之路。戴克斯坦男爵（Baron Ferdinand von d'Eckstein，譯注：十九世紀歐洲猶太裔思想家）是其中之一，他在一八二〇年代寫道：

> 正如庫維業（Baron George Cuvier）與洪堡（Baron Wilhelm Humboldt）從地球的內部發現（自然）組織的奧祕，瑞慕薩（Abel Rémusat）、聖馬丁（Claude de Saint-Martin）、沙錫、巴普（Franz Bopp）、格林（Jacob and Wilhelm Grimm）與史勒哲（A. W. Schlegel）也會以同樣的方式，在某一種語言的字彙中，追溯並發現人類思想所有內在組織與原始基礎②。

幾年之後，厄尼斯特・雷南在他論〈穆罕默德與伊斯蘭教的根源〉（Mahomet et les origines de l'islamisme）的序言中，討論開展他所謂「科學判準」（la science critique）的可能性。雷南認爲，地質學家、歷史學家和語言學家都能夠理解「原始的」（primitive）——亦即基礎而原創性的——自然事物，方法是精細且耐心地檢視其蛛絲馬跡：伊斯蘭教是一種特別有價值的現象，因爲其誕生較爲晚近而且不具原創性。是故雷南做出結論：研究伊斯蘭教可以讓人獲致既明確又具科學性的知識③。

也許是因爲這種樂觀態度，東方主義的伊斯蘭研究歷史大致上不受懷疑論的思想潮流影響；而且一直到最近，從來沒有在方法學層面進行自我質疑。西方研習伊斯蘭教的人士大部分都不曾懷疑，儘管受到時間與空間局限，但人們仍然可以獲致關於伊斯蘭教——或伊斯蘭生活的某些層面——眞正客觀的知識。另一方面，現代學者對於伊斯蘭教的觀點，很少會像雷南那樣明顯傲慢：舉例而言，沒有一位專業學者會像雷南一樣直言不諱，說伊斯蘭教之所以能夠被認知，原因在於它是人類發展受阻礙的基本案例。但是我一直找不到任何一位當代伊斯蘭學者，足以顯示其學術事業本身即是懷疑的根源。在某種程度上，伊斯蘭研究的學術團體傳統（guild tradition）——兩百年來師徒薪火相傳——同時保護並肯定了個別學者的成就，而且無視於大部分其他人文領域學者遭遇的方法學危機與創新的挑戰。

最近有一篇文章〈中東研究現況〉（The State of Middle Eastern Studies）足以說明我的意旨，刊載於一九七九年夏季號的《美國學者》（*American Scholar*），作者是一位知名的英國伊斯蘭教學者，但如今是美國公民，且在美國工作。整體而言，這篇文章是該名作者以一種懶散、興味索然的方式泛論例行性事物的成果。然而除了作者對於知識性議題驚人的漠不關心之外，他對於東方主義認定的文化血統的說明，依然會令非專業人士讀者印象深刻。值得在此詳細引述：

> 文藝復興為西方世界的伊斯蘭與中東研究開啓出全新階段。其中最重要的新因素可能是一種知識性的好奇心，至今在人類歷史上仍屬獨一無二。在文藝復興之前，對於較不具敵意的異國文化的研究與理解，從來沒有出現過這樣強烈的欲望及努力。許多社會曾試圖研究其先驅者，研究那些他們認為曾受其影響的對象，那些與自身有傳承關係的對象。受到異國強勢文化主宰的社會，通常會被迫——迫於武力或其他因素——去學習強勢文化的語言，並嘗試去了解其主宰者的行為方式。
>
> 一言以蔽之，社會研究他們的「主人」（master），同時包括這個字的兩層意義……但是歐洲（以及後來歐洲的海外子民）從文藝復興時期開始研究遙遠異國文化的努力，**代表一種全新且迴然不同的事物**。今日中東諸民族對彼此與趣缺缺，對亞洲與非洲的非伊斯蘭文化更漠不關心，這種現象意義深刻。中東

地區認真研究印度與中國語言及文化的大學，只見於土耳其與以色列——而這兩個國家都刻意選擇西方生活方式。

甚至到了現在，非歐洲文明要想了解這種知識好奇心仍然有極大的困難。當第一批歐洲的埃及學專家與其他考古學家在中東地區展開發掘工作，許多當地人民都覺得難以置信：外國人居然願意耗費這麼多時間、努力與金錢，並干冒如此多的風險與苦難，只為了挖掘並解開古老遺跡的祕密，這些遺跡是當地人民早已忘卻的祖先所留下。因此他們找尋其他更合理的解釋。對於單純的村民，考古學家是要尋找埋藏的寶藏；對於世故的城市居民，考古學家是外國政府的間諜或特工。儘管少數考古學家的確為其母國政府提供這類服務，然而這事實並不足以坐實當地人民對考古學的誤解，反而揭露了他們對考古學家事業可悲的蒙昧，這番事業為人類歷史開啟新頁，為中東國家的自覺意識開啟新天地。**這種觀念認知上的困難一直持續至今**，甚至影響了某些學者，他們一口咬定東方學專家若非尋寶者，就是帝國主義的間諜。

在歐洲人跨越重洋、進入全新而陌生國度的發現之旅中，**這種全新的知識好奇心**得到極大的滿足，有助於打破知識的固定模式，並為進一步研究提供刺激與機緣④。

這篇文章運用的不過是些無稽的斷言，而且直接牴觸許多著作的內容，這些著作來自東方學專家自身、歐洲從文藝復興迄今的歷史學家、聖奧古斯丁（St. Augustine）以降的歷史詮釋學者。就算我們先不論所謂「全新且迥然不同的」而且因此是（依據假定）純粹的知識性好奇心——任何試圖研讀並詮釋某種文本的人都不會如此幸運，能擁有這樣的好奇心——這篇文章還是有太多東西不能盲目接受。閱讀過唐納．萊許（Donald Lach）、派瑞（J. H. Parry）這些文化與殖民歷史學者的著作，讀者會認爲歐洲人對異國文化的興趣是奠基於由貿易、征服或意外事件導致的實際接觸⑤。「興趣」來自需要，需要則有賴於從經驗中激發的事物協同作用與唇齒相依——愛好、恐懼、好奇等等，無論人類生存在何時何地，這些事物都會發生作用。

此外，除非先決環境因素使某種文化可以得而詮釋，否則一個人如何能詮釋此種文化？就歐洲對異國文化的興趣而言，所謂環境因素總是關涉到商業、殖民、軍事擴張、征服或帝國霸業。就連十九世紀德國大學的東方學專家研究梵文、解讀穆罕默德《聖訓》（*hadith*）或詮釋哈里發制度（caliphate）時，他們的主要憑藉並不是那虛構的純粹好奇心，而是造就他們事業的大學、圖書館、其他學者與社會報酬。只有潘格羅斯博士〔Dr. Pangloss，譯注：法國思想家伏爾泰（Voltaire）小說《戇第德》（*Candide*）中極爲樂觀的哲學家〕或是斯威夫特（Jonathan Swift）《格列佛遊記》（*Gulliver's Travels*）中拉格多（Lagado）設計家科學院（Academy of Projectors，譯注：斯威夫特諷刺十八世紀科學界的虛構組織）的成員，才會將締造龐大歐洲帝國、獲取相關知識的動力界定爲主要是「滿足全新的知識好奇心」。因此也難怪愚昧的非歐洲原住民對於學者的「知識好奇心」會滿腹狐疑；因爲西方學者進駐非西方國家時，什麼時候不是憑藉——無論是如何象徵性和迂迴曲折——西方對這個國家的力量⑥？**這種**東方學專家獨特的無知與自滿，也顯示在這篇文章作者似乎對人類學領域對於帝國主義與民族學共謀關係的激烈論爭一無所知，連李維史陀（Claude Lévi-Strauss）如此保守正統的學者，都曾經對帝國主義化身爲民族學田野調查的本質，表達過疑慮甚至遺憾。

如果全然不理會關於純粹好奇心的爭議，我相信我們仍然可以認定：中東研究倡導的論點，事實上是要捍衛其描述——在歷史與文化上——遙遠異國社會眞相、在本質上無懈可擊的能力。〈中東研究現況〉這篇文章後面進一步闡述此一論點，提及將這個研究領域「政治化」的危險，而且聲稱只有少部分學者與大學系所能夠避免。政治在此處似乎被聯想成狹隘的黨派鬥爭，眞正的學者應該超越瑣碎的爭執，只需關注理念、永恆價值與崇高原則；然而作者並沒有舉出任何例證，這點值得注意。整篇文章很有趣的是，它只是在名義上訴諸科學與科學方法，至於非政治性中東研究的眞面貌是或應該是**什麼**，作者闕而不論。換言之，學術的態度、立場、修辭——歸根究柢：意識形態——才是重點。這篇文章根本沒有明示出眞正意圖，更糟的是，其中刻意隱瞞了學術與我們可稱之爲的「世俗性」之間關聯，這一切只是爲了維持學術眞理非黨派性、非政治性的虛構。

這種現象對於作者本人的揭露，更甚於他意圖論述的領域，而且所有現代歐洲或西方論述非西方社會的嘗試，都擺脫不了這種諷刺。並不是其他所有學者都能夠覺察到這種困難。一九七三年「中東研究協會」（Middle East Studies Association，MESA）與「福特基金會」（Ford Foundation）共同委託一群專家，對中東研究領域進行全面考察，評估其現況、需要、前景與問題⑦，而成果是分量厚重的一册《探討中東：人文學與社會科學的研究與學術事業》（*The Study of the Middle East: Research and Scholarship in the Humanities and the Social Sciences*），由雷納德·賓德（Leonard Binder）主編，在一九七六年出版。這本書既然是集體寫作，其品質難免優劣互見，然而讀者仍不免深受瀰漫全書的危機感與急迫感所撼動，這在《美國學者》中的那篇文章是完全看不到的。對於這群名望可與其英國同仁分庭抗禮的學者而言，中東研究是一處戰場：投入其中的注意力、經費、學者一直不敷所需（諷刺的是，中東研究協會「研究與訓練委員會」（Research and Training Committee）的一位成員，也是這項計畫的發起人之一，在這本書出版前幾年還以中東研究領域爲主題，向美國政府提交一篇研究報告，貶抑對伊斯蘭教或阿拉伯人進行專題研究的必要性：原因是這個領域對美國而言，在文化上與政治上均非當務之急⑧」。但是潛藏在他們提及的所有問題之下，是賓德在本書〈緒論〉中坦誠處理的一個問題。

「在美國，區域研究發展的基本動機，」賓德開宗明義說道：「一直都是政治性動機⑨。」然後他綜論當代中東專家面對的組織性與哲學性問題，但在過程中他從來不曾忽略一項事實——因爲事實正是如此——中東研究是社會的一部分，而且可以說就是從社會中誕生的。在〈緒論〉的尾聲中，賓德首先直言不諱，中東研究這個領域連最基本的問題——例如應該是社會結構研究優先還是宗教研究優先？政治結構與國民平均所得孰輕孰重？——都無法免於價值判斷，而且儘管「在大多數情況下，中東研究的價值導向遠比政府資訊的觀點更加微妙……這問題無可迴避⑩。」然後他試圖總結政治對於西方研究異國文化學者所得結果的眞實性的影響。

賓德毫不猶豫地承認，每一位學者都有「價値導向」（value orientations），在其學術事業的進展中發生作用。然而他接著說，「學術訓練的規範性導向」（the normative orientations of the disciplines）能夠減少個人「特殊判斷」（ad hoc judgments）的干擾效應⑪。賓德既沒有解釋所謂「學術訓練」如何運作，也沒有說明「學術訓練」到底有何本領可以輕易地將人類判斷轉化爲公正超然的分析。後來他似乎有意對這些問題稍做處理，在其論點的末尾加上一段聲明，然而這段文字卻是無端地晦澀曖昧，且與先前論點全然脫鈎：賓德說，這種學術訓練「同時也提供我們方法，探討在地區脈絡中產生的道德議題。」什麼方法？什麼道德議題？什麼地區的何種脈絡？沒有任何解釋。賓德的結論是如墜五里霧中的一本正經，要讀者信賴「學術訓練」——但完全不了解這「學術訓練」到底有何內容。

就算中東研究遭受粗糙政治壓力的現象得到承認，然而還是有一股令人不安的趨勢，要暗地裡消解這些壓力，而後重建東方學專家話語的經典權威性。我們要再三重申，這種權威性直接來自西方文化內部的一股力量，這股力量使學習東方或伊斯蘭教的人士得以對伊斯蘭教與東方品頭論足，而且在很長一段時間中不受挑戰質疑。因爲從過去到未來，除了東方學專家之外，還有誰會爲東方世界發言？無論是十九世紀東方學專家，抑或二十世紀如賓德之類的學者都不曾懷疑「這個領域」——必須一提，東方自身與其民衆也是一樣（除了做爲對象或消息提供者之外）——向來就是西方文化獲取所需東方知識的來源。結果，任何講述這種學術訓練語言、開展其觀念、運用其技術、獲取其資格的人，似乎都能夠超越偏見與切身環境，做出科學性的論斷。那股力量之中自信滿滿、自我調整、自行其是的感覺，長久以來都導致東方主義衍生出非常不具自覺性的修辭。根據賓德的說法，是學術訓練而非東方人民，以普遍性術語說明規範性議題；是學術訓練而非該地區人民的欲望，也不是日常生活的道德問題，「提供我們方法，探討在地區脈絡中產生的道德議題。」

因此，一方面「學術訓練」化身爲機構的情形更甚於落實爲活動；另一方面，學術訓練會規範並標準化其研究的對象（也可以說，學術訓練創造其研究對象），效率遠高於它們分析自身或是省思自身的行爲。其最後結果，我想只是一種套套邏輯式的沉溺，並且被認定爲對另一種文化的完整知識。不可諱言，歷來的伊斯蘭教研究成果斐然：文本得以確立，古典伊斯蘭教的實證性描述已達到相當精確的地步，但是就當代伊斯蘭教的**人性**面向，或就任何一種詮釋活動遭遇的困境而言，當代中東研究的「學術訓練」都無法提供充分的說明或協助。

今日的伊斯蘭教研究幾乎都不是「自由的」，同時也無法免於迫切時代壓力的宰制；這現象與許多東方學專家宣稱其作品具備的非政治客觀性，可謂南轅北轍；同時也迥異於庸俗唯物主義者的機械化決定論——認爲所有知識與文化活動都是由經濟力量預先決定——以及專家的樂觀信心——他們對於「學術訓練」的技術效能滿懷信心。詮釋者的「興趣」會展現在這兩個極端之間的某一點，並反映到文化整體。

但是此處的多樣性與自由，同樣也比我們所料想的要稀少。某個主題會引發興趣的因素是什麼？這些主題原本應是學術界或古文物界的興趣，甚至關涉權力與意志；權力與意志在西方社會中（其他社會也有，但程度不一）經常是環繞著狹隘且實際的迫切需要性而組織起來、能夠以某些方式實踐、發揮其可怕的體制性權威。只消一個簡單例子就能扼要說明這個問題：之後我們再繼續討論一或兩個更精微的問題。

對今日美國與歐洲的一般大眾而言，伊斯蘭教是一種特別惹人反感的「新聞」；媒體、政府、地緣政治策士以及——雖然他們在整體文化界處於邊陲地帶——學術界的伊斯蘭教專家異口同聲：伊斯蘭教威脅西方文明。這絕對不是說，對伊斯蘭教的貶抑與種族偏見嘲諷醜化只存在於西方世界；我並沒有那麼說，也不會認同別人類似的主張。我想說的是，伊斯蘭教的負面形象一直遠比其他任何一種形象來得盛行，所對應的也不是伊斯蘭教的「本來面目」（假定「伊斯蘭教」並非自然存在的事實，而是一種組合的架構；在一定程度上，是由穆斯林與西方透過我先前嘗試描述的方式所創造），而是對應特定社會重要部門所認定的伊斯蘭教。這些社會部門擁有宣揚**那種**伊斯蘭教特殊形象的權力與意志，是故讓此一形象比所有其他形象更為盛行、更為顯眼。如同我在〈第一章〉中所說，這過程須藉由一種設定限制並施加壓力的共識運作來完成。

看看一個很有助益的案例。福特基金會於一九七一年到一九七八年間出資舉辦四場研討會，地點選在普林斯頓大學。由於諸多社會與政治因素，普林斯頓是備受矚目的學術會議地點。除了其整體名望之外，普林斯頓還有一個聲譽卓著、備受敬重的「近東研究課程」（Program in Near East Studies），先前名爲「東方研究系」（Department of Oriental Studies），是由菲力普・希提在大約半世紀前創立。現今這套課程的走向——與其他許多近東研究課程一樣——是由社會科學與政治學者主導。舉例而言：古典伊斯蘭、阿拉伯與波斯文學，在課程與教師的比重上就不如當代近東經濟學、政治學、歷史學與社會學。這套課程與全美最主要社會科學基金會——福特基金會的合作，彰顯出——而且我認爲是刻意彰顯——美國一種層次極高的權威性力量。在這種贊助背景下，任何一個探討的焦點主題都會被賦予無庸置疑的光環，並表現爲由普林斯頓提出並由福特基金會建議（以及有意建議）的重點、優先性與對主要結果的強調。簡而言之，研討會雖然是由學術界組織並主導，然而還是以國家利益爲心。學術工作被認定要爲這種利益服務，而且我們待會兒也將了解，對主題的選擇顯示出政治偏好主導了學術準則的規畫。在這方面應該要說明，福特基金會與普林斯頓不會也不可能有興趣舉辦所費不貲的學術會議，來探討中世紀阿拉伯文法理論；雖然就嚴格的知識基礎而言，這種研討會其實遠比其他類型學術會議更具必要性。

無論如何，讓我們來探討這四場研討會的主題是什麼？有什麼人參加？其中一場是討論「伊斯蘭非洲的奴隸制度與相關體制」，會議記錄對於非洲人對阿拉伯穆斯林的恐懼與憎恨著墨甚多，還有「幾位以色列學者」企圖提醒非洲國家不要太過倚賴那些「過去曾掠奪非洲國家人口」的阿拉伯國家⑫。研討會贊助者藉由選擇伊斯蘭教的奴隸制度，凸顯出一個必然會惡化非洲與阿拉伯穆斯林關係的主題：阿拉伯穆斯林世界的學者沒有一人受邀與會，這也是完成上述目標的方法之一。

第二場會議探討「米勒特制」（millet system）體系，主題是「中東地區穆斯林國家中，少數族群尤其是特殊教派的地位」⑬。「米勒特制」是昔日鄂圖曼土耳其帝國之中，具部分自治權的少數族群（譯注："millet"原意爲民族）。在帝國崩潰，以及數個英國與法國卵翼的殖民政權終結之後，近東地區在第二次世界大戰時期興起了一連串新國家，而且大部分都是——或者企圖成爲——民族國家：其中之一（以色列）是在伊斯蘭世界環繞下由少數教派統治的國家，另一個（黎巴嫩）則因以色列與美國武裝並支持好戰的非穆斯林少數族群，而致分崩離析。

「米勒特制」絕非一個中立的學術主題，其構想本身就表現出某種具優先性的政策方案，試圖解決當代伊斯蘭世界複雜的國家與民族問題。無論學術界研究的理由爲何，

「米勒特制」都代表倒退回先前的時代，當時帝國強權（鄂圖曼帝國或西方帝國）瓜分並統治一群龐大但暗地裡四分五裂的人口。對於該地區居多數的遜尼派以及部分少數族群，現代伊斯蘭世界的歷史就是一場鬥爭，試圖超越民族與宗教的分歧，走向某種（可能是中央集權制的）世俗化的民主政體。但這個地區的國家都未能達成目標，頂多是宣稱（通常不會執行）有這樣的政策；只有以色列與極右派的黎巴嫩馬龍派基督教徒曾積極發動戰爭，回歸一種以少數民族自治爲主要基礎、並與外界保護者或強權建立雙邊關係的國家架構。這一點也是普林斯頓研討會建議巴勒斯坦人的解決方案，對會議籌畫者而言，這並非偶然，因爲那位到普林斯頓談論巴勒斯坦地區阿拉伯「少數族群」（這個名稱帶有多少諷刺！）的人士是一位以色列教授。如同奴隸制度研討會中顯而易見的事實，沒有任何一位伊斯蘭教遜尼派學者受邀參加。研討會的主題如此敏感，而且是在美國舉行，時機又如此特殊（一九七八年），與會者之中有許多是基本上對所謂伊斯蘭統治滿懷敵意的少數宗教與民族成員（因此可能爲美國決策階層派上用場）；這些事實都很難歸之於學術興趣。絕非巧合的是，這場研討會的主要召集人正是我前文提及的那位學者，就是他一心讚揚西方的知識好奇心，揶揄那些從任何事物中都能看出政治陰謀的學者與非歐洲人士。

第一場研討會的主題，是心理分析與行爲分析技巧在了解現代中東社會上的應用。

會議研究報告也隨後出版⑭。大體上，這場研討會一如預期，核心重點是民族性格的研究（阿里・巴努阿濟濟（Ali Banuazizi）對於所謂的「伊朗人性格研究」做了嚴謹而見解獨到的批判，並正確地將其聯繫至對伊朗心懷不軌的帝國強權的操縱目標⑮），結果也是平平無奇。這冊報告一再強調穆斯林生活在虛幻的世界、家庭是壓迫性的、大多數領袖都心理變態、社會尚未成熟等等。這些並不是透過刻意將穆斯林社會改造為「成熟」社會的學者觀點來呈現，而是呈現為中立、客觀且不具價值判斷的科學家觀察。完全沒有說明這類科學家（無論他們有多麼保持中立，多麼不受價值觀影響）在與企業、政府力量之間的關係中，占據何種位置；他們的探討在政府對穆斯林世界的政策施行中，扮演何種角色；強勢社會對弱勢社會的研究，在心理學上有何種方法學上的意涵。

第四場研討會也完全未探討這些問題。會議名稱是「近東地區的土地、人口與社會：從伊斯蘭教興起到十九世紀的經濟史研究」（Land, Population, and Society in the Near East: Studies in Economic History from the Rise of Islam to the Nineteenth Century）。與先前幾場一樣，這場研討會也呈現出學術、公正的一面，儘管在表象之下可以感受到一股迫切的政策考量：就是研討會中，對於現代穆斯林社會穩定性（或不穩定性）指標——土地擁有、人口分布模式、國家權力之間關係——的興趣。我們不能斷言研討會的每篇論文在客觀層面都一文不值，也不能指稱每一位與會學者都是一場居心叵測陰謀中的共犯。研討會的組織者非常明智地安排了觀點的「平衡」，讓會議在整體上顯得負責而嚴肅。另一方面，我們不應落入一種陷阱，只將學術行業本身視為許多個別元件的機械性總合。在選擇整體性的主題與趨勢時，這四場研討會試圖塑造對伊斯蘭教的意識，方式是將伊斯蘭教推向遠方，化為一種充滿敵意的現象；或者刻意凸顯伊斯蘭教中能夠以政策觀點來「處理」的特定層面。

在這方面，普林斯頓的伊斯蘭教研討會正符合美國其他第三世界區域研究計畫的歷史——例如第二次世界大戰結束後，學術界對中國的研究⑯。差異在於，伊斯蘭研究計畫還必須「修訂」（revised）：其中的主宰者仍然是過時且模糊得無以復加的觀念（「伊斯蘭教」就是一例），與一套渾然不覺人類科學與社會整體進展狀況的知識界術語。今日用來描述伊斯蘭教的方式，根本不能運用在猶太教、其他亞洲民族與黑人身上；而且在寫作研究伊斯蘭歷史與社會時，著述者仍然可以放心地忽略詮釋理論自尼采、馬克思、佛洛伊德以來的每一步重大進展。

其結果是，對於那些興趣在一般史料編纂的方法學問題或是文本分析的學者，伊斯蘭教研究實在無甚助益。相反地，如果我們將普林斯頓研討會當做探討的絕佳範例，一部學術著作問世（例如中東研究的那一冊心理學論文集）之後，會在一兩種高度專業性、發行量有限的刊物中被品頭論足，然後從此消失無蹤。正因為伊斯蘭研究這種邊緣性以及刻意與整體文化保持距離，讓相關學者得以繼續我行我素，讓媒體負責散播對伊斯蘭民眾的種族歧視與醜化。從一九八〇年代中期開始，關於伊斯蘭教政治力量的研究——大部分是將基本教義派、恐怖主義與反現代化視為伊斯蘭教主要層面的侵略性研究——車載斗量，其中大多數研究是取資於一小撮學者（例如伯納德・路易士），來鼓動輿論反抗伊斯蘭教的「威脅」。學術界以這種方式進一步鞏固自身地位；而伊斯蘭相關新聞的接受者也繼續大量吸收已灌輸數十年的伊斯蘭刑罰、濫用暴力、恐怖主義與淫亂縱慾（harem capers）。

在美國，伊斯蘭專家之所以引起公眾注意，原因都是發生了令「西方」猝不及防的劇變。他們發言時不會像英國或法國的專家一樣，受到對於伊斯蘭教殘餘情感的緩衝或修飾。他們被視為一群技術人員，要將「一套明確的『怎麼做』（how-tos）」（這是德威特・麥唐納（Dwight MacDonald）的用語⑰）呈現給焦慮的民眾，而民眾也欣然接受，因為他們解答了克里斯多佛・萊許提到的問題：

對於專家、技術人員與經理人出現史無前例的需求（衍生於萊許所謂的「後工業時期秩序」）。企業界與政府在技術革命、人口擴張以及冷戰危機連綿不絕的壓力之下，愈來愈倚賴一套龐大的、只有受過訓練專家才能解讀的系統化資料；於是大學也將自身轉變為專家的大量製造廠⑱。

專業的需求市場是如此誘人且有利可圖，以致於中東地區的研究工作幾乎都是鎖定這個市場。這也是原因之一，致使沒有任何一份重要刊物（近年來也沒有重要學者的著作）關注最基本的問題：**為何**要研究中東與伊斯蘭教？這些研究又是**為誰**而進行？對於新聞與關切安全議題的一整批消費者（政府、企業、基金會）而言，方法學意識的忘卻與市場的存在之間有絕對關聯：在面對欣賞你——或者至少是可能會接納你——的主顧時，一個人根本不會質問自己行爲的原因與內容。還有更糟的是，學者不再透過其研究的區域與人民的觀點來思考。在「伊斯蘭教」受到研究時，伊斯蘭教是被視爲某種商品而非對話者。其整體結果就是一種體制化的惡質效應。學術界的榮耀與研究領域的完善奠定建立，以抵抗外界的批評者；在否認政治黨派力量介入時，學者的話語會刻意表現出傲慢；學者的沾沾自喜更是無限強化了當前的做法（主要表現在大衆新聞之中）。

我所描述的是一種基本上相當寂寞的事業，也就是說，學者在工作時會回應那些似乎對他或她有所要求的利益；他或她受到的引導，多半來自正統學術集團而非眞誠詮釋的迫切需要。最重要的是，整體文化界會排擠他或她的工作成果，使其邊緣化，只有在危機時期才出現例外。認識其他文化的兩項必備條件——藉由眞正的交流，與異國文化進行非強迫性的接觸；對詮釋計畫的本身保持自覺——都消失無蹤，從而導致伊斯蘭報導的冷僻、偏狹與重複循環。這些現象意義重大，凸顯出在美國——最後的超級強權——關於伊斯蘭教的報導並非眞正的的詮釋，而是一種力量的主張。媒體之所以能夠隨意擺布伊斯蘭教，是因爲它們有能力如此做，結果導致伊斯蘭基本教義派、恐怖主義與「善良的」穆斯林（例如波士尼亞）打成一片、占據舞台；其他事物則乏人問津，因爲媒體對於何者重要，有一共識性的定義，不合乎定義的事物都會被認定爲無關美國的利益，而且也不是媒體眼中的好報導。另一方面，學術界會對它所理解的國家與企業需求產生反應，結果是從龐雜浩瀚的伊斯蘭事物之中，挑選出適當的伊斯蘭主題，這些主題（極端主義、暴力等等）界定了何謂伊斯蘭教以及何謂正確的伊斯蘭教研究，以便排除所有無法歸屬於兩者的事物。甚至當政府、各大學中東研究系所或基金會籌辦學術會議來探討中東研究的前景時（通常眞正的用意是：「我們要如何對付伊斯蘭世界？」），同樣的一套觀念與目標總是陰魂不散，改變少之又少。

此種反覆出現的現象關係到許多事物，包括一個運作順暢的贊助支持體系。這個領域的資深專家，無論是來自政府、企業界抑或大學，總是會彼此聯繫，並與願意配合的捐贈者建立關係。在這個領域中，膽敢對已獲肯定的學者或其作品發出不友善的批評，所承受的風險遠高於一般的歷史或文學領域。如此一來，書評往往成爲乏味的奉承阿諛，批評一律掩蓋在瀰漫學究氣的語言之下，而且從不討論方法學或預設的假定。最奇特的忽略——也是最常見的——就是分析學術事業與社會中各式權力之間的關聯性，學術事業正是爲這些權力而開創。每當有聲音要挑戰這股共謀的沉默，意識形態與種族背景立刻會成爲焦點話題：他（或她）是個馬克思主義者，或者他（或她）是巴勒斯坦人（或伊朗人、穆斯林、敘利亞人）——而且我們知道他們的**底細**⑲。至於研究資源本身，它們總是被視之爲不具生命的存在，因此在關於當代伊斯蘭社會、某種運動或某個人物的討論中，學者言及討論對象時主要是將它當成**證據**，很少當成某種擁有自身完整性或自身權益，而且在某種意義上必須回應的事物。有趣的是，西方伊斯蘭教專家從未做過全面性的嘗試，運用方法學來探討以伊斯蘭教爲主題的著述：是學術？是證據？抑或兩者都不是？

儘管情況相當不樂觀，或者也許就是因爲這種情況，某些伊斯蘭教價值的知識仍然被創造出來，某些獨立的心靈成功地越過荒漠。但是整體而言，全面的邊緣化、全面的**知識**不連貫性（與學術團體的共識相反）、大部分——但絕不是全部——關於伊斯蘭教作品的全面性詮釋破產，都可以追溯到一個主宰整個領域、彼此間稱兄道弟的「企業─政府─大學」網絡。看看**同樣**一批基本上反穆斯林的人物，不斷出現在「麥克尼爾／雷勒報導」、「夜線」或「查理・羅斯」（*Charlie Rose*，譯注：美國公共電視台的談話性節目）節目中。這種情形最終決定了美國看待伊斯蘭世界的方式。否則還會有什麼原因能讓伊斯蘭教知識以如此怪異的結構發展並興盛，而且如此緊密結合、根基穩固、雖一再挫敗但仍屹立不搖？

這種觀點具有虔誠信仰的力量，要了解其確實內涵，最好的辦法就是再次與英國以及法國的情形相比較，它們在伊斯蘭世界是美國的前輩。英、法兩國一直擁有一群伊斯蘭專家，當然，他們也長期擔任政府以及企業界的政策顧問──甚至負責執行政策。但是他們在政府與企業界中都有一項急如星火的工作：在殖民地行使統治權；一直到第二次世界大戰結束之前都是如此。伊斯蘭世界被視為一系列與眾不同的問題，關於這些問題的知識，整體而言是實證性而且必須直接涉入。對於伊斯蘭心靈的理論與抽象觀念──在法國是**文化傳播使命**（mission civilisatrice），在英國則是協助臣服的人民起而自治──會在施行政策時隨處介入，不過一定是在政策確立之後才會如此做。伊斯蘭教相關話語所扮演的角色，基本上是要為國家（甚至是私人企業）的利益辯護。這也是為什麼儘管殖民帝國早已冰消瓦解，今日法國與英國研究伊斯蘭教的偉大學者，他們身為公眾人物的存在理由仍是維繫法國或英國在伊斯蘭世界的利益。爲了一些其他的原因，這類學者多半是人文學者而非社會科學家，文化界對他們的支持主要是來自社會中廣泛的知識與道德潮流，而非後工業化時代對於專業的盲目崇拜（英法兩國都有這種情形）。法國的羅丁森是一位偉大的文獻學家，也是著名的馬克思主義者。英國已逝的胡拉尼是聲譽卓著的歷史學家，其作品有明顯的自由主義色彩⑳。然而這樣的人物正日漸凋零，美國作風的社會科學家或古文物專家頗有取而代之的態勢，在法國與英國都是如此。

類似的學者在美國只會被認定爲中東或伊斯蘭事務專家，他們隸屬於專家階層；就伊斯蘭世界的現代社會而言，他們的研究領域可以視爲危機處理在知識界的對等物。他們的地位有一大部分來自於一個觀念——對美國而言，伊斯蘭世界是一個戰略性區域，具有各式各樣**可能**（甚至已經發生）的問題。英國與法國在管理殖民地數十年經驗中，自然地培養出一個階層的殖民地專家，但這個階層並沒有繼續衍生出類似美國的中東研究—政府—企業網絡附屬物。在英國與法國，研究阿拉伯語、波斯語或伊斯蘭體制的教授是在大學中工作，殖民事務部門與私人企業會諮詢他們的意見，甚至請他們參與實際工作。他們偶爾舉行大會，但似乎並沒有建立自身的獨立組織架構，並由民營企業、基金會與政府來支持甚至維繫。

因此，對伊斯蘭世界的知識與報導，在美國是由地緣政治與經濟利益界定；這類利益——對個人而言——的規模龐大到難以想像，由一種幾乎同樣龐大的知識產品架構來輔助支持。研究阿拉伯聯合大公國各部族的學生，要如何面對在他或她與這些部族之間的石油公司勢力？如何看待鼓吹在波斯灣地區派駐快速部署部隊的言論〔見《新聞週刊》一九八〇年七月十四日的封面故事：〈捍衛油田：強化美國軍力〉（Defending the Oilfields: The U.S. Military Buildup）〕？以及國務院、企業界與基金會中一整批的中東事務「老手」和資深的東方學專家教授？一方面是「危機新月」的假設性急迫感，另一方面則是在學術、企業與政府之間蓬勃發展的體制性隸屬關係；受到這兩股勢力圍攻，對於另一種文化的知識還能夠成爲什麼形態？

我將嘗試雙管齊下，以非常具體的方式來回答此一問題，然後結束這部分的討論。首先是主導所謂伊斯蘭教正統報導的實際狀況、事實與數據。雖然我將焦點鎖定美國，但非常類似的現象在歐洲也有蒸蒸日上之勢。根據法國一份針對美國中東研究中心很有助益的調查報告，美國在一九七〇年間，大約有一千六百五十位中東專家教授該地區的語言，對象是二千六百五十九名研究生與四千一百五十名大學生（各占主修「區域研究」研究生與大學生的百分之十二與百分之七・四㉑）。關於中東的區域課程共有六千四百名研究生與兩萬兩千三百名大學生（占總數的百分之十二・六）。但是近年來，取得中東研究博士學位的人數在比例上卻偏低——還不到全國社會人文類博士的百分之一㉒。一九七九年理查・諾特（Richard Nolte）對美國各大學中東研究中心一份見解獨到的報告（諾特是接受艾克森石油公司旗下「埃索中東」（Esso Middle East）機構的委託，這一點很有意思）顯示，各州教育局（Office of Education）支持「為政府、企業與教育目的，快速並大量培養專家與專業人士」的區域研究；各大學也配合這項展望：「從大學的觀點，」諾特公允地寫道：「（中東）研究中心對於大學生產而言，可以視為一種希望無限的市場機制——不僅提供協助，為潛力龐大新市場製造更多有銷路的產品，以及投入學以致用的區域專家與從業人士，而且還能創造市場。」諾特在此也談到文科碩士（M.A.）課程：「對涉足中東領域且訓練良好的文科碩士來說，政府、企業、金融與其他專業市場相當活絡，這要歸功於類似的經濟與政治因素㉓。」

正如同我先前所論，普林斯頓研討會協助塑造了學術界的知識關懷，這些市場現實同樣也影響了學術課程。中東研究最主要的重心落在伊斯蘭法律與阿拉伯—以色列衝突這類領域：它們的相關性一望即知。但是諾特指出，伴隨而來的就是文學領域受到冷落，許多就讀於美國大學的中東學生也有同樣現象。此外，諾特描述他訪問過的中東研究中心主任：

提到的事件涉及組織化政治壓力，通常是來自校園之外，目的是要阻礙或抹黑與阿拉伯有關的活動；但在研究中心看來，這些活動在學術上有其正當理由與必要性。阿拉伯文化活動、電影放映、訪問演講者、接受阿拉伯資金的援助——任何事情都有可能成為眾矢之的。對於這種情形的覺察產生一種滲透性的抑制作用，令大部分研究中心主任都心生厭惡——同時又無法置之不理。有些主任覺得情況已有所改善，其他人則不甚確定㉔。

這些事物——政治、壓力、市場——以多種方式凸顯出自身的存在。當代中東事務對於專業的需求，製造出許多課程與學生，同時特別強調要接受並維繫工具性的知識觀點，這種觀點既有利可圖，也可以立刻學以致用。另外一個結果則是方法學層面的探討付諸闕如：一個想以中東研究爲生的學生，首先要面對多年的寒窗苦讀，最終目標是獲取博士學位（但並不保證他或她能藉此得到教職），他或她必須先拿到文科碩士或是國際關係研究學位，其主題要能夠吸引大客戶（政府、石油公司、國際投資公司、承包商），最後，他或她的著作往往會以個案研究的方式儘快完成。這些現象都使中東的伊斯蘭教研究與學術界其他的知識以及道德潮流隔絕。比起一般的知識性刊物，媒體似乎是個較有希望展現專業素養的舞台；而且內行人都知道，在媒體中你若不是個黨派支持者（局限性極大）就是個專家，不時受邀評判什葉派與反美風潮等問題。專家角色對一個人生涯發展幫助之大，顯而易見，除非他本來就在企業界或政府有卓越表現。

這似乎是對知識產生過程的一種諷刺嘲弄，不過仍相當中肯地呈現出，伊斯蘭教的相關知識焦點極度狹隘，內容貧乏薄弱。最重要的是，它解釋了爲何這種知識極少質疑媒體所傳播的劣質刻板印象。整體而言，伊斯蘭教的學院派專家是保持中立，扮演孤立、可立即派上用場的角色，做爲伊斯蘭教相關問題權威的地位象徵；同時也倚賴整個體系來構成並合理化他們在體系內部的功能。媒體在借重由恐懼和無知組成的刻板印象時，也正是反映了這個體系。

如果我所描述的現象在知識上有很大的局限性——的確如此——也不至於阻礙大量關於中東、伊斯蘭教甚至第三世界其他地區的作品問世。換句話說，我們必須面對傅柯（Michel Foucault）在另外一個脈絡中所說的「對話語的激勵」（an incitement to discourse㉕）。對於談論遠方異國文化的話語施加的知識性規範，迥然不同於單純的干預性審查修訂，而是積極正面地激勵出更多這類話語。這也就是爲什麼儘管時移勢易，這類話語仍然堅守陣地，並繼續吸納新血輪爲它效力。

總的說來，當今對伊斯蘭教與非西方社會的報導，事實上已將某些觀念、文本與權威化爲正統典範。例如，認定伊斯蘭教落後危險、而且對「我們」深具敵意與威脅的理念，在文化界與政治圈中都已站穩旗幟鮮明的一席之地：可以隨時引述權威來佐證它，可以爲它建立參考架構，對伊斯蘭教特殊個案的論辯也可以取資於它——不止是專家或新聞記者，任何人都可以。這樣一個理念又轉而提供了一種「先天的」（a priori）檢驗標準，任何對於伊斯蘭教有話要說的人都能夠運用。從一種遠在他方的事物，伊斯蘭教——或者應該說是那些與伊斯蘭教淵源深厚的事物——被轉變爲**這個**社會中的一種正統。它進入了文化的經典，使得改變它的工作格外困難。

伊斯蘭教正統報導與權力的從屬關係，爲它帶來力量、持續性以及最重要的**呈現**，關於這種報導的討論就到此爲止。然而，還有一種通行的伊斯蘭教觀點屬於所謂的**對立知識**（antithetical knowledge）範疇㉖。

我所謂的「對立知識」，其創造者在提筆爲文時淸楚地意識到自己與當前盛行的正統著述分庭抗禮。我們將會了解，他們這麼做的原因與情境各有不同；不過都有一種明顯的覺察：他們研究伊斯蘭教的方式與動機需要愼思明辨。在這些對立的詮釋者之中，東方主義在方法學上的沉默——通常是層層疊上對不具價值判斷的客觀性的樂觀信心——已經被關於學術事業政治意涵的迫切討論取而代之。

伊斯蘭教的對立知識有三種主要類型，並且是由社會中三股挑戰正統的力量所開創。第一股力量是年輕學者，比起同一領域的前輩，他們往往更爲縝密，在政治上也更爲誠實。他們認爲伊斯蘭教研究工作與國家政治活動有某種關聯，因此不會僞裝成「客觀的」學者。對他們而言，美國涉足全球政治的事實——其中一大部分涉及穆斯林世界——不能沉默以對，也不應認定爲中性的事實。與老一輩的東方學專家不同，他們多半是專才而非通才，他們對新穎的方法學工具興致勃勃、得心應手，例如結構人類學（structural anthropology）、計量方法、馬克思主義分析模式㉗。他們對於東方學專家話語的種族中心形式似乎特別敏感，而且對於那些讓老一輩學者享受功名利祿的贊助體系而言，他們大部分——因爲他們年紀還輕——仍屬局外人。從這批年輕學者之中，誕生了「另類中東研究研討會」（Alternative Middle East Studies Seminar, AMESS）與「中東研究與資訊計畫」（Middle East Research and Information Project, MERIP）。這兩個組織在創立時都刻意與政府以及石油業保持距離，歐洲也出現了類似的組織，它們彼此之間都聲氣相通。我提到的年輕學者不一定有加入這些組織，但他們在目標上大部分是立場鮮明的修正主義者。他們在寫作撰述伊斯蘭教的時候，也都會尋求前輩學者忽略或渾然不知的觀點。

第二股力量由年紀較長的一批學者組成，由於許多無法一言以蔽之的原因，他們的作品與主宰這個領域的正統學術研究格格不入。例如加州大學柏克萊分校的哈米德·奧嘉與洛杉磯分校（UCLA）的尼其・凱第（Nikki Keddie），就是兩位鳳毛麟角的伊朗學專家，早在伊朗革命多年之前就開始認眞看待烏理瑪（伊朗什葉派教士）的政治角色。奧嘉與凱第雖然都相當懷疑巴勒維政權的穩定性，但兩人有很大差異。巴路奇學院（Baruch College）的厄凡德・亞伯拉罕米安研究反對伊朗國王的世俗力量，對於伊朗革命的政治動力提出一系列精湛的見解。還有更近期的哈佛大學教授麥克・費雪（Michael G. Fisher）與英國的佛瑞德・哈勒代，兩位學者都基於知識與學術的理由，對伊朗的觀點獨樹一格，結果做出關於當代伊朗極具價值的研究[28]。費雪已經不再探討伊斯蘭教與伊朗，而哈勒代則轉變爲一位傳統且——整體而言——可以預測的人物。

這群研究伊斯蘭教對立知識的著述者有一點頗富興味：他們無法被合理化約爲方法學與意識形態的角色描述。然而令人印象格外深刻的是，他們幾乎都不是隸屬於中東研究的當權集團。這並不意味他們不夠傑出或未獲尊重，事實正好相反；但是他們很少——甚至完全沒有——積極並常態性地擔任政府或企業的顧問。也許這樣的事實讓他們不必受現狀掣肘，並且讓他們注意到傳統研究伊斯蘭教作家所忽略的事物。不過必須說明，爲了讓研究工作發揮出蘊含的效果，他們與上述的年輕學者必須在社會中更積極地參與政治。僅只是具備有別於正統派專家的觀點，並不足夠，他們還要嘗試宣揚這些觀點。而且因爲這番嘗試必然遠超出文章的寫作和發表，因此他們將經歷長期的政治性與組織性抗爭。

最後一股力量是一群作家、運動人士與知識分子，這些人士並非伊斯蘭教專家，但他們全面性的反對立場決定了他們在社會中的角色：反戰與反帝國主義活躍分子、異議教士、激進知識分子與教師等等。他們對伊斯蘭教的見解與東方學專家傳統看法幾乎毫無關聯，儘管其中部分人士仍受到瀰漫西方世界的文化東方主義影響。然而——如果我們以史東爲例——對於伊斯蘭教的文化不信任感與厭惡，會被一種更強烈的感受抵銷：對於帝國主義眞面貌、以及人類——無論是猶太教徒、穆斯林、基督徒——痛苦眞相的感受。史東獨具隻眼，預言了美國在伊朗革命之後繼續支持遜王的後果；而且正是史東這類人士而非政府或學院的伊朗專家，鼓吹美國對伊朗革命政權採行和解政策。

這類人物最讓人印象深刻的是，儘管缺乏專家資格，但他們似乎很了解後殖民世界中某些動態變化，因此對大部分伊斯蘭世界並不陌生。他們關注的基本對象是人類經驗，而非「伊斯蘭心靈」或「伊斯蘭人格形態」之類局限性的標籤。更有甚者，他們是眞心眞意想進行交流，而且自覺地做出選擇，逾越各國政府在人民之間畫下的森嚴界線。就此點而言，人們自然會想到蘭姆西・克拉克的德黑蘭之旅；還有在人質危機最嚴重時刻，理查・佛克、威廉・史隆・柯芬二世（William Sloane Coffin, Jr.）、唐恩・魯斯（Don

Luce）以及其他無數人士、「朋友服務委員會」（Friends Service Committee）、「教士與俗眾關懷」（Clergy and Laity Concerned）以及類似組織所扮演的英勇角色。此外，在這幅異議的結構圖中，我們還必須納入幾家刊物與另類新聞組織，其中包括《進步》（*The Progressive*）、《瓊斯媽媽》（*Mother Jones*）、《國家》，它們開放篇幅並提供資源給關於伊朗以及——可惜比較少——伊斯蘭教的反方觀點。同樣的情形也出現在歐洲。

依我看來，這三股力量最重要的特質在於，知識對他們而言基本上是一種必須主動探索追求、爭議質疑的事物，而不止是被動地引述事實與「公認的」看法。這種看待知識的觀點與西方先進社會主宰力量蘊育的專業體制化知識，兩者之間的鬥爭會影響其他文化並進而影響廣泛的政治問題，具有畫時代的意義。這場鬥爭遠遠超越了某個觀點是親伊斯蘭抑或反伊斯蘭、某個人是愛國者抑或叛國者之類的問題，隨著世界日趨緊密結合，對於稀有資源、戰略區域與龐大人口的控制，似乎更具吸引力與必要性。對無政府與混亂狀態的恐懼，被處心積慮培養蘊育，很可能將導致觀點的一呼百諾，以及對「外在」世界更深沉的不信任：伊斯蘭世界與西方世界都是如此。在這樣一個時代中——它其實已經展開——知識的創造與散播將扮演極具關鍵性的角色。然而除非我們能夠從人性與政治的面向，將知識理解爲某種必須去爭取的事物，而且知識效力對象是人類和平共存與社會群體，而不是特定的種族、國家、階級或宗教，否則我們的前景仍將黯淡無光。

知識與詮釋 Knowledge and Interpretation

所有關涉人類社會而非自然世界的知識都是歷史性的知識，因此也都有賴於判斷與詮釋。這麼說並不是否定事實或資料的存在，而是要點明，事實的重要性來自對於它們的詮釋。沒有人會爭論拿破崙是否確有其人而且當過法國皇帝；然而拿破崙到底是偉大的統治者還是法國的災星，這其間就有極大的詮釋爭議。這類爭議歧見是歷史著述運用的材料，也是歷史知識的源頭。詮釋極爲倚賴詮釋者的身分、他或她發言的對象、他或她的詮釋目的、詮釋行爲在什麼樣的歷史時刻進行。在這方面，所有詮釋都可以稱之爲「**情境的**」（situational）：它們總是發生在某個情境之中，情境與詮釋的關係是「**從屬的**」（affiliative）[29]。詮釋活動與其他詮釋者的話語相關，或肯定、或反駁、或推演他們的觀點。每一項詮釋均有其先例，也都會與其他詮釋產生某種關聯。因此，任何一位認眞撰寫伊斯蘭教、中國、莎士比亞或馬克思的人，只要他或她不希望自家的著述淪爲無關緊要或多餘累贅，都必須以某種方式參考他人對相關主題的談論。沒有哪一種著述是（或者能夠是）如此新穎，以致於完全來自作者原創；因爲書寫人類社會並不是演算數學，不能期待那種在數學領域中才有可能出現的基本原創性。

關於其他文化的知識，特別容易受到「不科學的」含混模糊以及詮釋環境的影響，然而我們還是可以試探性地主張：關於另一種文化的知識是有可能同時也值得去獲致的，不過前提是要滿足兩項條件——順帶一提，這兩項條件正是今日的中東或伊斯蘭研究力有未逮之處。第一項條件是，學生必須感受到他或她能夠回應做爲研究對象的文化與人民，而且彼此間的接觸並非源自強迫。如同我先前所說，西方對於非西方世界的知識，大部分是在殖民主義的框架中獲取；因此歐洲學者一般而言是從主宰者的立場來處理其研究主題，而且他**對於**主題的論述很少參酌歐洲學者之外的說法。由於我先前在本書與《東方主義》一書中列舉的許多原因，對伊斯蘭教與伊斯蘭民族的知識，其普遍來源不僅是主宰與衝突，同時還有文化上的厭惡感。今日的伊斯蘭教被界定爲與西方格格不入的負面事物，這種緊張態勢製造出一個框架，嚴重局限了關於伊斯蘭教的知識。只要這個框架還在，伊斯蘭教永遠無法被體認爲穆斯林生氣勃勃的生活經驗。不幸的是，這種情形在美國是千眞萬確，在歐洲也相去不遠。

第二項條件補充第一項條件，並使其臻於完整。社會世界的知識與自然界的知識不同，它究極而言是我所說的詮釋：它以不同的方式獲致知識的地位，有些方式是知識性的，有許多則是社會性甚至政治性的。詮釋首先是一種製作的形式：也就是說，它有賴於人類心靈刻意爲之的活動，以細心與研究來塑造並形成其關注的目標。這種心靈活動必然是在特定的時間與空間中發生，並且是由處於特定位置的某個人來進行，這個人有其特定背景，處於特定情境，抱持特定目標。因此對文本的詮釋——關於其他文化的知識以此種詮釋爲主要基礎——既不是發生在安全無虞的醫學實驗室中，也不應僞裝成客觀的結果。詮釋是一種社會活動，而且無可避免地會與產生它的情境發生關聯，這情境或是賦予它知識的地位，或是判定它不夠格做爲知識。任何詮釋都不能忽略其情境；而且沒有對此情境做詮釋之前，詮釋就不算完成。

很明顯地，諸如情感、習慣、傳統、關係與價值這些不科學的干擾，都是任何詮釋中不可或缺的一部分。每一位詮釋者都是讀者，而且根本不存在所謂中立、不具價值判斷的讀者。換言之，每一位讀者既是一個獨特的自我，也是社會的一分子，與社會之間有各式各樣的從屬關係。詮釋者在工作時會遭遇愛國精神或沙文主義之類的民族情感，以及恐懼或絕望等個人情感，詮釋者必須以一種訓練有素的方法，尋求運用理性以及他或她從制式教育（本身即是一段漫長的詮釋過程）中得到的資訊。詮釋者必須大費周章才能夠穿越兩個情境之間的障礙，一個是詮釋者本身所處的情境，另一個是創造文本的時空情境。正是這種自覺且刻意的努力，克服距離與文化的障礙，使關於其他社會與文化的知識得以成立——同時又局限了這種知識。在這個時刻，詮釋者會在他或她的人性情境中理解自身，理解文本並參照**它的**情境以及產生它的人性情境。這種情形之所以會發生，唯一原因是有一股自覺，能夠激發對於遙遠、異國但依然屬於人性的事物的覺察。幾乎不必贅言，這整個過程與傳統東方學專家指稱的「全新且迥然不同的知識」，或是雷納德．賓德所說能自我矯正的「學術訓練」，都沒有什麼關聯。

知識——其本身非常不穩定——會在詮釋過程的終點出現，在上述對詮釋過程相當抽象的描述中，還有一點必須說明。從來沒有一種詮釋、理解以及知識不會涉及**利益**。聽起來似乎是最乏味的老生常譚，然而正是這種顯而易見的事實歷來飽受忽視或否認。一位美國學者在研讀解析一部當代阿拉伯或日本小說時，與這個陌生對象的接觸互動完全不同於化學家解析化學分子式的工作。化學元素本身不具感染力，不會吸引人性的情感；當然，就算是元素，仍然有可能藉由全然外在的原因激發出科學家的情緒。反之亦然，所謂的「人文學詮釋」（humanistic interpretation），根據多位理論家的說法，其實是濫觴於詮釋者覺察到自身的偏見以及受詮釋文本引發的疏離感等。漢斯—喬格．伽達瑪（Hans-Georg Gadamer）寫道：

一個人在嘗試理解一份文本時，已經準備好要讓這份文本告訴他一些事情。這也是為什麼受過詮釋學訓練的心靈，必須從一開始就對文本新穎性（newness）特質保持敏銳。不過這種敏銳性涉及的既不是詮釋目標的「中立性」，也不必完全消融詮釋者的自我，而是自覺地吸收理解個人自家的「先行意義」（fore-meanings）（已經存在的意義或詮釋，過往經驗的結果）與偏見。重要的是必須覺察自身的成見，這樣文本才能完全展現自身的新穎性，從而抗衡詮釋者個人的前置意義並伸張其自身的真實㉚。

是故，在閱讀一份異國文化的文本時，首先要注意它的距離，所謂距離（包括時間與空間）的主要考量實際上就是——但並不完全是——詮釋者自己所處的時間與空間。如我們先前討論過的，正統的東方學專家或「區域研究」方式將距離等同於權威，將某個遙遠文化的異國性融入某種學術話語的權威性修辭，後者在社會中擁有知識的地位，而且不必釐清那種異國性對詮釋者的需求，以及讓詮釋者得以維持生計的權力結構。我的意思很簡單：幾乎毫無例外，今日西方討論伊斯蘭教的作家沒有人會光明正大地將幾樁事實納入考量：「伊斯蘭教」被認定為一種具敵意的文化；職業學者對伊斯蘭教的論述，清一色局限於企業、媒體與政府的影響範圍中，而這些機構又反過來扮演非常重要的角色，致使關於伊斯蘭教的詮釋以及由詮釋所生的知識，變成令人嚮往並「符合國家利益」。就我上述的析論而言，雷納德·賓德是箇中典型：他先提及這些事情，然後用一句話一筆勾銷，向專業精神與「學術訓練」致敬，其集體功能有效地駁斥任何對他們理性客觀表象的干擾。這個例子顯示了一種受到社會接納的知識如何湮滅它的創生過程。

「興趣」做爲詮釋的一個層面，可以進行更爲深入與具體的解析。沒有人只是單純地遭遇伊斯蘭教、伊斯蘭文化或伊斯蘭社會。對於今日西方工業國家的公民，他們邂逅伊斯蘭教的原因可能是政治化的石油危機、基本教義派與恐怖主義、媒體的密集關注、西方專家——也就是東方學專家——評判伊斯蘭教的悠久傳統。以一位希望鑽研現代中東歷史的年輕歷史學者爲例，他或她在攻讀這個主題時，有三種因素發生作用，這些因素會塑造並形成那理解「事實」——被認定爲原始資料——的情境。此外，還要考量學者個人的經歷、識見以及知性天賦。這些因素綜合起來，形成他或她對這個主題的興趣的重要部分：純粹的好奇心會受到許多事物的影響，諸如承攬國務院、軍方或石油公司諮商工作的希望；對於出席會議、上電視、講授課程並成爲知名學者的期待；「證明」伊斯蘭教是一種美好（或恐怖）文化體系的渴望；擔任兩種文化之間溝通橋梁的野心；求知的欲望。文本、教授、學術傳統與特殊時刻，都會在年輕歷史學者的研讀內容上留下印記。最後，還有其他事物要考量。例如，一個人如果要研究十九世紀叙利亞的土地所有權，那麼一種極爲可能的情形就是，關於此一主題就算最枯燥、最「客觀」的探討，也會與當前政策產生某種關聯，對急於了解傳統權威（與土地所有權相關）動態發展是否能在今日叙利亞反制復興黨（Baath）權力的政府官員而言，關聯尤其明顯。

但是，如果能先做一些努力，與遠方文化產生非強迫性的接觸，然後如果詮釋者能覺察到自身將進入的詮釋環境（換言之，詮釋者了解關於另一種文化的知識並非絕對，而是相對於創造知識的詮釋情境），那麼詮釋者就比較可能體認到：對伊斯蘭教與其他「異國」文化的正統觀點有極大的局限性。相較之下，伊斯蘭教的「對立知識」似乎在克服正統觀點的局限性方面頗有進展。正統觀點認定伊斯蘭教的相關知識應該附屬於政府當前的政策利益；應該強化媒體中的伊斯蘭教形象，描述伊斯蘭教在全世界散播可怕的好戰精神與暴力；對立知識的學者正因爲揚棄了這些觀念，所以凸顯出知識與權力之間的共謀關係。而且這麼做的同時，他們也尋求在權力強制限定的關係之外，與伊斯蘭教建立其他類型的關係，這就意謂著尋求其他類型的詮釋情境，因此也培養出一種更爲謹愼的方法學意識。

最後，要逃離部分批評家所謂的「詮釋循環」（interpretative circle）絕非易事。簡而言之，人類社會世界的知識**永遠**無法超越做為其基礎的詮釋。對於伊斯蘭教這種如此複雜糾結、難以捉摸的現象，我們所有的知識都來自文本、形象與經驗；但這些事物並非伊斯蘭教（只能透過其事例來理解）的直接具象化，而是它的再現與詮釋。換句話說，所有對於其他文化、社會或宗教的知識，都是來自一種間接證據與個別學者情境——包括時間、空間、天賦、歷史情境、整體政治情勢——的混合物。使這種知識精確或含糊；壞、較好或更糟的因素，主要是與關涉到創造知識的社會的需求。當然，存在著某種層次的單純事實，是所有知識誕生的基礎：畢竟，一個人怎麼可能在不懂阿拉伯語、柏柏語（Berber）、對摩洛哥國情社會一無所知的情況下，「認識」摩洛哥的伊斯蘭教？但是超越這些事實之上，對於摩洛哥伊斯蘭教的知識絕對不止是此處與他處、無生命事物與其觀看者之間的通訊聯繫，而是雙方（通常）爲了**此處**的目標——例如一篇言之有物的文章、一場演講、一次電視訪問、向決策者建言——而進行的互動。只要目標能夠達成，知識就會被認定爲已經誕生。知識還有其他的用途（甚至包含無用之用），但其中最主要用途帶有濃厚的功能與工具色彩。

因此，被拿來充當知識的其實是一種非常混雜的事物，決定它的因素主要爲外在而非內在的需要（眞正的內在需要其實少之又少）。一位夙負盛名的美國學者所做的巴勒維王朝伊朗菁英階層研究，對那些要與王國政權打交道的決策者可能很有用處；但是對一位非正統的伊朗專家而言，同樣一份研究卻可能充斥著錯謬與誤判㉛。然而，南轅北轍的判斷標準並不意謂我們需要更有效的試金石、更堅實的絕對事物；其實這些標準應該提醒我們：詮釋的本質會讓我們回到詮釋自身所引發的問題，質問是爲了誰、爲了何種目的、爲了何種原因，使得一項詮釋在某種脈絡中比在另一種脈絡中更令人信服。詮釋、知識以及——馬修・阿諾德（Mathew Arnold）說的——文化自身，一直都是各種爭議的成果，絕非單純的天賜恩物。

在這本書中我的論點是：我們從學院、政府與媒體看到的權威、正統伊斯蘭報導，彼此之間都聲氣相通，而且比起西方世界中其他任何一種「報導」或詮釋，其散布**更為**廣闊、**更具**說服力與影響力。這種報導之所以會成功，主要因素在於創造報導的人物與機構的政治影響力，而未必是眞實性或精確性。我也一直認爲，這種報導的目標與伊斯蘭教本身的眞確知識，關係微乎其微。結果獲勝的不僅是一種特定的伊斯蘭教**知識**，更是一種特定的**詮釋**，從不接受挑戰質疑，而且對非正統、追根究柢的心靈提出的問題無動於衷。

因此，「伊斯蘭教」對於解釋波斯灣戰爭並沒有特別的助益，正如「黑人心態」無助於解釋二十世紀美國黑人的遭遇。因為除了讓運用並賴之為生的專家得到自戀的滿足之外，這些冥頑不化的觀念既不能呈現事件本身的力量，也不能呈現引發事件的複雜力量。結果導致，在同質性觀念的主張與實際歷史更強有力的主張以及不連續性之間，鴻溝日漸擴大。面對這樣的鴻溝，偶爾會有個別人物挺身而出，質問切中要害的問題，並期待合情合理的答案。

沒有人能夠對我們生存的世界無所不知，是故在可預見的未來，知識工作仍將繼續分歧。學術界需要這種分歧，知識本身要求它，西方社會也圍繞著它組織起來。不過我認為，大部分人類社會的知識到最後都可以透過常識——也就是從人類共同經驗中產生的意識——來理解，而且是——事實上也必須是——臣服於某種批判性的評估（critical assessment）。常識與批判性評估這兩種事物，分析到最後皆具社會性與一般知識性的特質，讓每個人都能親炙並培養，而不是某個特殊階層的特權，也不是一小撮領有憑證的「專家」的私產。然而如果一個人想學習阿拉伯文或中文，理解經濟、歷史與人口變化潮流的意義，專業訓練仍不可或缺，而學院正是提供專業訓練的場所：對這一點我毫不置疑。但麻煩在於，當訓練衍生出學術派閥與新聞「專家」，他們脫離了社會現實、理智觀點與知識責任感，若不是千方百計為某一特殊利益集團張目，就是心甘情願、百依百順地為權力效勞。在這兩種情形中，像伊斯蘭這種外國社會或文化，受到的掩飾最後將更甚於闡述或理解。甚至會導致揑造新的虛構、傳播聞所未聞錯誤資訊這類危險。

過去數年來，幾乎在任何時刻中，任何人都可以找到大量證據，顯示非西方世界普遍地——尤其是伊斯蘭教——不再依循美國或歐洲社會科學家、東方學專家、區域專家在第二次世界大戰結束初期制定的模式。我認爲闡述這一點最爲淋漓盡致的，就是著名阿爾及利亞裔學者與批評家穆罕默德・阿爾孔，他也是巴黎大學伊斯蘭思想教授：

「伊斯蘭研究」的學術話語一直在提供解釋，說明百家爭鳴的領域、學說、文化範疇、學術訓練與觀念，是如何以「伊斯蘭教」一個字詞聯成一氣；以及為何關涉到伊斯蘭教的討論幾乎都只集中在單一面向。對比之下，關於西方社會的研究卻是仔細爬梳、思慮精微、一絲不苟、開宗立派。事實上，對西方文化的研究至今仍依循這些原則發展，與「伊斯蘭教」以及所謂「阿拉伯世界」領域令人遺憾的研究方向，徹底分道揚鑣。〔引述自馬立思・魯斯文（Malise Ruthven），一九九六年八月一日《倫敦書評》（*London Review of Books*）第二十七頁〕

的確，伊斯蘭世界整體而言，既不是一面倒的反美與反西方，在行爲上也不會步調一致、容易預測。我一直認爲，沒有嘗試對這些變化做詳盡的解釋，就意謂著新生而不規律的現實在伊斯蘭世界中浮現；同樣眞確的是，類似的不規律現實，攪亂了早年風平浪靜的理論描述，也已經出現在其他後殖民世界。僅只是再三重申「低度開發」、「非洲—亞洲人心態」等老套公式就已經很不明智；但是將這些公式隨意聯結到一些觀念，諸如西方悲哀的衰頽、殖民主義可惜的終結、美國強權遺憾的式微等等，更是——我必須毫不保留地斷言——愚蠢至極。那些在空間和本質上距離大西洋世界數千哩的社會，根本就不可能對我們的要求百依百順。人們可以將此點視爲中立的事實，但不必認定（我也是如此）那是一件好事情。無論如何，談論伊朗的失去以及隨之而來的威脅，還有以同樣心態談論西方的衰微，其危險在於我們這麼做的同時，已斬斷了大多數行動方案的可行性——只剩下提升西方權勢、重新奪回伊朗與波斯灣地區之類的方案。這正是過去二十年來的模式。最近有一批「專家」在其作品中哀鳴英國、美國或法國對伊斯蘭世界主宰權的終結（或者鼓吹擴張這種主宰權），在我看來，他們的成功正是駭人的明證，顯示潛藏在決策者心中的意念，以及這些「專家」——自覺或不自覺地——眞正效力的對象：侵略與再征服的深沉需求㉜。至於有一批伊斯蘭世界的本土順民與那批專家沆瀣一氣，那也只是雙方齷齪合作歷史的一部分，並非（有些人如此主張）第三世界新成熟面的徵象。

除了著眼於征服目的之外，今日西方世界普遍談論的「伊斯蘭教」並非其廬山眞面目。我們必須立刻提供其他的選擇：如果「伊斯蘭教」所揭示的事物遠少於它應該揭示的，如果它掩飾的部分比報導的部分還多，那麼我們要到何處——或者應該說是如何——去尋求既不鼓吹未來的權力之夢、也不喚起舊日恐懼偏見的訊息？在這本書中，我曾經提及且不時描述現今最有裨益的幾種探討，而我也說過，這些探討均濫觴於一個觀念：所有的知識都是詮釋，而且如果詮釋要具備警覺性與人性，並且能夠獲致知識，那麼詮釋就得對本身的方法與目標保持自覺。然而，潛藏在所有對於其他文化——特別是伊斯蘭教——的詮釋之下，是個別學者或知識分子面臨的抉擇：要讓知性為權力服務，抑或為批評、社會、對話與道德感服務。這個抉擇必須是今日詮釋行為的當務之急，而且必須能引導出決定，而非拖延觀望。如果說西方世界關於伊斯蘭教知識的歷史，一直與征服及主宰有密不可分的關係，那麼徹底割裂這些關係的時刻已經來臨。對於這一點，再怎麼強調也不為過。否則，我們不僅將面臨長期的緊張態勢甚至戰爭，還可能會為穆斯林世界各個不同的社會和國家帶來連綿的戰爭、難以想像的痛苦與翻天覆地的動亂；這絕對不是「伊斯蘭教」的勝利，儘管它隨時可以扮演由反應、正統與絕望所蘊釀的角色。就算是從最樂觀的標準來看，這幅景象都令人憂心忡忡。

注釋

① Giambattista Vico, *The New Science*, trans. T. G. Bergin and Max Fisch（Ithaca, N.Y.: Cornell University Press, 1968）, p. 96.

②引述自 Raymond Schwab, *Le Renaissance orientale*（Paris: Payot, 1950）. p. 327.

③ Ernest Renan, "Mahomet et les origines de L'islamisme," in *Études d'histoire religieuse*（Paris: Calmann-Lévy, 1880）, p. 220.

④ Bernard Lewis, "The State of Middle East Studies," *American Scholar* 48, 3（Summer 1979）, 366-67; emphasis added. 將 Lewis 虛假的主張與 Bryan S. Turner, *Marx and the End of Orientalism*（London: George Allen & Unwin, 1978）做比較，是很有趣的事情。

⑤例如 Donald F. Lach and Carol Flaumenhaft, eds., *Asia on the Eve of Europe's Expansion*（Englewood Cliffs, N. J.: Prentice-Hall,1965）; Donald F. Lach, *Asia in the Making of Europe; vol. 1. The Century of Discovery*（Chicago and London: University of Chicago Press, 1965）, and vol. 2, *A Century of Wonder*（1977）; J. H. Parry, *Europe and a Wider World*（London: Hutchinson & Co., 1949）; and *The Age of Reconnaissance*（London: Weidenfeld & Nicolson, 1963）. 當然還要參考 K. M. Panikkan, *Asia and*

Western Dominance（London: George Allen & Unwin, 1959）. 對於亞洲如何在現代「發現」歐洲，有趣的報導見 Ibrahim Abu-Lughod, *Arab Rediscovery of Europe: A Study in Cultural Encounters*（Princeton, N.J.: Princeton University Press, 1963）, and Masao Miyoshi, *As We Saw Them: The First Japanese Embassy to the United States*（1860）（Berkeley, Los Angeles, and London: University of California Press, 1979）.

⑥這類例子相當眾多，從 William Jones 的事業到拿破崙的遠征埃及，到十九世紀一整批學者—旅行家—間諜類型的人物。見 Said, *Orientalism*, passim. 參見〈緒論〉注⑥對於 Snouck Hurgronje 的說明。

⑦ Bryan S. Turner, *MERIP Reports* no. 68（June 1978）, pp. 20-22 對這部報告有一針見血之見，在同一期 *MERIP Reports* 中，James Paul 估計 MESA 報告的成本約爲每頁美金八十五・五元。

⑧見 Said, *Orientalism*, pp. 288-90.

⑨ Leonard Binder, "Area Studies: A Critical Assessment,"刊於 Binder, ed., *Story of the Middle East*, p. 1.

⑩出處同上，p. 20.

⑪出處同上，P. 21.

⑫ *Proposal to the Ford Foundation for Two Seminar-Conferences*, Program in New Eastern Studies, Princeton University（1974-75）, pp. 15-16.

⑬出處同上，p. 26.

⑭ L. Carl Brown and Norman Istkowitz, *Psychological Dimensions of New Eastern Studies* （Princeton, N. J.: Darwin Press, 1977）.

⑮ Ali Banuazizi, "Iranian 'National Character': A Critique of Some Western Perspectives," in Brown and Istkowitz, eds., *Psychological Dimensions of New Eastern Studies*, pp. 210-39. 對於直接相關主題的類似研究，見 Benjamin Beit-Hallahmi 重要的 "National Character and National Behavior in the Middle East: The Case of the Arab Personality," *International Journal of Group Tensions* 2, no. 3（1972）: 19-28; and Fouad Moghrabi, "The Arab Basic Personality," *International Journal of Middle East Studies* 9（1978）: 99-112;與 Moghrabi's"A Political Technology of the Soul," *Arab Studies Quarterly* 3, no. 1（Winter 1981）.

⑯ See "Special Supplement: Modern China Studies," *Bulletin of Concerned Asia Scholars* 3, nos. 3-4（Summer-Fall 1971）.

⑰ Dwight Macdonald, "Howtoism," in *Against the American Grain*（New York: Vintage Books, 1962）, pp. 360-92.

⑱ Christopher Lasch, *The New Radicalism in America, 1889-1963: The Intellectual as Social Type*（New York: Vintage Books, 1965）, p. 316.

⑲對於中東研究專家如何引述種族背景做爲「身分證明」，見 J. C. Hurewitz, "Another View on Iran and the Press," *Columbia Journalism Review* 19, no. 1（May-June 1980）: 19-21. 對這篇文章的回應見 Edward W. Said, "Reply,"*Columbia Journalism Review* 19 no. 2（July-August 1980）: 68-69.

⑳我對 Rodinson 與 Hourani 近作的評論見 *Arab Studies Quarterly* 2, no. 4（Fall 1980）: 386-93.

㉑ Iréne Ferrera-Hoeschstetter, "Les Études sur le moyen-orient aux États-Unis," *Maghreb-Mashrek* 82（October-November 1978）: 34.

㉒ Richard H. Nolte, *Middle East Centers at U.S. Universities*, June 1979）p. 2（感謝 Esso Middle East 的 Don Snook 先生送我一份 Nolte 的報告。）

㉓出處同上，pp. 40, 46, 20.

㉔出處同上，pp. 43, 24.

㉕ Michel Foucault, *The History of Sexuality, Volume One: An Introduction*, trans. Robert Hurley（New York: Pantheon Books, 1978）, p. 34.

㉖這個術語一部分來自Harold Bloom，儘管他運用的脈絡與我迥然不同，並且他稱之爲「對立批評」（antithetical criticism），見：*The Anxiety of Influence: A Theory of Poetry*（New York: Oxford University Press, 1973）, pp. 93-96.

㉗ Peter Gran, Judith Tucker, Basem Musallem, Eric Davis，和 Stuart Schaar 的作品都可以代表這個團

體。

㉘見〈第一章〉注⑭、⑮與㉜。

㉙我曾在 "Reflections on Recent American 'Left' Literary Criticism," *Boundary* 2 8, no. 1（Fall 1979）: 26-29 中討論「從屬」的觀念。

㉚ Hans-Georg Gadamer, *Truth and Method*（New York: Seabury Press, 1975）, p. 238.

㉛見 Ali Jandaghi's 對於 Marvin Zonis 伊朗菁英階層研究的評論，見 "The Present Situation in Iran," Monthly Review, November 1973, pp. 34-47.

㉜例如 J. B. Kelly 在 *Arabia, the Gulf and the West* 中哀嘆英國撤出蘇彝士運河以東；Élie Kedourie 抨擊戴高樂「放棄」阿爾及利亞，見他對 Alistair Horne, *A Savage War of Peace: Algeria, 1954-1962* 的評論，*Times Literary Supplement*, April 21, 1978, pp. 447-50；還有 Robert W. Tucker 以及一長串追隨者，至少五年來一直鼓吹美國進占波斯灣（見〈第一章〉，注㉞、㊳）。Edward N. Luttwak 對這種現象頗有影響，見他在 *The Grand Strategy of the Roman Empire: From the First Century A.D. to the Third*（Baltimore and London: Johns Hopkins University Press, 1976）提出的模型。

附錄 | *Covering Islam*

九一一事件回應

復仇　無法消滅恐怖主義

薩依德

恐怖攻擊激起美國人同仇敵愾發動反恐戰爭
但將他方妖魔化絕非良好政治的基礎

怵目驚心的恐怖重創紐約（華盛頓受害較輕），創造出一個新世界，其中有前所未見的攻擊者，不帶政治訊息的恐怖任務，以及毫無道理可言的毀滅。對於這個受傷城市的居民而言，驚愕、恐懼以及難以消散的憤怒與震驚，將會持續很長一段時間；這麼多人慘遭殺害，所引發的悲慟與痛苦也將歷久難彌。

所幸紐約市民有朱良尼這樣一位市長，這個平常惹人討厭、鬥性十足，甚至行事乖戾的人物，事發後卻表現得有如邱吉爾；他冷靜從容，滿懷悲憫，領導全市英勇的警消人員與救難工作者，成效斐然，只是這些人員的死傷也相當慘重。朱良尼是第一個提醒民眾不要驚慌，不要假愛國之名來攻擊紐約龐大的阿拉伯裔與伊斯蘭教徒社區；他也是第一個表達出大家共同的傷痛，敦促大家在大難過後恢復正常生活。

如果每個人都這樣做，那就太好了。全國的電視報導，將那幾架可怕的客機造成的恐怖送入每個家庭，毫不間斷地持續，而且其效果經常是無益於人心。大部分報導都在強調甚或誇張大多數美國人必然會有的感受：可怕的損失、憤怒、受到侵犯的脆弱感、不顧一切想要復仇的渴望。除了對悲傷與愛國精神的公式化表達，每個政治人物與知名專家都在反覆提醒：我們不會被擊敗，不會被嚇阻，不消滅恐怖主義絕不罷休。大家都說這是一場對抗恐怖主義的戰爭，但是恐怖主義在哪裡？要選擇哪一條戰線？具體目標爲何？這些問題都沒有答案，只有模糊的暗示：「我們」要對付中東地區與伊斯蘭教，而且恐怖主義必須摧毀。

更令人氣餒的是，我們不願花多少時間去了解美國在這世界上扮演的角色，以及美國與其本土之外複雜世界的直接關聯；美國東西兩岸瀕臨大洋，與世界其他地區懸隔萬里，一般美國人根本不會想到那些地區。你總以爲「美國」是個沉睡中的巨人，而不是個在伊斯蘭教世界征戰不休、衝突不斷的超級強權。美國人民對於奧薩瑪‧賓拉登的名字與臉孔已經熟悉到麻木的地步，幾乎全然磨滅了他以及他的追隨者的歷史；在集體的想像中，他們已成爲所有可憎可恨事物的代表。然後不可避免的是，集體的熱情又化爲動力，要進行一場「白鯨記」中亞哈船長執意追求的戰爭；然而實際情形是：一個帝國般的強權首度在自家本土受到傷害，大張旗鼓地追求自身利益，卻捲入一場霎時間天旋地覆的衝突中，沒有清楚的邊界，沒有明顯的對象。善惡分明的象徵與世界末日的景象此起彼落，未來的後果與言辭的克制則被拋諸腦後。

我們現在需要對於情勢進行理性的了解，而不是更多的聲討撻伐；但是布希與其團隊顯然只對後者有興趣。然而對伊斯蘭教與阿拉伯世界的大部分人民而言，美國政府與傲慢強權是同義詞，這個強權假仁假義，不僅大力支持以色列，而且也是許多壓迫人民的阿拉伯政權的幫兇；對於伊斯蘭教與阿拉伯世界的世俗運動，以及眞正受苦受難的人民，美國根本不聞不問。在這種情勢中產生的反美風潮，並非源自於對現代化或科技優勢的憎恨，而是源自美國具體的干預行動、蹂躪破壞、制裁伊拉克導致該國人民的苦難、支持以色列占領巴勒斯坦領土長達三十四年。諷刺的是，現在以色列正利用美國大難臨頭的良機，強化它對巴勒斯坦人民的軍事占領與壓迫。美國政界對於這些事實總是輕描淡寫，以「恐怖主義」、「自由」之類的字眼一筆帶過；此種大而無當的概念掩飾了不堪聞問的實質利益：石油、國防、在中東地區勢力日趨穩固的猶太復國主義者，以及一種古老且變化層出不窮的、對伊斯蘭教的敵意與無知。

然而，知識分子的責任感要求我們對於現實抱持更強烈的批判意識。恐怖行動本身不可諱言，幾乎每一種奮鬥前進的現代運動都會在某個階段訴諸恐怖活動，南非曼德拉的非洲民族議會是如此，猶太復國主義也不例外。但是，以F─16戰機與軍用直升機濫炸沒有防衛的貧民，與傳統的民族主義者的恐怖活動，在架構與效果上並無二致。

恐怖活動的邪惡在於，它會與抽象的宗教與政治理念以及過度簡化的迷思掛鉤，不顧歷史脈絡與理智，而這也正是世俗意識必須著力彰顯之處，無論在美國抑或中東都是如此。任何信念、神明與抽象理念都不能爲濫殺無辜辯護。尤其是當一小撮人主導此類行動，他們自認爲代表某種信念，其實根本不然。

此外，正如伊斯蘭教徒爭議許久的論點，世上並沒有單一的伊斯蘭教：伊斯蘭教就如同美國一樣有多種面貌。儘管有部分信徒會徒勞無功地劃地自限，訂出斬釘截鐵的信條，但是所有的傳統、宗教或國家都具備這種多樣性。歷史極爲複雜，充滿矛盾，絕非那些自以爲是的宣傳家所能壟斷。宗教或道德上的基本教義派之所以造成禍害，原因在於他們對於革命與反抗懷抱的原始理念——包括願意殺人也願意犧牲——在今日很容易就能與先進的科技相結合，而且對慘烈的報復行動甘之如飴。紐約與華盛頓的自殺攻擊者似乎都是受過教育的中產階級，而非窮苦的難民。窮苦絕望的人們不會冀望有明智的領導帶領，針對某種信念來從事教育、群衆動員與持之以恆的組織工作。他們經常會受到天花亂墜想法的誘惑，訴諸快速但血腥的解決之道，尤其是經過宗教言辭包裝之後。

另一方面，龐大的軍事經濟力量並不保證具備智慧或道德感。在當前的危機中，質疑與人道的見解猶如空谷跫音，美國正升火待發，準備打一場遙遠的戰爭，而其盟邦也被迫加入，但卻不知為何而戰。如今我們必須從那區隔人群的虛幻門檻退後一步，重新檢視各種標籤、重新考量有限的資源，下定決心，每個人都休戚與共，就如文化的融合作用，不要理會那些一心求戰的口號與信條。

「伊斯蘭教」與「西方世界」絕對不應該是讓人們盲目追隨的旗幟。

有些人還是會盲目追隨，但是未來的世代將會譴責他們輕率地延長戰爭與苦難，他們不願心無成見地看待不義與壓迫的歷史，不願嘗試共同的解放與啓蒙。將「他方」妖魔化絕非良好政治的基礎，現在尤其是如此，因為這恐怖活動根源於不義，我們可以正本清源，使恐怖分子孤立、受到嚇阻、失去憑藉。這種做法需要耐心與教育，比起更大規模的暴力與苦難，絕對值得。

〈九一一事件回應②〉

無知的衝突

薩依德

人類歷史不僅有宗教戰爭與帝國征戰，更有無數的相互交流與分享
「文明衝突」不應忽略歷史隱而不顯的這部分

薩繆爾・杭亭頓（Samuel Huntington）〈文明的衝突？〉（The Clash of Civilizations?）一文刊登於一九九三年《外交事務》（*Foreign Affairs*）期刊的夏季號，當時立刻引發高度注意與熱烈反應。杭亭頓的寫作目的在於提供一篇原創性的論文，讓美國人了解後冷戰時期世界政治的「新階段」（a new phase），他的論證方式似乎規模宏邁、大膽突兀，甚至高瞻遠矚。杭亭頓特別針對許多對手來立論，他的對手是決策階層人物、法蘭西斯・福山（Francis Fukuyama）之流的學者與其「歷史終結」理論，以及大批歡欣迎接全球化、宗族主義與國家消亡的人士。杭亭頓認爲這些人對於新時代都是管中窺豹，只見一斑，而他

自己則是要彰顯「未來數年全球政治形態」的「關鍵而且核心的層面」。杭亭頓堅定宣示：

我的前提是：在新世界中，衝突的主要根源不會是意識形態或經濟。人類之間的分裂隔閡與首要衝突根源在於文明。民族國家仍將繼續在世界事務中挑大樑，但是全球政治的重大衝突會發生在不同文化體系的國家與團體之間。文明的衝突將主宰全球政治。壁壘分明的文明界線，將會是未來世代的戰線。

區分西方與伊斯蘭太草率

杭亭頓接下來的議論仰仗於一個模糊的觀念，亦即他所謂的「文明認同」以及「七或八個主要文明之間之互動」，而他最關切的就是伊斯蘭與西方世界的衝突。他這種戰鬥性十足的思想，十分倚重資深東方學家柏納德・路易士一九九〇年的一篇專文，其標題「穆斯林憤怒的根源」（The Root of Muslim Rage）就表露出明顯的意識形態色彩。路易士與杭亭頓這兩篇文章，草率地將龐大的群體擬人化為「西方」與「伊斯蘭」兩大陣營，有如將複雜糾葛的認同與文化等問題簡化成大力水手的卡通世界，讓卜派與布魯托鬥得你死我活，而且較爲善良的一方永遠能克敵致勝。路易士與杭亭頓都無暇考量：每個文明的內在動力與多元性、現代文化的競爭關鍵在於文化的定義與詮解，以及針對整個宗教或文明放言高論，往往不是爲了煽動人心就是出於徹底無知。不，西方是西方，伊斯蘭是伊斯蘭。

杭亭頓認爲西方決策者面臨的挑戰是：如何使西方文明日趨強大，並捍禦其他——特別是伊斯蘭——文明。更令人不滿的是，杭亭頓自認他綜覽全世界的觀點正確無比，不受流俗成見與潛藏忠誠的影響，好像其他人都在尋尋覓覓他早已知曉的答案。事實上杭亭頓是個意識形態空想家，一心要將「文明」與「認同」扭曲成已然定形、封閉的體系。剝奪了賦予人類歷史生機的無數潮流與逆流；也無視於數百年來的人類歷史不僅有宗教戰爭與帝國征戰，更有相互交流、增益與分享。「文明衝突」之說全然忽略了歷史隱而不顯的這一部分，只急於以荒謬可笑、狹隘簡化的方式來凸顯文明的爭鬥。杭亭頓一九九六年出版同名專著時，曾嘗試修飾其論點，同時添加了許多注腳，不過這種做法卻使杭亭頓陷於自我混淆，並且暴顯出他是個拙劣的作者與粗率的思想家。

應認清自殺攻擊事件本質

在杭亭頓的書中，西方對抗世界其他部分（冷戰對抗的脫胎換骨）的基本模式並未改變，而且在「九一一」恐佈事件之後的論述中，這個模式不斷以隱伏與間接的方式出現。由一小撮瘋狂好戰分子執行的精心策畫、可怕至極、動機病態的自殺攻擊與大規模屠殺，已成爲杭亭頓學說的例證。大家並沒有看清事件的本質是：一小撮狂徒爲了罪惡目的而脅持了宏大的理念（我在此處是泛用「理念」一詞）。從巴基斯坦前總理班娜姬・布托（Benazir Bhutto）到義大利總理貝魯斯柯尼（Silvio Berlusconi）等國際名流都對伊斯蘭的禍害大發議論，後者更援引杭亭頓的概念來大肆宣揚西方的優越感，說「我們」有莫札特與米開朗基羅而他們沒有。（貝魯斯柯尼後來不甚情願地爲他對「伊斯蘭」的侮辱致歉。）

雖然其破壞性不可同日而語，但大家爲什麼不看看奧薩瑪・賓拉登及其信徒與大衛教派、蓋亞那的吉姆・瓊斯（Jim Jones）牧師或日本奧姆眞理教之間的相似性？連向來理性溫和的英國《經濟學人》週刊在九月廿二日那一期中，都忍不住要以偏蓋全，褒揚杭亭頓對伊斯蘭「冷酷而全面，但仍是一針見血的」觀察。這本雜誌沉重地說，杭亭頓寫出了「世界上十多億穆斯林相信其文化的優越性，同時又對其力量的衰頹耿耿於懷」。杭亭頓訪談過一百個印尼人、兩百個摩洛哥人、五百個埃及人和五十個波士尼亞人嗎？就算他做到了，這種取樣又有何意義？

每一家美國與歐洲的報章雜誌都刊登了無數篇社論，來對那些誇大其辭與世界末日的言論推波助瀾，其目的並非啓迪人心，而是要煽動讀者身爲「西方」一分子的同仇敵愾，進而有所做爲。邱吉爾式的言論被自動自發的西方鬥士所濫用，特別是在美國，要以戰爭對付仇恨者、掠奪者與毀滅者，但卻幾乎全然不顧複雜的歷史背景。歷史不能如此簡化，而且歷史會在一塊又一塊疆域之間相互滲透，凌駕原本會將我們分裂爲敵對陣營的邊界。

這就是伊斯蘭與西方這類陳腐標籤的問題所在：這些標籤誤導並迷惑人心，而人心正力圖從混亂的現實中理清頭緒，避免輕率的歸納與論斷。一九九四年我在約旦河西岸一所大學演講時，曾打斷一名聽衆的發問，他攻詰我的理念是「西方的」而非他所秉持的嚴格伊斯蘭教義，我當下想到的反詰是：「你爲什麼要穿西裝打領帶？這些服飾也是西方的。」他尷尬地笑一笑坐下來。當「九一一」事件消息傳來，我想起這件往事：恐怖分子駕駛飛機撞擊紐約世貿中心與五角大廈，犯下滔天大罪，他們是如何熟練這些技術細節？一邊是「西方的」科技，一邊是貝魯斯柯尼所指稱伊斯蘭對參與現代化的無能，兩者之間要如何畫清界線？

這道界線當然不容易畫清，那些標籤、以偏蓋全與文化論斷又是多麼不恰當？原始的熱情與精密的科技在某種層面上合而為一，泯滅了許多人為強加的界線，諸如「西方」與「伊斯蘭」、過去與現在、我們與他們，更不用說那永遠爭議不休的認同感以及民族性觀念。在沙堆上畫下界線、發動十字軍戰役、以我們的善來對抗他們的惡、根絕恐怖主義，還有（美國副國防部長）伍夫維茲所誓言的徹底消滅某些國家，這些獨斷獨行的決策都無法自圓其說，反而顯示了如果只圖方便，人們可以為煽動民眾集體熱情而宣揚好戰的言論；然而我們也可以去省思、檢驗與釐清我們在現實中的處境，以及無數生靈（包括「我們」與「他們」）的休戚與共。

敵對文明間存有密切關聯

一九九九年一月到三月之間，已過世的伊克巴・阿合馬（Eqbal Ahmad）在巴基斯坦最受尊崇的《黎明》（*Dawn*）週刊先後發表了三篇專文，他以伊斯蘭讀者為對象，分析他所謂的宗教信仰權的根源。阿合馬嚴辭譴責絕對主義論者與狂熱暴君對伊斯蘭教的戕害，這些人執迷於規範個人行為，倡導「將伊斯蘭教律令降格為刑事法典，剝奪其人道精神、美學、知性追求與靈性奉獻」，因此「造成一種對教宗單一、孤立面向的絕對強調，並且完全不顧其他面向。這種現象扭曲了宗教、貶抑了傳統，而且一旦開展就嚴重影響當地的政治進程」。阿合馬舉出的貶抑實例正好也是當今的焦點，他首先呈現「聖戰」（jihad）一詞豐富、複雜且多元的意義，然後他說明，現在這個詞被局限爲對敵人發動全面戰爭，因此已經不可能「認淸這個字在伊斯蘭宗教、社會、文化、歷史或政治的意義，而這些意義是歷代穆斯林生活與經驗的結晶」。阿合馬的結論是，現代的穆斯林「關心權力而非靈魂，關心爲政治目的動員民眾，而非分擔與減輕民眾的痛苦與渴望。現在只有非常局限且短暫的政治綱領」。更糟的是，在「猶太教」與「基督教」的論述中，這類扭曲與狂熱也觸目皆是。

十九世紀末的小說家康拉德，遠比其讀者所能想像的更強有力。他全然了解，在極端的狀況下，文明倫敦與「黑暗之心」的蠻荒之間的差異會迅速崩解，而歐洲文明盛世也會立刻墮落成最野蠻的行徑。康拉德在一九〇七年出版的《祕密情報員》（*The Secret Agent*）一書中，也寫出恐怖主義與「純粹科學」（延伸開來就是「伊斯蘭」或「西方」）之類抽象觀念之間的關聯性，以及恐怖分子最終極的道德墮落。

在目前這些敵對的文明之間，其實存在著大多數人們不太願意相信的密切關聯。佛洛依德與尼采都曾經彰顯，文明能夠輕易跨越刻意維繫的邊界，連軍警也無法阻擋。但是這些多變的理念，充滿了曖昧性以及對固有觀念的質疑，很難成爲足資依循的準則，幫助我們面對當下的處境。相較之下，從杭亭頓「西方對抗伊斯蘭」理論所衍生的戰鬥命令，如今似乎更能夠安定人心；而「九一一」事件後的官方言論，也正是擷取杭亭頓的理論。這些言論近來已逐漸偃旗息鼓，但是針對阿拉伯裔、穆斯林與印度人的仇恨言行並未銷聲匿跡、連執法單位行事偏差的報導也時有所聞，可見杭亭頓的理論歷久不衰。

之所以會如此，另一個原因是穆斯林在歐洲與美國日漸增加。看看法國、義大利、德國、西班牙、英國、美國甚至瑞典的穆斯林人口，你就不得不承認，伊斯蘭已經不再是僻處於西方世界邊緣，而是登堂入室、直抵其核心。爲什麼伊斯蘭在歐美的現狀會引來那麼大的威脅感？深藏在集體文化中的記憶是第七世紀、歷史上第一度阿拉伯—伊斯蘭征戰，就如歷史學家皮瑞尼（Henri Pirenne）在其一九三九年大作《穆罕默德與查理曼》（*Mahammed and Charlemagne*）中所說，這場征戰永遠粉碎了地中海地區的一體性，摧毀了基督教—羅馬綜合體系，從而使北方強權（日耳曼與法蘭西加洛林王朝）的新文明興起，而北方強權的使命就是要捍衛「西方」免受其歷史文化宿敵的侵擾。但是皮瑞尼卻忽略了，在畫出新防線的同時，西方也吸收了伊斯蘭的人文學、科學、哲學、社會學與歷史學。伊斯蘭從一開始就深入西方世界，這一點連一向敵視先知穆罕默德，並將他置於《地獄》（Inferno）核心的詩人但丁都不得不承認。

此外，一神信仰也是歷史悠久的傳統，路易斯・馬西格農（Louis Massignon）恰切地統稱為「亞伯拉罕的宗教」（Abrahamic religions）。從猶太教與基督教開始，每一種一神教都受到先前宗教的影響，對於穆斯林而言，伊斯蘭教完成並終結了先知的譜系。這三大宗教——三者皆非龐大僵化、一以貫之的陣營——崇奉的都是所有神祇中嫉妒心最強的一個，三大宗教在許多方面的爭鋒，至今仍缺乏可信的歷史呈現或撥雲見日的解釋，儘管它們在現代巴勒斯坦的浴血衝突，從俗世層面充分顯現了三者悲劇性的水火不容。因此不足為奇的是，穆斯林與基督教徒正高談十字軍與聖戰，雙方都以故作姿態的輕忽漠視猶太人的存在。阿合馬曾指出，這樣的議論「非常能安慰那些受困淺灘、擱淺於傳統與現代的深峻水域之間的男男女女。」

西方與伊斯蘭教處境相同

然而我們都是在這些水域中浮浮沉沉，西方人、穆斯林與其他人都一樣。既然這些水域是歷史汪洋的一部分，強行在它們之間設置深溝高壘是徒勞無功的。局勢不時會緊繃不安，但是與其迷失在龐大抽象的理念之中，不如從其他的觀點來思考，諸如強勢族群與弱勢族群、俗世政治的理性與無知、公義與不義的普世準則。「文明衝突」理論就像「世界大戰」一樣是譁眾取寵，只能夠強化人們防衛性的傲慢自大，但卻無助於批判性地理解我們這個時代中，複雜的相互依存關係。

內容簡介：

從伊朗人質事件、波灣戰爭，到紐約世貿中心大樓爆炸案，美國一直被一個名叫「伊斯蘭」的陰魂苦苦糾纏。正如新聞媒體的描述，加上政府、學界與企業界專家的應和，「伊斯蘭」竟淪爲恐怖主義與宗教狂熱的同義詞。在這同時，伊斯蘭國家也運用「伊斯蘭」這個詞語，來爲不具代表性而且通常是暴虐無道的政權張目。

愛德華・薩依德爲《遮蔽的伊斯蘭》這部里程碑之作寫了一篇新的導論。在本書中，這位頂尖的公眾思想家針對伊斯蘭被媒體塑造出的僵固形象，檢視其淵源與影響。薩依德結合政治月旦與文學批評而揭示出，就算是對伊斯蘭世界最「客觀」的報導，其中也潛藏著隱而不顯的假設以及事實扭曲。在這麼做的同時，《遮蔽的伊斯蘭》持續薩依德終身以之的探討：語言不僅能描述政治現實，更能夠界定政治現實。

關於書名：COVER 兼具「報導」與「掩飾」之意。*Covering Islam* 就本書內容而言乃是一語雙關，本書名可譯爲「報導伊斯蘭」或「遮蔽的伊斯蘭」，本處採用後者。

作者簡介：

愛德華・薩依德出生於巴勒斯坦的耶路撒冷，先後在當地與埃及上小學與中學。他從普林斯頓大學畢業後，在哈佛大學取得文學碩士與博士學位，並曾榮獲「鮑德因獎」（Bowdoin Prize）。一九七四年，薩依德擔任哈佛的「比較文學訪問教授」；一九七五年至七六年間任職於史丹福大學的「行爲科學高等研究中心」（Center for Advanced Study in the Behavioral Sciences）；一九七七年擔任普林斯頓的「高斯批評講座」；一九七九年則是約翰霍普金斯大學的「人文學訪問教授」。目前薩依德是哥倫比亞大學的英國文學與比較文學教授。

薩依德的作品已被迻譯爲廿四國語言，並在歐洲、亞洲、非洲、澳洲等地區出版。他的《開始：意圖與方法》（*Beginnings: Intention and Method*）曾贏得哥倫比亞大學第一屆「萊諾・屈林獎」（Lionel Trilling Award）；《東方主義》（*Orientalism*）在一九七八年入選「國家圖書評論家獎」（National Book Critics Circle Award）的批評類。薩依德尚著有《世界・文本・批評家》（*The World, the Text, and the Critic*）、《最後的天空之後》（*After the Last Sky*）以及《文化與帝國主義》（*Culture and Imperialism*）等書。

譯者簡介：

閻紀宇

台大中文研究所碩士，翻譯工作者。

責任編輯：
李國維
資深編輯。

校對：
關惜玉
文字工作者。

文化與社會

薩依德精選 Edward W. Said

當代最傑出的文化評論家
西方學術界卓然特立的知識份子典型
以東方學論述開啓二十世紀末葉後殖民思潮

文化與抵抗

沒有種族能獨占美、智與力，
在勝利的集合點上，
所有種族都會有一席之地。

聯合報讀書人最佳書獎
讀書人版、誠品好讀書評推薦
ISBN: 986-7416-04-X
定價：300元

鄉關何處

薩依德的流離告白

美國紐約客雜誌年度最佳書獎
2000年紐約書獎
安尼斯菲爾德一伍夫書獎。

聯合報讀書人最佳書獎、中時開卷版、誠品好讀、自由時報副刊書評推薦
ISBN: 957-0411-04-X
定價：350元

遮蔽的伊斯蘭

西方媒體眼中的穆斯林世界

任何人若想要知道西方與去殖民化世界之關係，就不能不讀本書。
——《紐約時報書評》

聯合報讀書人最佳書獎、讀書人版、開卷版、誠品好讀書評推薦
ISBN: 978-986-360-160-9
定價：380元

文化與帝國主義

這本百科全書式的作品，極實際地觸及歐洲現代史的每件重大帝國冒險行動，以史無前例的細膩探討19世紀法國、英國殖民系統的謀略，橫跨小說、詩歌、歌劇至當代大眾媒體的文化生產領域。
——London Review of Books

聯合報讀書人最佳書獎
中時開卷版書評推薦
ISBN: 957-0411-09-0
定價：460元

東方主義

後殖民主義是20、21世紀之交影，
全球的社會人文領域裡，
最普遍與最深遠的一股思潮
本書是知識份子與一般讀者必讀的經典。

聯合報讀書人最佳書獎、中時開卷版、誠品好讀書評推薦
ISBN: 957-8453-72-8
定價：450元

大師作品

21世紀重要知識份子

杭士基 Noam Chomsky

我有一艘小船，所以被稱為海盜；
你有一支海軍，所以被稱為皇帝。

海盜與皇帝

中時開卷版、誠品好讀書評推薦
ISBN: 978-986-6513-35-0
定價：350元

世界上有許多恐怖主義國家，
但是美國特殊之處在於，
官方正式地從事國際恐怖主義，
規模之大讓對手相形見絀。

國家圖書館出版品預行編目 (CIP) 資料

遮蔽的伊斯蘭 / 愛德華．薩依德（Edward W. Said）著；王淑燕等譯
. -- 二版 . -- 新北市：立緒文化，民 109.08
面； 公分 . --（新世紀叢書）
譯自：Covering Islam：how the media and the experts determine how we see the rest of the world
ISBN 978-986-360-160-9(平裝)

1. 伊斯蘭教 2. 大眾傳播

250 109010926

遮蔽的伊斯蘭（第二版）
Covering Islam

出版——立緒文化事業有限公司（於中華民國 84 年元月由郝碧蓮、鍾惠民創辦）
作者——愛德華．薩依德（Edward W. Said）
譯者——閻紀宇

發行人——郝碧蓮
顧問——鍾惠民

地址——新北市新店區中央六街 62 號 1 樓
電話—— (02) 2219-2173
傳真—— (02) 2219-4998
E-mail Address —— service@ncp.com.tw
劃撥帳號—— 1839142-0 號 立緒文化事業有限公司帳戶
行政院新聞局局版臺業字第 6426 號

總經銷——大和書報圖書股份有限公司
電話—— (02) 8990-2588
傳真—— (02) 2290-1658
地址——新北市新莊區五工五路 2 號
排版——伊甸社會福利基金會附設電腦排版
印刷——祥新印刷股份有限公司

法律顧問——敦旭法律事務所吳展旭律師

分類號碼—— 250
ISBN —— 978-986-360-160-9
出版日期——中華民國 91 年 6 月～ 102 年 9 月初版 一～五刷（1~7,500）
中華民國 109 年 8 月二版 一刷 （1~1,000）

定價◎ 380 元（平裝） 立緒

大都文化 閱讀卡

姓　名：

地　址：□□□

電　話：(　　)　　　　　　　　傳 眞：(　　)

E-mail：

您購買的書名：________________________________

購書書店：______________市（縣）____________________書店

■您習慣以何種方式購書？

□逛書店 □劃撥郵購 □電話訂購 □傳真訂購 □銷售人員推薦

□團體訂購 □網路訂購 □讀書會 □演講活動 □其他________

■您從何處得知本書消息？

□書店 □報章雜誌 □廣播節目 □電視節目 □銷售人員推薦

□師友介紹 □廣告信函 □書訊 □網路 □其他____________

■您的基本資料：

性別：□男 □女　婚姻：□已婚 □未婚　年齡：民國________年次

職業：□製造業 □銷售業 □金融業 □資訊業 □學生

□大眾傳播 □自由業 □服務業 □軍警 □公 □教 □家管

□其他 ________________________________

教育程度：□高中以下 □專科 □大學 □研究所及以上

建議事項：

愛戀智慧 閱讀大師

廣告回信
北區郵政管理局登記證 北臺字8448號
免貼郵票

立緒文化事業有限公司　收

新北市 2 3 1

新店區中央六街62號一樓

請沿虛線摺下裝訂，謝謝！

立緒文化 閱讀卡

感謝您購買立緒文化的書籍

為提供讀者更好的服務，現在填妥各項資訊，寄回閱讀卡（免貼郵票），或者歡迎上網http://www.facebook.com/ncp231 即可收到最新書訊及不定期優惠訊息。